Questo libro è tratto da una tesi di laurea pubblicata a fine 2007

INDICE

Introduzione	5
1. Influenza pubblicitaria: dal tradizionale al virale	
1.1. La promozione convenzionale	9
1.2. L'influenza dei metodi virali	14
2. Viral marketing	
2.1. Definizione e tipologia	20
2.2. Viral "Video" Marketing	25
2.2.1. Nike Tiempo Legend e Ronaldinho	30
2.2.2. Dove Evolution	34
2.3. Viral "Website" Marketing	39
2.3.1. Virtualbartender.beer.com	41
2.4. Viral "Social Network" Marketing	45
2.4.1. All I Want For Xmas is a PSP	53
2.4.2. Major Nelson	58
2.4.3. Artic Monkeys	62
2.5. Viral "Alternative Reality Game" Marketing	66
2.5.1. I love bees	71
3. Guerrilla Marketing	
3.1. Definizione e tipologia	78
3.2. Guerrilla "Ambient" Marketing	81
3.2.1. Colla Alteco	83
3.2.2. Accessorize	86
3.3. Guerrilla "Street Art Inspired" Marketing	89
3.3.1. PSP Graffiti	96
4. Product Placement	
4.1. Definizione e tipologia	100
4.2. Product "Passive Entertainment" Placement	101

4.2.1. Dogtown and the Z-Boys	112
4.3. Product "Interactive Entertainment" Placement	117
4.3.1. SSX On Tour	136
4.4. Product "Opinion Leader" Placement	143
4.4.1. Sigarette	156

5. Valutazione del fenomeno e prospettive future

5.1. Considerazioni conclusive	166
5.2. Un fattore essenziale: l'equilibrio fra costi ed efficacia	171
5.3. Sopravvivenza del marketing tradizionale?	176
5.4. È tutto inutile: il non convenzionale è già banale	179
5.5. Prospettive future	180
5.6. Introduzione ad una Teoria Attiva	185
5.6.1. Tentenze Attive	186
5.7. Immaginando una Teoria Attiva	199
5.8. Introduzione ad una Teoria Passiva	201
5.8.1. Tendenze Passive	202
5.9. Immaginando una Teoria Passiva	203
5.10 Conclusione	204

Bibliografia	205
Siti di riferimento	206

INTRODUZIONE

Con la presente tesi ho svolto un lavoro di decodifica e classificazione delle nuove strategie pubblicitarie, definite "non convenzionali", per comprenderne meglio le caratteristiche, le potenzialità, i limiti e le prospettive future.
Nel primo capitolo della tesi ho analizzato la situazione dei tradizionali sistemi promozionali, inquadrando la disciplina in un contesto storico. Fin dai primi anni del '700 la pubblicità è diventata l'arte di attirare l'attenzione del pubblico, per permettere ai brand di ottenere vendite maggiori. I metodi classici di propaganda sono ormai parte integrante della società capitalistica in cui viviamo, ma questo costoso sforzo comunicativo si riduce spesso a fastidio o indifferenza da parte dei consumatori. Col passare degli anni le persone sono rimaste assuefatte dalla pubblicità tradizionale ed hanno sviluppato una serie di difese contro l'invadenza della propaganda aziendale. Parallelamente ad una stagnazione generale dei metodi di marketing e ad un forte aumento dei costi per la diffusione di massa, si è sviluppato un diverso tipo di società. Le nuove generazioni sono sempre più selettive ed infedeli al *brand*: la rilevanza e le priorità dei valori sono dettate dalle tendenze della propria rete sociale. Il pubblico è disperso fra infinite scelte di intrattenimento ed i vecchi mass media non sono più in grado di assicurare una corretta comunicazione dei messaggi aziendali. Le strategie di marketing non convenzionale cercano di risolvere questi problemi, servendosi delle stesse persone come mezzo di comunicazione pubblicitaria. Il consumatore, abilmente stimolato ed incoraggiato, diffonde il messaggio dell'azienda, contagiando altri utenti potenzialmente interessati all'offerta commerciale. La propaganda non convenzionale è basata sui concetti della Peculiarità (per attirare l'attenzione), del Punto d'interesse (per mantenere l'attenzione del giusto target), del Passaparola (per diffondere l'informazione) e della Praticità (per dimostrare la qualità del prodotto). Su questi concetti sono state sviluppate le nuove tecniche pubblicitarie, conosciute con i nomi di Viral Marketing, Guerrilla Marketing e Product Placement.
Nel secondo capitolo ho approfondito l'analisi del Viral Marketing, un sistema di promozione contagiosa che si propaga nel mercato proprio come un virus. Fare marketing virale significa analizzare la psicologia comunicativa delle persone e

creare un messaggio promozionale con delle caratteristiche tali da stimolarne la condivisione. Grazie alle nuove tecnologie comunicative a disposizione dei consumatori (internet, cellulari), il passaparola supera i limiti spazio temporali dei classici mass media ed è possibile ottenere una diffusione globale senza alcuna spesa economica. Il capitolo sul Viral Marketing è stato suddiviso in Viral Video, Viral Website, Viral Social Network e Viral Alternative Reality Game, in modo da osservare le principali forme della disciplina. Attraverso l'analisi specifica delle diverse tipologie virali e la presentazione di alcuni case studies è stato possibile capire meglio il funzionamento e le caratteristiche di questa tattica pubblicitaria.

Nel terzo capitolo ho parlato del marketing definito "guerrilla", un termine che deriva dal mondo militare ed indica una strategia di lotta non convenzionale, che punta a sorprendere il nemico con una serie di attacchi inaspettati. Il Guerrilla Marketing è un'esperienza insolita, che appare nel territorio urbano in cui si muove il pubblico e ne spezza la consueta routine, mostrando il prodotto pubblicizzato in una circostanza concreta e peculiare. Questo settore del marketing non convenzionale può essere suddiviso in due forme principali, definite come "Ambient" e "Street Art Inspired". Grazie all'analisi specifica delle diverse tipologie di guerrilla ed alla presentazione di alcuni case studies è stato possibile capire meglio il funzionamento e le caratteristiche di questa tattica pubblicitaria.

Nel quarto capitolo ho esaminato il Product Placement, un metodo promozionale che si colloca direttamente all'interno del punto d'interesse dei consumatori, invece di interromperne l'attenzione. Le persone entrano a contatto con il *brand* attraverso una situazione che stanno seguendo di loro spontanea volontà: è così possibile sfruttare il coinvolgimento emotivo del pubblico, per mostrare il prodotto in un contesto gradito. Il messaggio pubblicitario può essere inserito all'interno del "Passive Entertainment", dell'"Interactive Entertainment" oppure è in grado di contagiare determinati "Opinion Leader". Grazie all'analisi specifica delle diverse tipologie di Product Placement ed alla presentazione di alcuni case studies è stato possibile capire meglio il funzionamento e le caratteristiche di questa tattica pubblicitaria.

Nel quinto capitolo ho cercato di trarre le valutazioni finali ed immaginare le prospettive future nel campo promozionale. Con l'introduzione del marketing alternativo, i *brand* possono contare su di un metodo più adeguato per influenzare la società attuale, ma la sfida per il rinnovamento della comunicazione aziendale non è certo facile da vincere. Il Viral, il Guerrilla ed il Product Placement sono tattiche relativamente nuove e rimane ancora molta confusione nel capire come sfruttarle a dovere. Allo stesso tempo non è sufficiente affidarsi ad una buona campagna comunicativa per avere successo sul mercato, ma è necessario riflettere attentamente sulla qualità del Prodotto, sulla convenienza del Prezzo e sulla disponibilità della merce presso i Punti Vendita. La migliore pubblicità rimane infine quella che riesce a mantenere il giusto equilibrio fra prezzo ed efficacia, un aspetto in cui l'advertising tradizionale non riesce più ad essere competitivo. La promozione non convenzionale permette una migliore influenza del mercato postmoderno, ma è ancora limitata dalla mancanza di una preparazione adeguata da parte delle aziende e delle agenzie, che faticano ad aggiornarsi alla nuova comunicazione sociale. In questo periodo di evoluzione, prima o poi il marketing alternativo conquisterà il primato nelle strategie commerciali e i vecchi metodi non potranno fare altro che adeguarsi al progresso. È però necessario comprendere fin da subito i limiti di Viral, Guerrilla e Product Placement. La pubblicità non convenzionale è oggi una soluzione valida e conveniente, ma in futuro andrà incontro agli stessi problemi della promozione classica, a causa di un abuso eccessivo ed una veloce assuefazione del pubblico. Grazie ad internet ed all'accessibilità dei nuovi strumenti creativi, gli utenti non si limitano più alla ricezione passiva dei messaggi, ma sono coinvolti attivamente nella realizzazione personale dei contenuti. La situazione attuale sta portando al ribaltamento del vecchio sistema comunicativo ed allo sviluppo di un rapporto dinamico fra consumatori ed aziende: in questo contesto rivoluzionario, è possibile immaginare nuovi paradigmi promozionali , suddivisi in Teoria Attiva e Teoria Passiva. Il pubblico è sempre più esperto ed esigente, abbandona il mercato generalista per dedicarsi ai propri interessi di nicchia e richiede prodotti esclusivi. La pubblicità del futuro dovrà quindi dimenticare la sua vecchia posizione al servizio dei *brand* e modificare la propria funzione comunicativa per mettersi a completa disposizione dei consumatori. Rimarrà probabilmente una parte della società che non sarà in grado di comprendere o sfruttare tutte le opportunità culturali del web, ed in questo caso i *brand* potranno continuare a controllarne i consumi, grazie all'aiuto delle nuove tecnologie passive. È difficile prevedere con precisione quali saranno le migliori strategie di marketing fra 2 o 3 generazioni e l'unica soluzione è quella di perdersi in affascinanti speculazioni. Le diverse soluzioni pubblicitarie sono in fondo dei concetti inutili senza la capacità di comprendere il funzionamento dei linguaggi e delle relazioni umane. Alla fine di questa tesi rimane soltanto una certezza: qualunque saranno le prossime evoluzioni del mercato e della società, ci sarà sempre bisogno di nuovi esperti della comunicazione, capaci di mettere in relazione i consumatori ed i produttori del futuro.

CAPITOLO 1
Influenza pubblicitaria: dal tradizionale al virale

1.1 La promozione convenzionale

Per tutta la vita l'uomo medio è circondato da prodotti e servizi: alcuni sono essenziali per la sua sopravvivenza (es. cibo, acqua, casa), altri possono essere considerati superflui fisicamente, ma sono forse necessari sotto il profilo psicologico ed emotivo (es. intrattenimento). La pubblicità è quel settore del marketing che ha il delicato compito di mettere in relazione i produttori ed i consumatori, in modo che sostengano a vicenda i propri bisogni (fisici, emotivi o economici). In un primo periodo dello sviluppo aziendale, la domanda e l'offerta commerciale si equilibravano: le "aziende" erano poche e non avevano alcun problema a mantenere un certo controllo sui rispettivi clienti. Dall'espansione economica del XIX secolo, grazie soprattutto alle innovazioni tecnologiche in campo agricolo ed industriale, le aziende hanno potuto realizzare una sempre maggiore quantità di prodotti, creati in serie e disponibili su larga scala. Il moltiplicarsi della produzione, delle imprese e la successiva competizione che ne è derivata, hanno tuttavia richiesto nuove ed aggressive strategie di mercato. La promozione è diventata l'arte di attirare l'attenzione del pubblico, per indurlo ad un maggiore consumo, convincerlo della qualità di un determinato prodotto ed ottenere vendite maggiori rispetto agli avversari. Grazie alla nascita dei mass media i Brand hanno potuto contare su un potente canale comunicativo, con cui raggiungere facilmente una larga quantità di popolazione ed aumentare il proprio successo. Lo sviluppo dei rapporti fra consumatori, produttori e mass media è lungo e complesso, ma è opportuno dipingerne un breve quadro storico.

Quando si parla di pubblicità, la maggior parte delle persone immagina il classico spot televisivo di 30 secondi, l'annuncio sulle pagine dei giornali, il *gingle* radiofonico o i cartelloni collocati sugli edifici urbani. La promozione convenzionale è ormai una realtà storica abituale, presente nella società moderna da oltre due secoli. La propaganda commerciale ha cominciato a diffondersi fin dai primi anni del 1700, sui giornali e per le strade delle nuove città industrializzate. Nel 1843 a Philadelphia, Volney Palmer ha fondato la prima agenzia pubblicitaria americana[1], confermando una tendenza comunicativa sempre più importante nelle strategie di marketing aziendale. Con la diffusione popolare della radio nella metà del '900 è stato possibile ottenere un forte alleato per la promozione di massa, di fronte ad un pubblico in costante crescita. La comunità era facilmente influenzabile perché non era ancora riuscita a sviluppare una precisa consapevolezza del mezzo, ricevendone passivamente i messaggi senza riuscire a distinguere esattamente i confini fra divertimento, informazione e messaggio pubblicitario.

Negli anni successivi il successo della televisione ha fornito ai *brand* nuove opportunità per incuriosire ed affascinare gli spettatori, diventando presto il più valido e popolare metodo di promozione. Dal 1950 al 1960, si è passati da 3 milioni a 57 milioni di apparecchi televisivi nelle case americane: il *mix* fra audio e video ha permesso di creare evocativi spot, in cui sfruttare il coinvolgimento emotivo del cinema, per influenzare il consumo di massa. Grazie alla comunicazione televisiva e radiofonica è stato possibile ottenere un'ampia diffusione della propaganda commerciale: i messaggi hanno raggiunto facilmente milioni di nuovi consumatori, in un periodo di forte aumento del benessere economico e sociale, in seguito alle privazioni del dopoguerra. Il pubblico era generalmente più ricco e ben disposto ad ascoltare i consigli per gli acquisti, proposti nelle interruzioni del suo intrattenimento preferito. La pubblicità mostrava il nuovo mondo capitalistico in tutto il suo splendore: un'immagine di prosperità e felicità a cui era impossibile resistere. Oltre ai mass media, dopo anni di sperimentazioni (la *Direct Mail Advertising Association* è stata fondata nel 1917[2]) nel 1961 Lester Wunderman[3] ha introdotto ufficialmente il concetto di D*irect Marketing*, per indicare una strategia promozionale che unisce ad una larga diffusione del messaggio un modello espressivo più mirato e personale. Attraverso la spedizione postale, il messaggio delle aziende arrivava direttamente all'indirizzo del consumatore, rivolgendosi al singolo individuo per convincerlo della qualità della proposta commerciale.

---

1   http://www.adage.com/century/timeline/timeline1.html
2   http://www.the-dma.org/aboutdma/
3   http://adage.com/century/people094.html

Il periodo dal dopoguerra fino agli anni '70 può essere considerato come l'età d'oro della pubblicità classica, un sistema comunicativo che ha permesso l'affermazione dei grandi *brand* che, ancora oggi, dominano il mercato internazionale. L'interruzione promozionale dei principali mezzi di comunicazione di massa è stata una soluzione costosa ma efficace, in grado di rendere molto popolari anche i prodotti più banali. Il marketing convenzionale dell'ultimo secolo si è sviluppato seguendo la continua ripetizione del messaggio su larga scala, un sistema in cui il *brand awareness* è in stretta relazione alla quantità di pubblicità trasmessa: per riuscire a suggestionare i consumatori è necessaria una diffusione insistente ed estesa del prodotto, in modo da renderlo riconoscibile. Col passare del tempo gli annunci commerciali sono diventati sempre più imponenti ed invasivi, rimanendo tuttavia relativamente invariati nella forma. Per quanto ci sia stata una certa evoluzione nello stile promozionale, il modello comunicativo aziendale è rimasto costante da oltre 50 anni, rivolgendo i principali finanziamenti su spot radiotelevisivi, annunci editoriali e cartellonistica urbana. L'uso ripetuto dei soliti metodi pubblicitari ne ha affermato la forte identità, rendendoli una realtà consueta di cui i consumatori sono ormai pienamente consci. La classica propaganda aziendale è diventata parte integrante della moderna società consumistica, spezzandone l'intrattenimento e sostenendo economicamente i principali mezzi di comunicazione di massa. Con lo sviluppo di internet, le tecniche cartellonistiche sono state adattate ai piccoli banner pubblicitari nel *world wide web*, mentre il *direct marketing* ha sfruttato il sistema di trasmissione per e-mail. Assuefatto da questi fenomeni, il consumatore medio è oggi pienamente consapevole dell'esistenza e dei fini promozionali (a volte ingannevoli) della pubblicità convenzionale. Durante il tempo libero dedicato al divertimento o alla ricerca di notizie, il pubblico è interrotto continuamente dai comunicati commerciali. La pubblicità s'insinua attraverso i mass media, rovinando il momento più emozionante del film, troncando la canzone preferita, occupando i muri dei palazzi, inserendosi fra gli articoli dei giornali o rallentando la consultazione delle pagine web. Tutto lo sforzo per creare costose campagne di marketing si riduce il più delle volte ad un semplice fastidio o indifferenza da parte dei destinatari.

La consapevolezza di essere il *target* di molteplici attacchi promozionali, ha costretto le persone a sviluppare forme di difesa, razionali ed inconsce, contro l'invadenza della pubblicità. I tentativi di colpire il bersaglio, sfruttando un maggior raggio d'azione e scariche a ripetizione, si rivelano oggi deboli e prevedibili. I consumatori conoscono le mosse del nemico: sanno bene da quale direzione arriveranno gli attacchi aziendali ed hanno così la possibilità di difendersi, evitandone i contenuti. «In ogni conflitto, le manovre regolari portano allo scontro, quelle imprevedibili alla vittoria», è l'opinione di Sun Tzu[4], famoso stratega cinese del VI secolo a.C. Nel conflitto commerciale moderno, fra aziende e pubblico, lo scontro è quotidiano. I messaggi ricevuti sono subito intercettati, filtrati e selezionati: dopo un breve esame superficiale l'occhio umano è capace di individuare quasi  istintivamente la propaganda commerciale, riconoscerla ed eventualmente ignorarla. Le pagine promozionali sono oltrepassate, si cambia canale durante la *reclame*, si utilizzano programmi per bloccare *banner* e *pop-up*, i cartelloni sfumano nel consueto addobbo cittadino. I principali mezzi di comunicazione sono talmente saturi di pubblicità che spesso il risultato non fa altro che confondere i destinatari, piuttosto che influenzarli efficacemente. Riuscire ad attirare l'attenzione dei consumatori diventa sempre più difficile. Il 20 Gennaio del 1759, Samuel Johnson ha scritto sulla rivista *The Idler*: «Tutto ciò che è comune è disprezzato. Gli annunci pubblicitari sono oggi così numerosi, da essere letti con molta negligenza, ed è perciò divenuto necessario conquistare l'attenzione con magnificenza di promesse, con eloquenza talvolta sublime e talvolta patetica[5]». Dopo quasi 250 anni, la situazione non è certo migliorata, anzi: parallelamente ad una stagnazione generale delle soluzioni promozionali e ad un aumento dei costi per la diffusione di massa, si è sviluppata una nuova forma di consumatore.

---

[4] Sun Tzu, *L'arte della guerra*. Mondadori, 2003
[5] http://www.gandalf.it/m/johnson.htm

Mentre cresce la comunità globale, l'uomo è sempre più frammentato e smarrito: seguendo il suo istinto di animale sociale, l'individuo si conforma a ciò che lo circonda, per sentirsi accettato. Questo pubblico post-moderno tende a farsi condizionare maggiormente dai rispettivi gruppi d'appartenenza, piuttosto che dalle propagande pubblicitarie. Con l'evoluzione degli ultimi 50 anni, il contesto in cui deve farsi spazio la comunicazione commerciale è occupato da generazioni sempre più selettive ed infedeli ai *brand*. Si tratta di un "neo-tribalismo", in cui la rilevanza e le priorità dei valori sono dettate dalle tendenze del proprio "clan" e da eventuali *leader* d'opinione. La qualità e la fama del prodotto sono in grado di condizionare la  scelta commerciale, ma soltanto ciò che è accettato dal proprio gruppo di amici può essere posseduto e condiviso. L'atto consumistico è vissuto come esperienza sociale, per ottenere valori in grado di confermare la relazione emotiva fra i partecipanti del "clan". A differenza delle antiche tribù, queste versioni post-moderne sono tuttavia instabili: sostituiscono di continuo i loro totem, poiché sono interessate soltanto ai legami generati dai prodotti, piuttosto che dai prodotti stessi.

Un altro problema della pubblicità convenzionale è la forte dispersione dei mezzi di comunicazione di massa, che tentando di raggiungere un pubblico sempre più vario hanno finito per frammentarsi fra migliaia di offerte differenti. La televisione ad esempio è suddivisa fra numerose reti, in separati modelli di distribuzione (via etere, satellite, digitale terrestre, ecc.) ed in canali tematici per genere e fascia d'età. Gli spettatori, davanti ad una così ampia scelta, si perdono fra i palinsesti e ne creano di personali, cambiando canale per evitare le proposte a cui non sono interessati. Venti anni fa un *brand* poteva raggiungere l'80% della popolazione americana con soli tre spot televisivi, oggi ne occorrono almeno 150[6]. Il pubblico, che inizialmente aveva una scelta limitata per il proprio intrattenimento casalingo, dispone attualmente di molteplici alternative. I nuovi media interattivi, come il web 2.0 ed i videogiochi, sottraggono costantemente spettatori al piccolo schermo, che un tempo era considerato il mass media per eccellenza. Nell'ultimo decennio il consumo televisivo è nettamente diminuito, sopratutto fra i teenagers: da un'indagine su 12.000 adolescenti americani, è stata riscontrata una media di 12,2 ore alla settimana passate su internet, a fronte di 7,6 ore davanti alla Tv[7].

Da questa breve analisi la pubblicità convenzionale sembra essere entrata in un periodo sfavorevole, mostrando più incertezze che risultati concreti. Da una parte i tradizionali mass media sono frammentati e saturi di messaggi promozionali, che spesso confondono, infastidiscono o non riescono a stimolare il pubblico ormai assuefatto. Dall'altra le nuove generazioni di consumatori tendono a rinchiudersi in forti gruppi sociali, non facilmente influenzabili dall'esterno. Tenendo conto di questi problemi non sembra tuttavia che il costoso *broadcasting* marketing stia diminuendo: televisione, stampa, cartelloni e radio restano i mezzi più sfruttati dalle classiche campagne pubblicitarie. Le aziende continuano a rischiare migliaia di euro in strategie commerciali dalla dubbia efficacia e la situazione comunicativa rimane confusa: come può il marketing adeguarsi al nuovo mercato post-moderno?

1.2 L'influenza dei metodi virali

Riportando la definizione scientifica, un virus è un'entità biologica parassita, differente dagli altri tipi di micro-organismi, in quanto inserisce il proprio genoma all'interno di una cellula ospitante, in modo che venga replicato spontaneamente dall'attività del soggetto contagiato. Un organismo virale non ha bisogno di ulteriori mezzi di propagazione, se non dello stesso destinatario. Questo meccanismo biologico fa intravedere una soluzione agli attuali problemi di comunicazione aziendale: se la pubblicità è diventata banale, i canali saturi ed i gruppi di consumatori sono influenzabili maggiormente dall'interno, un sistema originale,

---

[6] Tom Himpe, *Advertising is dead, long live advertising!*, Thames & Hudson, 2006.
[7] Alyssa Quart, *Generazione ®, I giovani e l'ossessione del marchio*, Sperling & Kupfer, 2003.

alternativo e mirato al nucleo potrebbe ottenere risultati migliori. Il messaggio inaspettato emerge dal consueto, si fa notare e colpisce là dove le difese non sono state ancora alzate. Contagiando un elemento importante del gruppo di consumatori, sarà lui stesso a diffondere la notizia agli amici, comunicando direttamente dall'interno. I brand devono quindi riuscire ad interessare l'utente, sorprenderlo e fare in modo che il messaggio promozionale diventi un virus inarrestabile.

La pubblicità non convenzionale, indicata spesso con il termine di Viral Marketing, ha sviluppato già da alcuni anni delle nuove strategie comunicative che possono essere paragonate all'azione infettiva delle cellule parassite. Il termine "virale" è stato introdotto nel settore pubblicitario nel 1997, da Steve Jurvetson e Tim Draper, che hanno analizzato il fenomenale successo del servizio e-mail di Hotmail. I messaggi inviati con questo *provider* di posta elettronica contenevano al loro interno un breve *link*, che segnalava l'origine del servizio. In questo modo ogni utente che utilizzava Hotmail trasmetteva l'esistenza del sito a tutti gli amici che ricevevano la sua e-mail. I destinatari ottenevano allo stesso tempo la prova concreta della funzionalità di Hotmail: i messaggi erano spediti e ricevuti correttamente. Grazie ad una semplice idea, è stato possibile comunicare la qualità del prodotto, attraverso il suggerimento (involontario) delle stesse persone che ne usufruivano. In poco più di un anno questo *provider* di posta elettronica ha visto la lista dei propri iscritti passare da zero a cinquanta milioni.

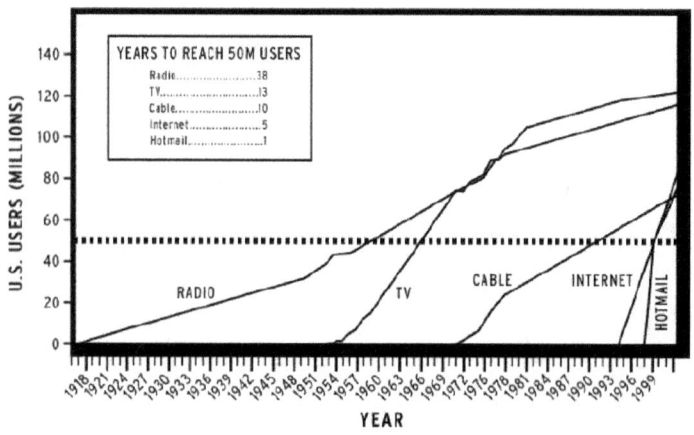

Source: Forrester Research

Oltre al link nelle sue e-mail, Hotmail aveva speso un budget limitato di cinquantamila dollari per la pubblicità tradizionale, con alcuni annunci nei quotidiani universitari ed un cartellone stradale. Juno, un'azienda concorrente, ha pagato oltre venti milioni di dollari in marketing convenzionale per promuoversi nello stesso periodo, senza riuscire minimamente a raggiungere un tale successo. Proprio come un virus, Hotmail è riuscita a rendere il suo brand un genoma contagioso ed inserirlo direttamente all'interno di un organismo sociale. I clienti iniziali del servizio hanno scatenato una reazione a catena, influenzando milioni di nuovi consumatori, attraverso la comunicazione spontanea nei rispettivi gruppi di amici. La soluzione di Hotmail può sembrare oggi banale: sono molti i *provider* e-mail che utilizzano lo stesso metodo. L'intuizione è stata però originale nel 1997, quando internet e la posta elettronica non erano ancora fenomeni popolari.

Partendo da questo episodio è possibile intravedere gli aspetti fondamentali di una strategia di marketing non convenzionale. L'elemento cardine per la diffusione di un messaggio virale è il pubblico stesso: le persone, abilmente stimolate, diventano il mezzo per contagiare altri utenti potenzialmente interessati al *brand*. In questo modo viene eliminata la mediazione dei tradizionali mezzi di comunicazione di massa, per parlare ai consumatori attraverso una fonte per loro più affidabile: i loro stessi simili.

Una volta che il virus è inserito efficacemente all'interno del gruppo neo-tribale, tutti i suoi membri ne sono infettati, attraverso il condizionamento sociale del conformismo. La diffusione dei prodotti attraverso il **passaparola** rimanda a quella forma naturale di promozione, sorta spontaneamente prima della nascita del mercato pubblicitario di massa. Le persone scambiavano fra loro consigli ed avvertimenti, per ottimizzare i propri acquisti. Oggi la saturazione dei canali e la consuetudine del marketing convenzionale, hanno come effetto l'annullamento reciproco dei molteplici tentativi d'influenza. Il singolo *brand* si disperde nel complesso sistema promozionale, eliminandone l'efficacia e l'attrattiva. L'evoluzione del marketing è, ironicamente, quella di recuperare fenomeni antecedenti alle sue origini. Il passaparola trasforma ogni nuovo destinatario in un potenziale vettore del messaggio, autoalimentandosi e rafforzandosi senza successivi interventi esterni. La condivisione avviene tenendo conto delle abitudini e dei metodi di comunicazione di quel determinato insieme di persone: il messaggio virale di successo deve essere conveniente da diffondere ed adeguato alle caratteristiche del *brand* da promuovere.

Eliminati o limitati gli investimenti per comprare spazio pubblicitario sui mass media, una campagna non convenzionale può concentrare le sue risorse su innovazione ed originalità. La pubblicità efficace non ha bisogno di essere sostenuta da spese enormi, la vera sfida è quella del *think small*, delle piccole idee che riescono a generare grandi passaparola. Il marketing alternativo deve saper offrire soluzioni fuori della norma: affascinare il pubblico con nuove forme di promozione, attraverso situazioni impreviste e **peculiari**. I sistemi anticonvenzionali non hanno così bisogno di superare le difese innalzate dal consumatore, ma possono catturare direttamente la sua attenzione, suscitandone la curiosità. Oltre alla forma non convenzionale, la scelta del mezzo da cui cominciare il contagio ha la sua importanza. Un media atipico, dal quale non vengono emessi abitualmente messaggi promozionali, ha un valore maggiore rispetto ai mezzi ormai saturi. Il concetto è semplice: il compito della pubblicità è quello di attirare l'attenzione dei potenziali consumatori ed essere straordinari è l'unico modo rimasto per stimolarne la curiosità e far parlare di sé.

Tornando ad analizzare il caso di Hotmail, troviamo un'altra caratteristica delle strategie virali. Il link al sito del *provider* era stato collocato all'interno del servizio, nel momento stesso in cui gli utenti entravano in contatto attraverso un sistema per loro già attraente: lo scambio di e-mail. È stato centrato in pieno il **punto d'interesse** dei potenziali clienti, rispetto al prodotto che si tentava di offrire. Evidentemente se la pubblicità di Hotmail fosse stata inserita in una situazione differente, ad esempio su di una lettera tradizionale, non avrebbe avuto gli stessi risultati. Le persone accettano più facilmente di ascoltare il messaggio dell'azienda se questo è inerente ai loro interessi. Il marketing tradizionale utilizza una strategia simile, associando la pubblicità a determinate fasce orarie televisive o al tema di un determinato giornale.

La pubblicità convenzionale è però inserita nelle interruzioni dell'argomento d'interesse, mentre quella alternativa si colloca direttamente al centro dell'attrazione. È importante inserire il virus al punto d'intersezione tra il prodotto, la vita, le esigenze e la comunicazione degli stessi consumatori. L'evoluzione pubblicitaria è semplicemente questa: essere all'interno, non più ai margini. Entrando sempre più in profondità, il messaggio aziendale si trasforma in oggetto di attenzione. Il vantaggio è quello di non infastidire il consumatore: se la promozione diventa intrattenimento, non può essere considerata un'interruzione.

In Italia, oltre 50 anni fa, uno dei metodi più efficaci di marketing era conosciuto con il nome di Carosello. Questo spazio promozionale era seguito ed assimilato principalmente come uno spettacolo d'intrattenimento, una recita teatrale servita direttamente in casa, divertente e meravigliosa. I grandi si riunivano attorno allo schermo televisivo dopo cena insieme ai più piccoli, che dovevano andare "a letto dopo il carosello". In breve il Carosello era diventato il programma più seguito della televisione di Stato. Erano gli utenti stessi a mettersi a disposizione dei *brand*, per assorbire i loro messaggi. Oggi al contrario ad ogni stacco pubblicitario le persone si lanciano sul telecomando, per iniziare uno *zapping* selvaggio alla ricerca di programmi non ancora interrotti. Questo perché Carosello era un fenomeno nuovo, suscitava interesse e faceva parlare di sé.

Le forme di marketing non convenzionale devono riuscire ad intrattenere l'utente ed essere ricevute in modo piacevole, non imporsi. Il consumatore che recepisce la pubblicità come invadente, sarà meno influenzabile rispetto allo stesso che la riceve volontariamente poiché divertito o interessato. Le nuove strategie commerciali devono quindi svilupparsi verso un vero e proprio *"Advertainment"*: un sistema comunicativo che stimoli ed informi il suo pubblico, piuttosto che tentare di persuaderlo mentre è impegnato in altro. Il Punto d'Interesse dei potenziali consumatori è quindi fondamentale per una campagna alternativa: bisogna essere al centro dell'attenzione, coinvolgere le persone nei luoghi e tempi in cui l'offerta aziendale può sostenere i relativi bisogni sociali.

L'importanza del pubblico nel sistema di trasmissione impone ai metodi non convenzionali di fare maggiore attenzione al contenuto del messaggio. Così come la pubblicità di Hotmail è stata diffusa grazie alla stessa funzionalità del servizio, il marketing alternativo deve saper dimostrare la **praticità** del suo *brand*, in senso materiale e qualitativo. Alle aziende non conviene ingannare o illudere i consumatori, poiché la diffusione del prodotto è legata strettamente alla loro opinione. Troppo spesso la promozione tradizionale sfrutta dei concetti astratti o promesse irrazionali, per esaltare e spettacolarizzare la merce che vuole diffondere. Nella nuova pubblicità il messaggio passa attraverso persone reali: per essere efficace il *brand* deve esprime la sua funzione in modo chiaro, leale e tangibile. Sfruttando le caratteristiche del prodotto, siano esse materiali o estetiche, è possibile dimostrare la realtà pragmatica dell'offerta e ricevere la fiducia dei potenziali consumatori.

Partendo dall'analisi di Hotmail ed attraverso l'osservazione dei consumatori postmoderni, è possibile indicare i principi fondamentali della pubblicità alternativa. Il marketing tradizionale è solitamente riassunto da una serie di obiettivi, raccolti nella regola delle "4 P": Prodotto, Prezzo, Punto vendita e Promozione. Con l'evoluzione del mercato, la *promozione* non convenzionale può essere oggi sintetizzata servendosi di 4 nuove P: quelle del **Passaparola**, della **Peculiarità**, del **Punto d'interesse** e della **Praticità**. La società contemporanea, nel bene e nel male, è molto differente rispetto a quella d'inizio secolo: le tecniche di persuasione si sono semplicemente adeguate, per mantenere la loro influenza sulla massa. La pubblicità alternativa si è quindi specializzata, per massimizzare la sua capacità di contagio. In questo modo è nata una serie di terminologie proprie della disciplina, suddivisa secondo lo stile di contagio: *Viral*, *Guerrilla* e *Product Placement* sono i vocaboli del nuovo linguaggio pubblicitario. Queste tre categorie non hanno limiti ben definiti: per avere successo collaborano e si mescolano fra loro.

Chiariti gli aspetti teorici generali della materia, il modo migliore per capirne le potenzialità è quello di esaminare nel particolare le singole tipologie ed osservarne direttamente le rispettive applicazioni concrete. L'analisi di alcuni *case studies* illustrerà i principi della pubblicità non convenzionale.

CAPITOLO 2
Viral marketing

Fra le diverse tipologie di marketing non convenzionale, la strategia che sfrutta maggiormente il naturale Passaparola dei consumatori, è definita "Virale". Come abbiamo visto precedentemente la scelta del nome deriva dalle affinità con le epidemie influenzali: la comunicazione fra individui può essere contagiosa, proprio come un virus. Per iniziare un'analisi più approfondita sull'argomento, è necessario mettere subito in chiaro un concetto fondamentale: non è possibile creare una "diffusione virale". Solamente i destinatari hanno il potere di trasformare il messaggio aziendale in virus, contagiando nuove persone. Possiamo definire il "viral marketing" come un'induzione al passaparola. Le strategie virali funzionano in un solo caso: quando gli utenti lo permettono. Il pubblico si allontana dal suo stato passivo di spettatore, per trovare un nuovo ruolo come vero e proprio mezzo di comunicazione. Fare marketing virale significa quindi analizzare la psicologia comunicativa delle persone e creare un messaggio promozionale che stimoli la condivisione.

Tenendo conto dei vari e complessi rapporti umani, è senz'altro difficile riuscire a comprendere tutte le motivazioni che spingono un individuo allo scambio d'informazioni, ma possiamo tentare di semplificare queste ragioni in alcuni punti essenziali:

- guadagno personale (reputazione, ricompensa, fama)
- condivisione dei contenuti (affinità ideologica, credenze)
- esperienza ludica (divertimento, soddisfazione)
- utilità o importanza (evitare pericoli, aiutare)
- qualità estetiche / emotive (bellezza, disprezzo)
- curiosità / interesse (richiedere / offrire informazioni)

Queste 6 caratteristiche principali permettono di definire uno schema generale da cui partire per sviluppare la strategia non convenzionale. Una campagna di viral marketing ha come obiettivo l'inserimento del prodotto all'interno di situazioni stimolanti, in un contesto peculiare e straordinario. Una pubblicità realmente speciale si diffonde senza nessun ulteriore sforzo da parte dell'azienda, lasciando la trasmissione nelle mani del suo pubblico. Oltre alla creazione di un'idea innovativa, è quindi importante individuare i giusti individui da cui iniziare il contagio. La pubblicità alternativa non deve infatti preoccuparsi di raggiungere il più alto numero di utenti. Geoffrey Moore, nel suo libro *Crossing The Chasm*[8], espone chiaramente le modalità di diffusione dei prodotti tecnologici di successo. Il fenomeno è rappresentato da un grafico ad arco: i beni sono consumati inizialmente da innovatori ed adattatori precoci, si estendono col tempo ad una maggioranza del pubblico, per poi finalmente essere notati dai ritardatari.

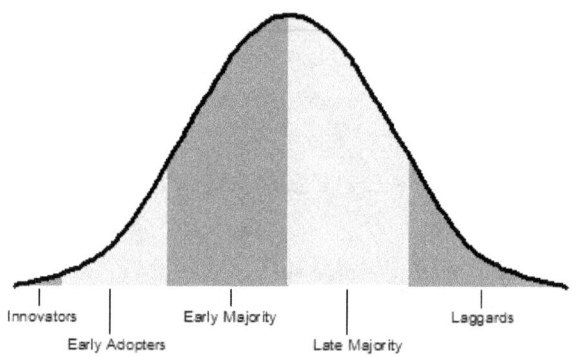

Seth Godin, nel suo libro *Purple Cow*[9], ha ripreso la teoria di Moore, analizzandola meglio sotto il profilo delle strategie di marketing. La pubblicità tradizionale tenta di espandersi verso la più alta diffusione e punta ad una visibilità immediata dei suoi messaggi: il target a cui si rivolge è quindi la parte centrale dell'arco di Moore, poiché corrisponde al pubblico più vasto. Nei metodi virali al contrario, il valore del target non è dato dal suo numero, ma dalla sua capacità di influenzare i gruppi di consumatori. Un virus si diffonde maggiormente quanto più è alta la sua potenza infettiva. Il marketing virale può dunque concentrarsi solamente sulla parte sinistra del grafico, dove gli innovatori e gli adottatori precoci hanno la capacità di contagiare il resto della curva. In questo modo si risparmia, comunicando solamente

---

[8]   Geoffrey A. Moore. *Crossing The Chasm*. John Wiley and Sons, 1998.
[9]   Seth Godin. *La mucca viola, Farsi notare (e fare fortuna) in un mondo tutto marrone*. Sperling & Kupfer, 2004.

agli individui influenti, senza dover consumare denaro e tempo nel tentativo di informare il resto del pubblico. L'aspetto sociale dei piccoli elementi che riescono a scatenare grandi epidemie, è approfondito in modo specifico da Malcom Gladwell, nel libro *The Tipping Point*[10]. Il giornalista, individua tre particolari categorie di persone, dalle qualità contagiose straordinarie. I "Connettori" sono soggetti specializzati nei legami umani, che possiedono un ampio giro di amicizie: mettono in relazione i diversi gruppi sociali, attraverso le loro conoscenze. Gli "Esperti di mercato" sono individui sempre al passo coi tempi, che provano piacere nel raccogliere e condividere informazioni con il resto del mondo. I "Venditori" hanno una sottile abilità persuasiva, grazie al loro carisma o modo di imporsi nei rapporti. Chiunque può trovare esempi di questi personaggi, nella sfera privata e pubblica. Attraverso il lavoro comunicativo delle tre tipologie, il messaggio virale è individuato, indotto e diffuso, fino al punto critico in cui l'influenza diventa una vera epidemia. Lo sfruttamento del passaparola fa inoltre affidamento all'"effetto bandwagon". Questa teoria, conosciuta anche come "effetto carrozzone" o "istinto del gregge", analizza la tendenza della massa nel fare o pensare qualcosa, per il solo motivo che la maggioranza fa o pensa lo stesso. Ampliando la portata delle persone contagiate, si allarga di conseguenza il mezzo di trasmissione in modo esponenziale. Non affidandosi completamente ai media tradizionali, il Marketing Virale ha il privilegio di rimanere relativamente a basso costo.

Per comprendere le potenzialità di questo metodo promozionale, è necessario valutare lo sviluppo dei mezzi di comunicazione fra utenti. I limiti spazio temporali vengono assorbiti dalle nuove tecnologie: è possibile essere in contatto in ogni momento grazie ai telefoni cellulari ed il mondo perde le sue dimensioni all'interno del world wide web. Le capacità di condivisione sono cresciute immensamente, sia in velocità che in ampiezza. Una notizia può essere inviata da un cellulare ad un *server* internet ed essere letta in tutto il mondo nel giro di pochi minuti. Viceversa, ogni tipo di documento web viene scaricato sui telefoni portatili e mostrato agli amici offline. Le informazioni lasciano inoltre maggiori tracce sulla rete, dove possono essere archiviate e facilmente recuperate in qualsiasi momento. I siti di social

---

[10] Gladwell Malcolm. *Il punto critico, I grandi effetti dei piccoli cambiamenti*. BUR Biblioteca Univ. Rizzoli 2006

network sono vere e proprie comunità sociali online, dove gli utenti scambiano milioni di messaggi ogni minuto, con profondi intrecci di partecipazione. L'aumento della velocità di banda permette lo scambio di files in modo semplice e rapido. Questo potenziale comunicativo è del tutto libero e nelle mani di un sempre maggior numero di persone. Per quanto riguarda la situazione Italiana, una ricerca condotta dall'Istituto B&F ha rilevato che internet è ormai diventato il mezzo di comunicazione più seguito dai ragazzi fra i 18 ed i 25 anni, con oltre il 95% di utilizzo nel campione preso in esame, seguito da radio (70%) e televisione (64%)[11]. Secondo uno studio svolto dalla School Of Management di Milano con la collaborazione di Nielsen[12], entro il 2008 il pubblico totale di internet supererà quello televisivo, tenendo conto che il 54% degli Italiani (27 milioni di persone dai 14 anni in su) preferisce di gran lunga il web rispetto al piccolo schermo[13]. Il dato più interessante è che la maggior parte degli utenti naviga in rete fra le 20 e le 23, in quel intervallo serale conosciuto come *prime time*, il settore con la maggiore importanza pubblicitaria per i classici network televisivi.

I consumatori hanno scoperto la capacità interattiva di internet, allontanandosi dal tradizionale modello televisivo *broadcasting*. Non è difficile comprendere che la capacità del passaparola sia cresciuta con l'aumentare dei suoi sistemi di diffusione, dando origine a trasmissioni collettive mai viste fin ora. Il pubblico possiede oggi dei mezzi di comunicazione più forti dei tradizionali mass media ed il marketing non convenzionale è in grado di sfruttarne tutto il potenziale. La multimedialità, del web e dei cellulari di ultima generazione, permette alla pubblicità virale di manifestarsi nelle più varie tipologie, con testi, immagini, musica e video. Ovviamente non basta inserire semplicemente un classico spot nella rete per iniziare un contagio: la nuova comunicazione aziendale deve avere in sé il DNA di un virus.

Tutta questa libertà di parola ed il potere d'espressione dei consumatori può spaventare i *brand*, abituati ai convenzionali metodi promozionali. Nel viral marketing esistono naturalmente dei limiti al controllo della riproduzione del messaggio: nella pubblicità classica, l'agenzia decide come e cosa comunicare, dove

---

[11] http://www.lastampa.it/cmstp/rubriche/stampa.asp?ID_blog=30&ID_articolo=1906
[12] http://www.acnielsen.it
[13] http://www.repubblica.it/2008/01/sezioni/scienza_e_tecnologia/internet-sorpassa-tv/internet-sorpassa-tv/internet-sorpassa-tv.html

diffondere e a quale frequenza. Sfruttando il passaparola è invece il pubblico a decidere cosa dire e come farlo, a stabilire dove e quando parlarne. Le persone sono in grado di modificare o censurare ogni propaganda virale, per problemi di comprensione o per scelta. Per questo motivo il Marketing non convenzionale deve tenere in considerazione due punti fondamentali: semplicità e sincerità. La pubblicità contagiosa ha bisogno di essere chiara, la caratteristica principale deve essere evidente, in modo da permettere l'identificazione del giusto messaggio da diffondere. È più semplice stimolare un'epidemia quando l'utente capisce subito il valore di un virus e di conseguenza il perché dovrebbe parlarne agli amici (per interessi comuni, per bellezza, guadagno personale, ecc.). Ad esempio è meglio che un "viral video" sia breve e mostri subito le sue caratteristiche salienti. Un "viral website", deve essere facile da navigare e senza tempi d'attesa troppo lunghi per i caricamenti. Contenuti immediati ed intuitivi. Al contrario, un virus complesso ha bisogno di un eccessivo impegno per essere capito o accettato ed il consumatore potrebbe rinunciare all'analisi o alla condivisione. Esiste un'eccezione al principio della semplicità: il caso in cui il destinatario rispetta a tal punto l'emittente del virus, da investire il suo tempo nella comprensione del messaggio. È anche possibile creare una situazione misteriosa nelle campagne virali che puntano a stimolare la curiosità, ma a patto di indicare un preciso obiettivo finale da seguire. È quindi da sottolineare l'importanza della comodità comunicativa: l'epidemia avviene solamente quando il virus è facile da intendere e semplice da ripetere.

L'altro fattore da tenere in considerazione è la sincerità. Le persone stimolate trasmettono il messaggio promozionale, ma se si accorgono che l'azienda le sta imbrogliando in qualche modo, la stessa forza infettiva può rivoltarsi contro il *brand*. Un tempo esisteva il detto "bene o male, basta che se ne parli!", per indicare la superiorità della diffusione rispetto al contenuto. Oggi i consumatori sono realmente in grado di creare effetti negativi sull'economia aziendale, grazie al potere del passaparola. Con il Viral Marketing, la pubblicità non può permettersi di ingannare le persone. Non c'è altra scelta: quando un prodotto è sul mercato, il pubblico ne parla in modo spontaneo. Sviluppando una sincera campagna virale, è possibile indirizzare le persone a parlarne in modo positivo.

Può essere utile tenere in considerazione che il concetto alla base del Viral Marketing è molto simile ad una teoria di Richard Dawkins, presentata nel suo libro del 1976 dal titolo *The Selfish Gene*. Dawkins parla dei "memi", una sorta di microrganismi che formano il mondo delle idee. Lo scrittore sostiene infatti che la cultura dell'uomo sia composta da piccole unità di senso, che esattamente come i geni biologici, possono nascere, svilupparsi, evolversi e morire. I memi si diffondono grazie a vettori: le persone che scambiano fra loro opinioni ed informazioni. Possono essere considerati dei "memi" le idee contagiose, come il ritornello di una canzone, un quadro famoso, una moda, uno stile architettonico, leggende metropolitane, balli, credenze e proverbi. Queste "unità di trasmissione culturale" si propagano nel tempo e nello spazio sociale, evolvendosi per selezione naturale, proprio come la teoria naturalistica di Darwin. Le idee più forti ed influenti sopravvivono, a discapito di altre che finiscono per estinguersi, mentre alcuni memi si salvano solo mutando o unendosi fra loro. La "semiosfera" (astrazione mentale in cui vivono i memi) è infatti limitata: l'uomo è costretto ad arginare le proprie conoscenze, per mancanza di memoria e di tempo. La diffusione dei memi è regolata dalle differenti emozioni ed attività umane, come la felicità, la paura, la censura, l'economia o l'esperienza. Già da questa breve descrizione è facile notare le somiglianze del pensiero di Dawkins con la promozione non convenzionale. La differenza principale rispetto al Marketing Virale, è che i memi non hanno pretese di contagio per fini economici: semplicemente sono replicati oppure scompaiono. Un'analisi specifica della materia virale non può evitare un confronto con la teoria di Dawkins: osservando i virus della cultura umana è possibile modellare al meglio un virus pubblicitario.

Il Viral Marketing è una strategia stimolante, che può essere indotta attraverso differenti media. Per ordinare meglio le idee a riguardo e capire più in dettaglio il funzionamento della promozione virale, è necessario esaminare una serie di *case studies*, suddivisi in "viral video", "viral website", "viral social network" e "viral ARG".

2.2 Viral Video Marketing

La prima tipologia di Viral Marketing si realizza grazie alla diffusione online di un file video, stimolando il passaparola del pubblico e mostrando il relativo *brand* da promuovere. Nella creazione del filmato non è necessario un consistente investimento economico, l'importante è sviluppare un'idea creativa, originale e contagiosa. È poi sufficiente inserire il video sul web e renderlo rintracciabile alle persone giuste (connettori, esperti di mercato, innovatori): se il messaggio è stato realizzato in modo adeguato, comincerà a diffondersi spontaneamente fra il resto dei consumatori. Una parte fondamentale del processo è quella di riuscire a rendere accessibile il Viral Video senza troppi problemi. Con l'aumento della velocità dei provider internet lo scambio di files è ormai molto facile, attraverso collegamento diretto, *download* web, *streaming* o programmi P2P. Una volta che è stato scaricato su Personal Computer, il filmato può essere inserito nel cellulare e continuare la sua epidemia nella realtà offline. A partire dal febbraio del 2005 un nuovo protagonista ha ampliato la forza promozionale dei Viral Videos: YouTube ed il suo enorme successo.

È possibile descrivere YT come un archivio illimitato di filmati, amatoriali e professionali, inseriti online dagli stessi utenti che lo compongono. In soli 2 anni YouTube è riuscito a diventare il sito di condivisione video più famoso al mondo: nel mese di Luglio 2006, ha ricevuto 47,2 milioni di accessi ed ogni giorno più di 100 milioni di filmati sono visti sulle sue pagine[14].

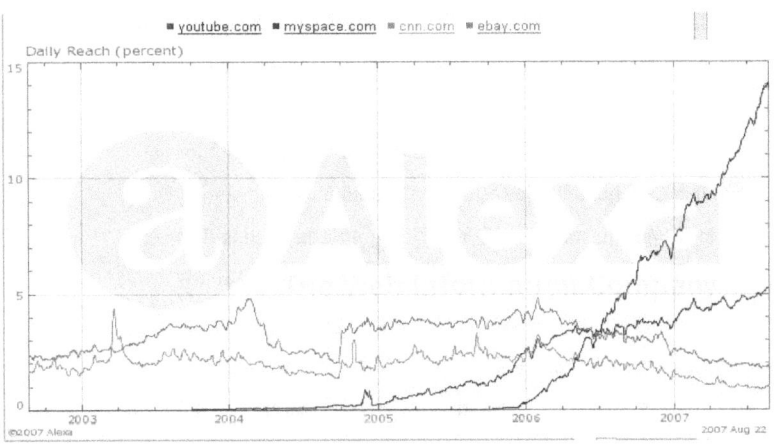

---

[14] http://www.usatoday.com/tech/news/2006-07-16-youtube-views_x.htm

Il traffico digitale di YT ha raggiunto e superato quello dei siti più popolari, come MySpace, CNN.com ed Ebay. I visitatori hanno a disposizione milioni di video fra cui scegliere, in modo totalmente gratuito, sia per la visione che per l'inserimento. La facile consultazione, il valido sistema di ricerca, i suggerimenti contestuali, la capacità di *embed* e la velocità di caricamento, permettono una perfetta accessibilità dei contenuti e semplicità di condivisione. Una volta che un video è stato caricato nell'archivio, può essere mostrato agli amici tramite un comune link, oppure inserito direttamente nei blog personali, nei forum, nei vari social network e nei siti web, grazie ai tag HTML. YouTube è il luogo ideale di propagazione per ogni Viral Video.

Non è semplice riuscire ad analizzare tutti i motivi del successo di YT, ma in qualunque caso rimangono secondari rispetto alla sua importanza come amplificatore del marketing virale. La sua fama aumenta ogni giorno grazie al passaparola: oggi può vantare di occupare il 30% dell'intrattenimento multimediale americano. La conferma del valore di YouTube nel mercato online arrivò nell'ottobre 2006, con l'acquisto dell'intero sito da parte di Google, per la notevole cifra di 1,65 bilioni di dollari. La grande quantità di visitatori attira i grandi *brand* mondiali, che vedono YT come un mezzo ideale per raggiungere milioni di potenziali consumatori, eliminando le trattative con i costosi media *broadcasting*. Il punto d'interesse del sito, ovvero l'intrattenimento visivo, è in perfetto accordo con la strategia dei video virali: gli utenti sono attratti dai filmati ed il *brand* offre una promozione attraverso quello stesso media. Un'altra caratteristica dei viral video è l'assenza di espliciti contenuti pubblicitari. È controproducente sviluppare un messaggio che tenti di vendere qualcosa in modo evidente: il marketing virale punta sull'intrattenimento dello spettatore, stimolandone la soddisfazione piuttosto che l'induzione al consumo.

Da un altro punto di vista, l'enorme successo di YouTube può essere considerato un problema: ogni giorno sono inseriti più di 65 mila nuovi video nell'archivio[15] ed il virus pubblicitario si disperde in un mare di proposte omogenee. Il sistema organizzativo del sito non permette scappatoie ed un filmato banale non sarà mai diffuso viralmente: esistono milioni di alternative più interessanti. La struttura comunicativa è molto differente da quella televisiva ed è ingenuo pensare di poter

---

[15] http://www.usatoday.com/tech/news/2006-07-16-youtube-views_x.htm

pagare semplicemente qualcuno per fare in modo che il video si diffonda. Esiste la possibilità di favorire un filmato, inserendolo a pagamento nella *homepage* di YouTube, ma se il messaggio non riesce a stimolare il passaparola degli utenti, si rivelerà un fallimento. Ogni video può essere votato dagli spettatori ed il risultato è visibile prima del caricamento: nel caso in cui la votazione è molto bassa, il visitatore successivo non perderà nemmeno tempo nella visione. È anche importante tenere in considerazione la minore rilevanza della *homepage* rispetto all'archivio generale: la maggior parte delle visioni arriva da link esterni, grazie al passaparola degli innovatori che per primi scoprono il video. Sono gli utenti a stabilire la popolarità dei filmati e l'unico modo per trasmettere il messaggio è quello di catturare completamente la loro attenzione, con un'idea davvero contagiosa.

Alcuni *brand* hanno escogitato una semplice strategia per attirare l'attenzione delle persone: lasciare a loro tutto il lavoro creativo. L'azienda propone l'argomento su cui realizzare un video ed apre un concorso per premiare il risultato migliore. Il consumatore diventa protagonista della campagna pubblicitaria ed ottiene una motivazione personale per parlare del *brand*. Questa soluzione determina tuttavia 3 problemi principali:

- Sono ormai troppe le aziende che sfruttano questo sistema, l'idea è diventata banale e manca di attrattiva.
- Nel caso di un prodotto contestato o dalle dubbie qualità, la creazione di un video da parte dei consumatori può rivoltarsi contro l'azienda, come nel caso dei SUV THAOE. Nel 2006 Chevrolet GM ha proposto al pubblico di creare uno spot per la promozione del suo nuovo SUV. In risposta l'azienda ha ricevuto numerosi filmati negativi contro l'inquinamento creato da questi fuoristrada, che diffusi online sono diventati più famosi della stessa iniziativa.
- Spesso i video prodotti dai consumatori si riducono a mere copie di pubblicità televisive, senza nessun valore virale: il pubblico è rimasto talmente assuefatto dagli spot tradizionali da averne assorbito il linguaggio semantico.

La soluzione migliore rimane quella di realizzare un viral video sotto il controllo del *brand*, oppure sfruttare le idee amatoriali positive, come nel caso dei famosi filmati con i *geyser* di Mentos e Coca Cola. Il progetto consiste nell'inserire alcune caramelle Mentos all'interno di una bottiglia di Diet Coke. Il risultato è un'incredibile reazione chimica della bevanda, che fuoriesce con potenza dal contenitore, somigliando ad un piccolo *geyser*. L'esperimento era già conosciuto fra i ragazzi dei college americani, usato come piccola attrazione nelle feste fra amici, ma è stato grazie ad un video online che la fama del *geyser* di Coca e Mentos si è estesa a livello mondiale. Utilizzando 101 bottiglie di Diet Coke ed oltre 500 Mentos, due amici sono riusciti a ricreare e filmare una spettacolare eruzione di liquido, ispirata ad una fontana di Las Vegas. Il video è stato inserito sul loro sito (Eepybird.com) e mostrato inizialmente a pochi familiari: dopo una settimana ha raggiunto le 800.000 visite, solo con il potere del passaparola. La notizia dell'incredibile filmato è arrivata presto alla stessa azienda delle Mentos, che rendendosi conto dell'importanza promozionale del Geyser, ha deciso di collaborare con i due ragazzi, fornendo tutto il supporto necessario e rifornimenti di caramelle per nuovi esperimenti.

I finanziamenti del *brand* hanno portato alla realizzazione di un sito dedicato, nuovi video ed un archivio fotografico su Flickr, con prove amatoriali di altri utenti esaltati dalla scoperta. Mentos è riuscita a diffondere il suo *brand* attraverso il contagio del divertente *geyser*, che ha superato presto i 7,5 milioni di visite. Coca Cola ha risposto inizialmente con forti dubbi riguardo l'esperimento, spiegando come i suoi consumatori avrebbero preferito bere la bibita, piuttosto che sprecarla in quel modo. Il crescente successo mondiale del video e tutta la pubblicità gratuita a Mentos, hanno convinto infine Coca Cola a supportare ogni progetto di Eepybird.com. Sono ormai numerosi  i filmati degli esperimenti con Diet Coke e Mentos: questa folle trovata di qualche ragazzino americano è riuscita a creare un giro pubblicitario del valore di svariati milioni di dollari. Le due aziende hanno saputo sfruttare la scoperta a loro vantaggio, rispettando l'idea dei creatori del filmato originale.

Non è semplice riuscire a creare un viral video di successo, ma analizzando i casi positivi di Nike e Dove sarà possibile comprendere meglio le caratteristiche del fenomeno.

2.2.1 Nike Tiempo Legend & Ronaldinho

Descrizione: Ronaldinho, giovane brasiliano considerato da molti il migliore calciatore del momento, è in campo per i quotidiani allenamenti. Una telecamera filma la situazione in modo del tutto amatoriale, forse maneggiata da un amico. Un altro ragazzo porta una misteriosa valigetta dorata, Ronaldinho ne estrae un paio di scarpe, le indossa ed incomincia a giocherellare con il pallone. L'obiettivo continua ad inquadrare il brasiliano: dopo alcuni palleggi ecco un facile tiro a porta vuota, che manca clamorosamente la

rete per colpire con potenza la traversa. La palla ritorna verso Ronaldinho che la stoppa con il petto, esegue con destrezza un altro palleggio e la rispedisce sulla traversa senza farle toccare terra. Il pallone rimbalza di nuovo, torna indietro ed è calciato ancora sulla barra superiore della porta. Rimbalzo, stoppata e tiro, ripetuti per 4 volte come in un fluido balletto. Sembra di assistere ad un divertente ping-pong fra Ronaldinho e l'asta di ferro, larga solo pochi centimetri. Colpire la traversa sarebbe considerato un deludente errore durante una normale partita di calcio, ma in questo video l'azione si trasforma in uno spettacolare tiro al bersaglio, replicato alla perfezione da un cecchino con una mira favolosa. I tifosi rimangono a bocca aperta, ammirando increduli l'abilità di questo prodigio del football. Le scarpe che Ronaldinho ha estratto dalla valigetta erano le nuove Nike Tiempo Legends ed il viral video è stato diffuso inizialmente attraverso il sito ufficiale dell'azienda, Nikefootball.com.

Peculiarità: riuscire a colpire volontariamente per 4 volte di seguito la traversa è un'azione davvero eccezionale, anche per un campione del calibro di Ronaldinho. Il breve filmato mostra un evento straordinario, che meraviglia e provoca stupore negli appassionati dello sport più seguito in Italia. Il giovane brasiliano è davvero in grado di una simile impresa? Vedere per credere, eppure rimane il dubbio. La mira e la capacità di controllo necessarie per riuscire in quest'opera d'arte sportiva sono forse al di sopra delle sue possibilità. Qualità dell'atleta o semplice aiuto del computer con un montaggio digitale? Vero o falso, l'intenzione del video è l'intrattenimento del suo pubblico. Nike non ha preteso di far credere ai consumatori che utilizzando le sue nuove scarpe, Ronaldinho sia riuscito a superare anche sé stesso. Il brand ha comunicato semplicemente una situazione incredibile ma non impossibile, fine a sé stessa, senza affermare alcuna verità assoluta. In questo modo il video è riuscito a rimanere onesto, restando in bilico al limite della lealtà comunicativa. Il suo scopo è porgere una domanda, piuttosto che convincere di un fatto: può Ronaldinho colpire per 4 volte di seguito la traversa? Ai consumatori è lasciata la discussione per trovare un'eventuale risposta. Il brasiliano è un campione del calcio ed i suoi tifosi fantasticano sulla possibilità dell'impresa. Non importa che ci riesca per davvero, nell'idealizzazione del personaggio un'azione del genere è totalmente realizzabile. Nike è riuscita a presentare una situazione peculiare, che ha attirato l'interesse e la curiosità degli utenti.

Passaparola: partendo da Nikefootball.com, l'avvenimento straordinario ha contagiato in fretta milioni di persone. Inserendolo sul sito ufficiale dell'azienda, il viral video è stato visto inizialmente dai fans della Nike, che visitando spontaneamente l'homepage avevano già interesse e stima per il brand. I primi destinatari, rimanendo colpiti dal filmato, sono stati felici di condividere la loro scoperta con gli amici meno aggiornati. Al termine della visione in *streaming web*, un messaggio invitava gli spettatori a scaricare il video oppure spedire via mail il link della pagina ai propri conoscenti. Questo ha dato una spinta alla condivisione del filmato, fornendo facili metodi di propagazione. Il file scaricato è stato poi inserito nei principali siti di *video sharing*, offrendo così un'ulteriore forza virale. Su

YouTube il filmato ha ricevuto oltre 20 milioni di visite, ma è solo una piccola parte delle statistiche totali, a causa della diffusione del file su vari siti e formati. Durante l'epidemia Tiempo Legend, oltre il 2% del traffico digitale verso YT arrivava da ricerche per il termine "Ronaldinho". Nello stesso periodo, le statistiche dei motori di ricerca inglesi per le query di "Ronaldinho" e "Nike Football", hanno avuto un incremento parallelo riconducibile proprio all'azione di marketing virale.

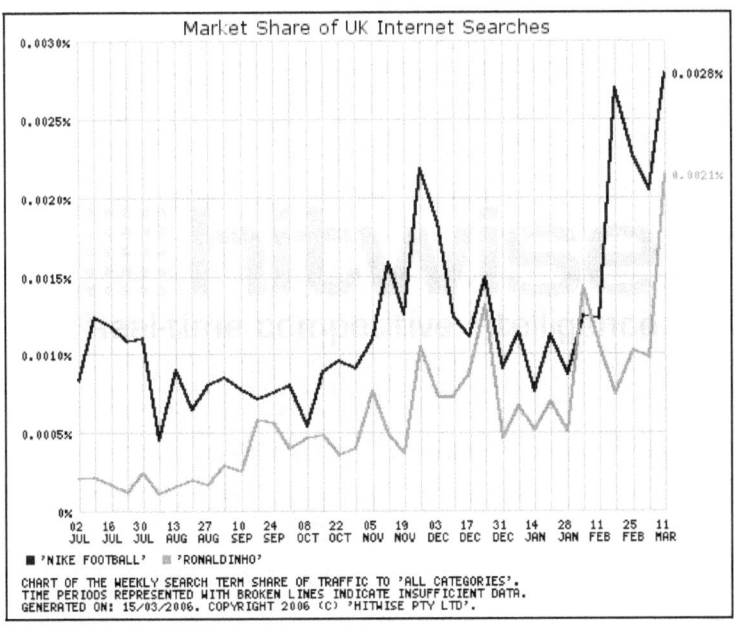

David Reti, *Global Producer* della Nike, ha affermato che per il lancio delle Tiempo Legends, l'azienda ha fatto affidamento alle sole strategie virali, senza spendere denaro in pubblicità sui mass media. Le uniche spese sostenute sono state l'ingaggio del calciatore e la realizzazione del filmato: il messaggio è stato diffuso in tutto il mondo solamente grazie alla forza del passaparola. Il video è riuscito tuttavia ad infettare anche i tradizionali mezzi di comunicazione. La sua straordinarietà ha infatti attirato l'attenzione dei principali programmi sportivi (come *Sky News Sportsline*), che hanno discusso in televisione la prova spettacolare di Ronaldinho, trasmettendo gratuitamente il video. Fra un commento e l'altro, le scarpe dell'atleta ed il logo dell'azienda continuavano a contagiare il pubblico.

Questo viral video ha stimolato il passaparola, puntando sull'esperienza ludica (divertimento nel vedere l'azione), qualità estetica ed emotiva (il fascino dell'impresa e la stima verso il giocatore) e sulla curiosità (è davvero riuscito a colpire per 4 volte la traversa?). Nel caso Nike, il marketing virale è stato davvero un successo. Il messaggio conteneva le giuste caratteristiche infettive che hanno permesso di conquistare i consumatori, inducendoli a parlare del *brand* e diffonderlo con il minimo sforzo economico.

Punto d'interesse: l'impresa di Ronaldinho ha chiaramente centrato il punto d'interesse del suo pubblico. La fascia di mercato per il prodotto pubblicizzato, un nuovo modello di scarpe da calcio, è compatibile con il target del video: gli appassionati del pallone. La situazione (allenamenti di calcio) ed il protagonista (un calciatore famoso) sono naturali attrattive per un potenziale consumatore di quel tipo di scarpe. Creando un mini avvenimento sportivo altamente spettacolare, Nike ha sedotto gli spettatori, appassionandoli con una *reclame* come ai tempi di Carosello. Lo stesso messaggio, trasmesso per vie tradizionali, probabilmente non avrebbe ricevuto un simile successo. Una pubblicità televisiva con l'impresa di Ronaldinho, sarebbe stata classificata come la solita esagerazione della realtà, senza prestarle troppa attenzione. Lo sanno tutti che non bisogna fidarsi della pubblicità. Il viral video è invece una forma promozionale dalla quale il consumatore non ha ancora imparato a diffidare. Gli straordinari rimbalzi di Ronaldinho sono stati seguiti come puro intrattenimento ed hanno colpito con precisione l'interesse del pubblico.

Praticità: il prodotto pubblicizzato nel Viral Video è un semplice paio di scarpe, la cui praticità è sostanzialmente estetica. Esistono innumerevoli marche di calzature da calcio e le "funzioni" offerte sono ormai standardizzate: il consumatore compie la sua scelta in base al prezzo, al valore aggiunto (moda, fama del *brand*) ed al gusto personale. Per comunicare la praticità estetica, il primo minuto del filmato è dedicato ad inquadrare il prodotto, mentre viene indossato dal calciatore. Il potenziale cliente è incuriosito dal contenuto della valigetta dorata ed osserva attentamente le Tiempo Legends ai piedi di Ronaldinho. Il Viral Video comunica in questo modo l'aspetto delle scarpe, in maniera diretta e sincera. L'utente guarda la merce e la valuta in base alle sue preferenze: se gli piacciono, se ne ricorderà al momento del bisogno. La visione delle Tiempo Legends, associate alla precedente stima per l'azienda (già nota al pubblico), permettono di esprimere in modo adeguato la praticità materiale del bene pubblicizzato.

2.2.2 Dove Evolution

Descrizione: come trasformare una ragazza un po' sciupata in una perfetta modella pubblicitaria? Il viral video *Evolution*, finanziato dalla Dove, risponde proprio a questa domanda. Il filmato inquadra il volto di una donna al naturale, con tutte le sue imperfezioni meravigliosamente umane, mentre tutt'attorno si prepara un *team* di truccatori. Attraverso una serie di manipolazioni fisiche (pesante *make-up*, correttori, acconciature) e digitali (uso di photoshop per allungare il collo, diminuire le spalle, accentuare lo sguardo), alla fine del video la ragazza è stata completamente modificata. Il risultato è un viso che ha perso i lineamenti spontanei dell'originale, divenendo una caricatura angelica senza visibili difetti estetici. Il tutto

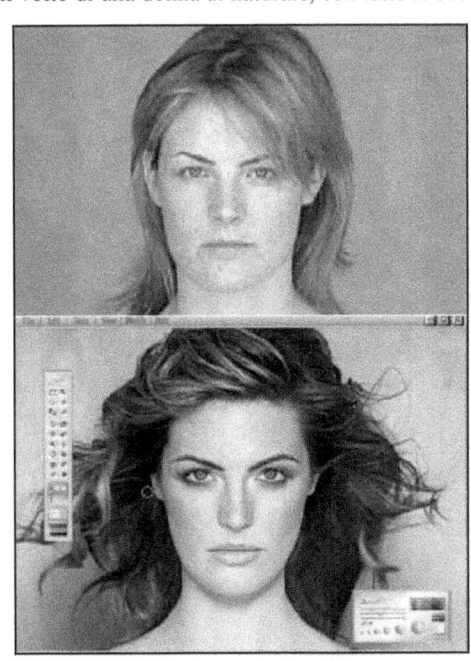

accade nel giro di un minuto: le ore d'interventi sulla modella sono state velocizzate, producendo un'impressionante evoluzione dell'apparenza, dalla normalità fino alla finzione pubblicitaria. La modella è stata così resa all'altezza di comparire sul cartellone promozionale per una qualche marca di cosmetici. Bellissima ed irraggiungibile per la sua disumanità. Il filmato *shock* continua con una frase ad effetto: "No wonder our perception of beauty is distorted"[16]. Per concludere il video

---

[16] Non c'è da meravigliarsi che la nostra percezione della bellezza sia confusa.

compare l'invito a partecipare alla campagna *Dove Real Beauty Workshop*, indicando il link al sito ufficiale, campaignforrealbeauty.com.

Peculiarità: il viral video Dove ha portato una piccola rivoluzione nel mercato di riferimento, svelando e denunciando la falsità insita nelle pubblicità dei prodotti cosmetici. *Evolution* è il risultato della strategia di marketing che Dove sta sviluppando già da alcuni anni, con la scelta di diffondere messaggi contrari alla concorrenza. La campagna *For Real Beauty* denuncia i modelli estetici esageratamente perfetti, usati normalmente dalle aziende di prodotti di bellezza. Le consumatrici sono messe continuamente a confronto con icone utopiche, perdendo la fiducia nella propria grazia naturale. Questo filmato mostra efficacemente gli inganni visivi a cui il pubblico è sottoposto ogni giorno, rivelando i metodi attraverso cui i *brand* manipolano l'immagine reale delle donne. Il messaggio lanciato dal viral video non è certo una novità: da anni le associazioni di consumatori ed i gruppi sociali più critici, accusano le aziende di sfruttare l'immagine femminile per motivi commerciali. La scelta del soggetto è tuttavia insolita come metodo promozionale, soprattutto per un'impresa che vende cosmetici, considerati come i principali responsabili del problema. Dove *Evolution* non solo attira l'attenzione delle consumatrici, ma allo stesso tempo toglie credibilità alle pubblicità avversarie, che utilizzano icone di bellezza artificiale.

Il contenuto del video affascina lo spettatore e sottolinea egregiamente la peculiarità del messaggio: unisciti a noi per sostenere una bellezza più autentica. Con la campagna *For Real Beauty*, Dove sfrutta il dibattito sull'attuale definizione dei canoni estetici, fornendo gli spunti per discuterne ed offrendo delle soluzioni al problema. Dal sito ufficiale è possibile accedere ad un forum, in cui le consumatrici interagiscono fra loro e discutono sulla questione, sono disponibili degli approfondimenti e vengono raccolti fondi per la creazione di seminari scolastici, rivolti a migliorare l'autostima delle teenagers. La peculiarità del viral video è così sostenuta dall'intera strategia pubblicitaria Dove, che esprime la volontà di diffondere un'immagine femminile più vicina alla realtà.

Punto d'interesse: negli ultimi anni il brand Dove ha cercato di darsi un'immagine più sensibile e naturale, presentandosi come un'azienda sincera, attenta ai bisogni interiori delle donne. Con il viral video il *brand* ha puntato a raggiungere quella fascia di mercato infastidita dalle immagini femminili proposte dai mass media, le mamme preoccupate per l'influenza negativa sulle figlie ed il pubblico più attento e critico. *Evolution* ha colpito al cuore i valori emotivi del suo target, fornendo un messaggio di particolare interesse ed un invito a rispondere attivamente al problema (unirsi alla campagna *For Real Beauty*). La questione aperta dal viral video intrattiene a lungo gli spettatori, lasciandoli ragionare interiormente sulle effettive implicazioni della pubblicità, riguardo la percezione estetica nella società di oggi. Le consumatrici sono rimaste affascinate dalla rivelazione di *Evolution* ed hanno accettato il messaggio diffuso da Dove.

Passaparola: il 6 ottobre 2006, il video di *Dove Evolution* è stato inserito su YouTube. In sole 3 settimane è stato visto da 1 milione e mezzo di persone e dopo un anno può vantare oltre 5 milioni di utenti raggiunti. Il numero totale delle visite su YT è senz'altro impressionante, ma è possibile analizzare un dato ancora più interessante per comprendere le potenzialità del marketing virale. Grazie ad *Evolution*, il sito campaignforrealbeauty.com ha raggiunto un traffico digitale tre volte superiore rispetto agli accessi richiamati con uno spot televisivo, trasmesso nel febbraio dello stesso anno durante il Super Bowl.

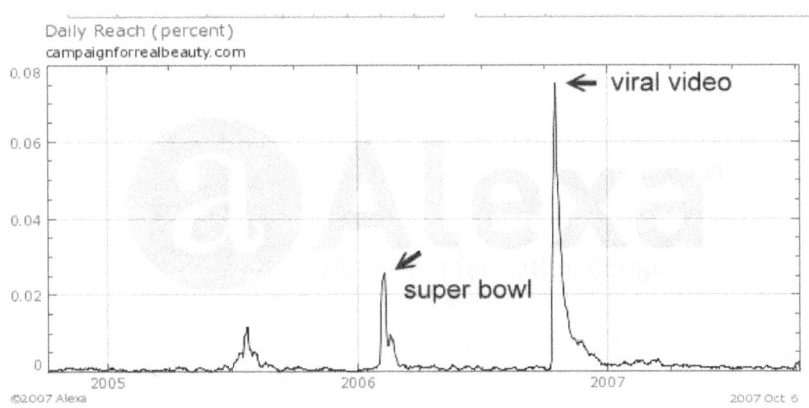

Il Super Bowl è la partita finale del campionato di Football Americano, l'evento televisivo più seguito in assoluto in USA, tanto da essere considerato di fatto una festa nazionale. Il programma raggiunge al suo apice oltre il 60% dello *share* di telespettatori dell'intera nazione e le sue interruzioni pubblicitarie allettano le tradizionali agenzie pubblicitarie, che puntano a raggiungere quel pubblico così numeroso. Affidarsi ad un mezzo di comunicazione di massa generalista può tuttavia non essere la scelta migliore per diffondere un messaggio promozionale. I risultati dello spot sono stati decisamente inferiori rispetto al successo del Viral Video. Non possiamo sapere quante persone hanno effettivamente seguito la pubblicità in TV, ma lo scopo dell'apparizione durante il Super Bowl è stato quello di attirare visitatori sul sito ed in questo caso, il marketing virale si è rivelato molto più efficace. Le statistiche sono particolarmente interessanti se teniamo in considerazione una questione fondamentale: Dove ha dovuto pagare 2,5 milioni di dollari per apparire nell'intermezzo dell'evento sportivo, mentre l'inserimento del video su YouTube è stato completamente gratuito.

I motivi del successo di *Evolution* sono stati molteplici. I destinatari hanno guardato il video online dallo schermo del proprio computer ed è stato semplice aprire una nuova pagina web per visitare il sito pubblicizzato. La diffusione virale ha raggiunto con precisione gli utenti interessati ai contenuti del messaggio, poiché il passaparola è stabilito in base alle affinità ideologiche. *Dove Evolution* ha infettato l'intera blogosfera, salendo velocemente nella "Top 10" dei video più linkati dai blogger, nella classifica di Technorati. Il contagio è stato stimolato grazie alla condivisione dei contenuti (critica contro gli stereotipi femminili nella pubblicità), per qualità emotive (disprezzo delle agenzie pubblicitarie che usano quei metodi) e per importanza (mostrare alle amiche come le aziende manipolano le donne).

Praticità: analizzando i primi tre punti, il viral video Dove può essere considerato un vero trionfo. È stato diffuso viralmente raggiungendo milioni di persone, che sono entrate a contatto con il brand ed hanno saputo dell'esistenza della campagna *For Real Beauty*. Per quanto riguarda la Praticità del messaggio rimangono però alcuni dubbi. La strategia di marketing è stata sviluppata per promuovere il *Real Beauty Workshop* piuttosto che per mostrare i reali prodotti dell'azienda. Dove spera che, associando il suo logo alla critica dell'etica pubblicitaria, le consumatrici percepiranno questi valori positivi anche nei beni di consumo marchiati dall'azienda. Il video in questo senso riesce a comunicare efficacemente i concetti fondamentali che stanno alla base di *Real Beauty*. Un'osservazione più attenta rischia però di svelare i fini commerciali dell'operazione e mettere in luce le reali intenzioni del *brand*. Dove sfrutta cinicamente un serio problema comunicativo, per attirare l'interesse del pubblico e convincerlo a comprare i suoi prodotti. L'ufficio marketing commette un grave errore, trascurando le caratteristiche pratiche della merce ed affidandosi soltanto ad argomenti di cui non ha l'autorità morale. L'azienda non ha il diritto di sfruttare un discorso etico, poiché il suo scopo finale è puramente economico. In fondo Dove dimostra di essere ipocrita a suo modo, approfittando dell'immagine femminile per vendere cosmetici. È sicuramente un impiego più critico e rivolto a stimolare la riflessione sul messaggio, ma è pur sempre un abuso di modelli stereotipati. Le

donne *Real Beauty* sono raffigurazioni del "vivere al naturale", modelle che interpretano una parte, quella della bellezza genuina. Le apparenze che indossano non implicano tuttavia nessuna realtà, mostrando un cast dall'aspetto magnifico, anche nella loro anzianità o robustezza. È la solita menzogna pubblicitaria, che finge il vero per comunicare un'onestà che non le appartiene. *Campaign For Real Beauty* continua a manipolare gli stereotipi estetici: non elimina la problematica concezione della bellezza, ma la modifica soltanto per renderla più verosimile.

I prodotti Dove perdono così il loro significato, in un mare di discorsi morali dai dubbi valori. Come può l'azienda comunicare la praticità di ciò che vende, se sviluppa i suoi discorsi sull'importanza di un aspetto femminile senza modifiche estetiche? La descrizione fornita dal sito Dove afferma che i cosmetici della linea Pro-Age non combattono le imperfezioni, ma mostrano le donne così come sono, naturalmente belle. Allora perché comprare i prodotti Dove? La linea Silk-Glow ha fra le sue caratteristiche la capacità di rendere la pelle più bella, più morbida, più liscia e splendente come la seta. Che fine ha fatto la filosofia *Real Beauty*? La strategia comunicativa impiegata non è ben chiara, confusa nell'unire due concetti in netta contraddizione: compra per rimanere come sei, ma più bella.

Le donne possono essere d'accordo con le affermazioni del Viral Video e credere ingenuamente che l'azienda sia in buona fede, ma difficilmente potranno comprendere l'eventuale qualità dei suoi prodotti. Sviluppare un valore morale da associare al bene di consumo poteva essere una buona idea nel marketing tradizionale. Le tecniche non convenzionali devono invece presentare le caratteristiche pratiche dell'offerta, per non cadere negli stessi errori di comunicazione che hanno ormai volgarizzato la pubblicità classica.

2.3 Viral Website Marketing:

Un altro metodo di Viral Marketing si realizza attraverso la creazione di un sito internet talmente interessante o insolito da stimolare il passaparola. A partire dagli anni '90, le aziende hanno iniziato a realizzare i propri website, per farsi pubblicità con un nuovo mezzo comunicativo relativamente economico. In principio era sufficiente possedere una semplice *homepage*, in cui trovare informazioni generali sui prodotti o sul *brand*. I concorrenti online erano limitati ed il sito aziendale era facilmente raggiungibile dai potenziali clienti. Per attirare ulteriori visite, il posizionamento di qualche *banner* pubblicitario avrebbe incuriosito nuovi utenti. Oggi la situazione è molto differente:

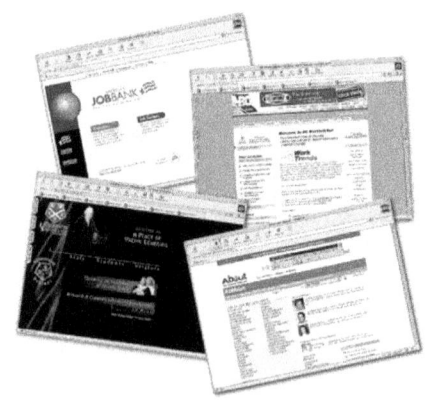

esistono milioni di siti internet ed il pubblico è disperso fra tutte le offerte simili. I *banner* sono diventati inutili, censurati con l'aiuto di *software* oppure semplicemente ignorati. Un nuovo sito che fornisce contenuti o servizi già visti, ha poche speranze di successo. Le aziende hanno quindi bisogno di realizzare delle *homepage* con soggetti esclusivi, inerenti al prodotto da pubblicizzare. Riuscendo a distinguersi dall'ordinario si può essere nuovamente interessanti ed attirare l'attenzione dei consumatori. Naturalmente è necessario inserire nel Viral Website le giuste caratteristiche, che incoraggiano la diffusione del link ed informano i potenziali clienti. Lo scambio di links è una delle attività più frequenti di chi naviga nel *world wide web*. La natura stessa di internet, composta da infiniti collegamenti ipertestuali, permette agli utenti di passare da un sito all'altro nel giro di pochi secondi. Ogni link può essere condiviso in modo semplice e veloce, attraverso e-mail, chat, blog, forum, video, *podcast* ed anche offline, scritto su di un normale foglio di carta. La praticità comunicativa di un indirizzo web è superiore a qualsiasi altro formato: lettere e numeri sono le basi stesse del passaparola. È semplicissimo condividere un Viral Website: basta pronunciare una frase oppure scriverla. La trasmissione iniziale del link da parte d'individui particolarmente influenti, rende ancora più forte il contagio del web-virus. Una volta che il sito è trascinato dal potere del passaparola, la sua accessibilità cresce a dismisura. I risultati di Google, il più grande motore di ricerca online, sono infatti influenzati dalla popolarità fra gli utenti. Più un sito è linkato sul web e maggiore è la possibilità di essere fra i primi risultati nelle *query* di ricerca, attraendo così nuovi visitatori.

Raggiunto il sito, la pagina principale deve essere subito intuitiva, semplice da navigare e leggera da caricare. Una bellissima *homepage* che ha bisogno di molto tempo per essere visualizzata oppure richiede strani *plugins*, esclude in partenza una grande fetta di pubblico. Un'attesa troppo lunga o una struttura complessa possono fare rinunciare il visitatore, la mancanza dei *plugins* gli renderebbero impossibile la visita. Ogni particolare del sito va studiato in modo da aiutare l'utente ad apprezzarne i contenuti senza problemi.

Dopo aver conquistato il target con l'idea contagiosa, il Viral Website può offrire maggiori informazioni sul *brand*. Il consumatore può conoscere meglio le qualità dei prodotti, comunicare con gli organi di pubbliche relazioni o con gli altri utenti e magari comprare in uno *shop* online. Tutti i movimenti avvengono sul sito controllato direttamente dall'azienda e questo consente di analizzare i *feedback* dei clienti e le statistiche di apprezzamento. La strategia del Viral Website non ha probabilmente sviluppato ancora tutte le sue potenzialità, ma è già possibile trovare alcuni interessanti esempi, come quello di Beer.com.

2.3.1 Virtual Bartender.beer.com

Descrizione: Virtualbartender.beer.com è una pagina web interattiva, composta principalmente da una schermata video ed uno spazio che permette al visitatore di scrivere dei comandi. La finestra centrale mostra l'interno di un bar: davanti al bancone, un'affascinante barista (Tammy Plante, modella di Playboy) sorride in video alla *webcam*. Un tasto invita l'utente ad inviare una richiesta a Tammy ed appena trasmesso il messaggio, lei reagisce ad ogni provocazione. La modella balla, combatte come uno Jedi, bacia un'altra *playmate*, mostra parti del suo corpo o compie azioni fra il *softporn* ed il *nonsense*, per poi tornare alla sua posizione originaria, pronta per nuove richieste.  Il tutto seguendo i comandi imposti attraverso il sito. Il visitatore ha inizialmente l'impressione di essere realmente collegato online con Tammy, che legge i suoi ordini e li esegue. È il sogno di ogni adolescente: una bellissima ragazza pronta a soddisfare ogni richiesta.. o quasi. Ci si rende presto conto che la *webcam* non è veramente in tempo reale. Il sistema digitale è stato sviluppato in modo da rispondere ad una serie di parole chiave e caricare sulla pagina un video inerente. Scrivendo i giusti comandi si riceve in regalo una nuova scenetta dell'avvenente barista. Passata l'impressione di realtà, rimane l'eccitazione della scoperta e dell'interazione: quali desideri può esaudire Tammy? Fino a dove si spingerà con le sue mosse provocanti? Quali assurde situazioni può causare? Esistono oltre 120 diverse azioni nascoste nel *database* del sito, che aspettano solo la giusta parola per essere attivate.

Peculiarità: il sistema di *Virtual Bartender* appare simile ad un altro Viral Website prodotto alcuni mesi prima da Burger King, per pubblicizzare la sua nuova linea di panini al pollo. *The Subservient Chicken* e un sito in cui uno strano individuo vestito da pollo esegue in *webcam* gli ordini dei visitatori. È giusto citare Burger King per essere stato forse il primo a realizzare un personaggio "interattivo", capace di attirare l'attenzione del pubblico, con un'idea semplice ma innovativa. Virtual Bartender si può quindi definire come una copia dell'originale, riuscita tuttavia a farsi notare. La strategia scelta era ancora abbastanza peculiare (VB è stato il secondo sito ad utilizzarla) ed ha potuto fare colpo. I visitatori rimanevano affascinati dalla possibilità di comandare Tammy e vedere le sue risposte in video. L'interattività offerta era superiore rispetto ai tradizionali siti internet, prevalentemente testuali. Esistono tuttavia alcune differenze fra le due campagne virali. Il cambiamento più evidente è ovviamente la scelta di una seducente modella di Playboy al posto di uno stravagante pollo. *The Subservient Chicken* si affiancava a differenti metodi promozionali (spot TV, giornali) per diffondere la sua immagine. Il caso di *Virtual Barteder* è stato invece sviluppato esclusivamente online, rendendolo così più interessante per analizzare le strategie di un Viral Website.

Passaparola: l'epidemia di *Virtual Bartender* è cominciata la sera del 4 novembre 2004. La pagina era stata preparata nei mesi precedenti, per poi essere inserita segretamente nel *server* di Beer.com. Era possibile accedervi solamente con richiesta al link diretto: non esistevano infatti collegamenti dalla homepage. Per iniziare il contagio, l'indirizzo web nascosto di VB è stato svelato tramite e-mail a 10 amici dello *staff* di Beer.com. Il giorno successivo i contatti ricevuti erano già più di 15.000 ed alcuni utenti avevano aperto un forum amatoriale, per discutere di Tammy e riportare i primi comandi scoperti. La comunicazione a quelle prime 10 persone si era moltiplicata a dismisura, infettando le reti sociali ed i gruppi d'influenza. Entro il 10 novembre, la cifra era salita ad oltre 500.000 visite. Il link continuava a girare grazie al passaparola, i ragazzi parlavano di Tammy con gli amici, nelle chat e nei forum di tutto il mondo. Era sufficiente rivelare il link "nascosto" per diffondere il messaggio. Dopo un mese, *Virtual Bartender* aveva raggiunto un traffico complessivo di 10 milioni di visitatori. La fama della barista virtuale era arrivata anche ad alcuni giornali tradizionali, che hanno scritto servizi ed analisi sul fenomeno. La diffusione virale ha permesso a Beer.com di diventare il primo risultato nelle ricerche di Google di termini come *"beer"*, economicamente importanti per la fascia di mercato giovanile. Nel mese di novembre 2004, Beer.com era il sito più popolare nel world wide web, con un aumento del suo traffico, rispetto ai periodi precedenti, di oltre l'800%.

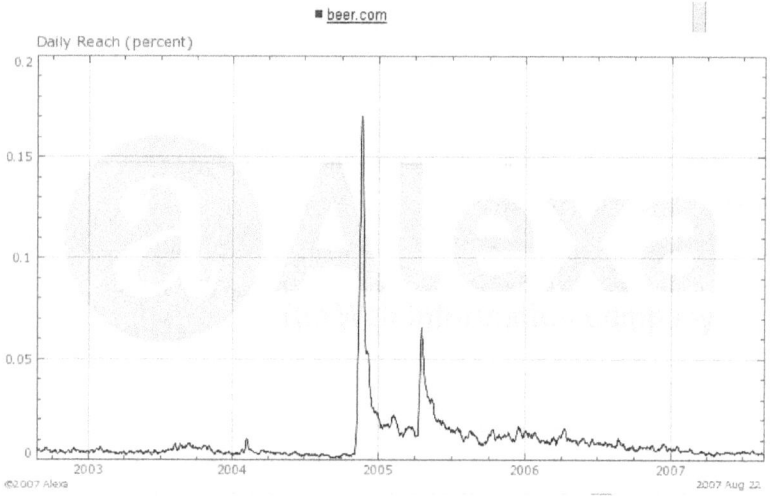

Il pubblico era stimolato a parlare del sito per esperienza ludica (divertirsi nel vedere le scene e scoprire nuovi ordini), per qualità estetiche (l'avvenenza della modella), per curiosità (chiedere o fornire le parole chiave per sbloccare nuove situazioni) e per guadagno personale (buona reputazione per aver scoperto un nuovo comando). Le caratteristiche virali sono state sviluppate in modo adeguato ed hanno avuto i loro risultati.

L'enorme successo di *Virtual Bartender* è un perfetto esempio di un tentativo ben riuscito di Viral Marketing. Affidandosi esclusivamente al passaparola, il sito ha comunicato con milioni di utenti senza costi di diffusione.

Punto d'interesse: il target di Beer.com era la fascia di pubblico dei ragazzi fra i 17 e i 25 anni, per entrare in competizione con portali più famosi come Askmen.com e MaximOnline. Ironicamente, la proprietà più interessante di questa strategia non convenzionale è anche la più sfruttata della storia del marketing: la sessualità. Come abbiamo visto, *Virtual Bartender* ha seguito l'esempio di *Subservient Chicken*, per costruire un sistema interattivo che riesce ad intrattenere il suo pubblico. Il divertimento è mantenuto grazie alla struttura di gioco, che impone al visitatore di ricercare i giusti ordini e lo appaga con filmati sempre più particolari.

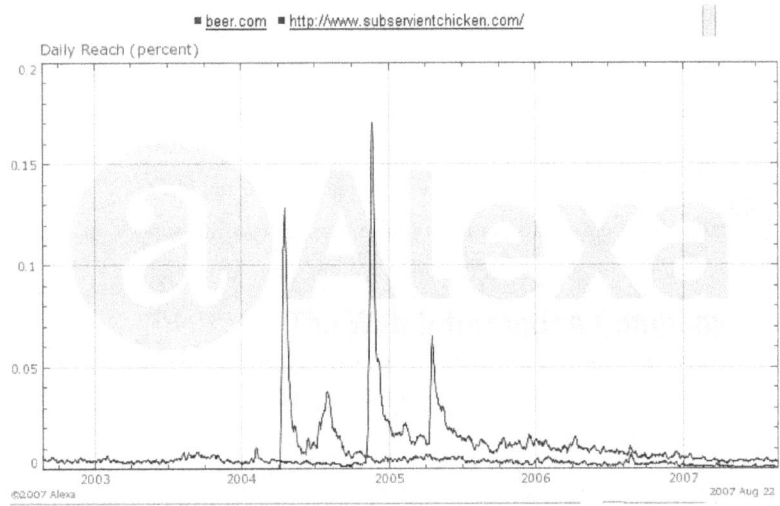

Tuttavia la superiore viralità di VB rispetto a SC è da ricercare proprio nell'utilizzo di una modella di Playboy. Il pollo di Burger King interessava il visitatore in maniera stravagante o addirittura inquietante. La versione con Tammy riesce però a toccare i più bassi istinti maschili, quelli sessuali. Oltre che appagare la propria curiosità, i ragazzi tentavano di trovare nuovi comandi nella speranza di vedere la barista in pose e situazioni sempre più sexy. *Virtual Bartender* può essere considerato come la versione web di un *softporn*, con in aggiunta l'eccitamento per l'interazione. Non esiste punto d'interesse più universale, per il target maschile adolescente, della soddisfazione della libido.

Praticità: *Virtual Bartender* è nato con lo scopo di attirare grandi quantità di ragazzi al portale di Beer.com, in modo da aumentarne la reputazione in quella fascia di mercato e renderlo così appetibile ai potenziali inserzionisti. La praticità qualitativa da mostrare era quindi doppia: da una parte convincere i visitatori dei contenuti del sito e dall'altra esibire le statistiche alle agenzie pubblicitarie, che volevano raggiungere quel target specifico. Gli utenti avevano la possibilità di iscriversi al VB Fan Club, una sezione gratuita del sito in esclusiva per i suoi membri. Entrati nel club, i clienti erano in grado di scaricare foto della modella e ricevere alcuni comandi segreti per sbloccare così nuove situazioni. Sono ormai oltre 200.000 gli iscritti al sito e Tammy continua ad attrarre 8.000 nuovi soci ogni mese. Il *database* del Fan Club permette all'azienda di tracciare un dettagliato profilo dei suoi utenti abituali, grazie all'inserimento del loro nome, hobby, età e zona geografica di appartenenza. Gli inserzionisti sono stati impressionati dalle cifre raccolte ed hanno così a disposizione un enorme archivio di informazioni su cui basare le loro pubblicità. Dall'altro lato del mercato, Beer.com è riuscito a comunicare ai visitatori di saper soddisfare i loro interessi, mostrando in maniera eccezionale una parte dell'offerta presente nel resto del sito: belle ragazze, feste, divertimenti e *web games*. Ogni utente rimasto affascinato dall'interazione con Tammy può accedere senza problemi al resto del sito e trovare altri contenuti interessanti, mentre nella sezione *Shop* è possibile acquistare gadget e materiali inerenti alla modella tanto ammirata. Virtual Bartender esprime efficacemente le caratteristiche di un sito che punta a contenuti banali (estetica del corpo femminile, svaghi), ma in modo innovativo (video interattivo).

2.4 Viral Social Network Marketing

Una "rete sociale" è un gruppo di persone che si unisce per interessi comuni, come ad esempio i giri di amicizie, i compagni di scuola, le associazioni economiche o i propri parenti. Questo insieme d'individui sviluppa una comunità in continua relazione, in cui i soggetti interagiscono e parlano fra loro. Un tempo le associazioni umane erano limitate dai confini geografici: era possibile conoscere soltanto le persone presenti fisicamente. Lo sviluppo dei mezzi di comunicazione ha permesso a queste reti sociali di allargarsi, includendo membri al di fuori della propria zona d'esistenza fisica, come ad esempio le amicizie epistolari. Con il *world wide web* la capacità di incontro si allarga ulteriormente, rimuovendo ogni limite spaziale: un Social Network è libero da ogni restrizione geografica, con il solo limite del *digital divide*, ovvero l'impossibilità o l'incapacità di utilizzare gli strumenti tecnologici. Da ogni parte del mondo gli utenti dotati di un PC hanno la possibilità di interagire non solo per motivi di vicinanza fisica, ma soprattutto per attinenza di valori. Questo

fenomeno dà origine a gruppi sociali altamente specializzati nell'argomento che ha scatenato la loro associazione (amanti dei cani, appassionati di videogiochi, fans musicali), in cui la sopravvivenza della rete stessa è stabilita dalla continua comunicazione fra i suoi membri. La società online non è supportata da esperienze fisiche comuni (abitare nella stessa casa, andare a scuola assieme, uscire negli stessi luoghi) e può svilupparsi solamente se esiste la possibilità di una libera espressione ideologica. Un Social Network si crea quindi in spazi web che permettono la facile partecipazione degli utenti, come i forum, i blog o le chat (chiamati anche Social Media). In queste comunità, l'attività principale è lo scambio di opinioni, idee, mode, consigli ed informazioni: un sistema in cui il passaparola è fondamentale per trasmettere la cultura del gruppo specifico. Sul web si trovano ormai reti sociali di ogni genere, dai grandi forum per i cantanti più famosi, ai piccoli blog dove si riuniscono gli appassionati di nicchia: luoghi perfetti per contagiare qualsiasi livello di mercato.

I Social Network sono un organismo vivente in continua espansione, in cui i virus possono facilmente infettare gli individui, collegati fra loro da interessi simili. Il viral marketing è agevolato dalle reti comunicative online, dove sono connessi milioni di consumatori che discutono degli argomenti affini ai loro interessi. Trovando la giusta rete sociale, inerente ai valori del brand, è sufficiente inserire al suo interno il prodotto da pubblicizzare e gli utenti cominceranno a parlarne in modo spontaneo. È necessario che l'infezione sia totalmente sincera, altrimenti gli utenti ingannati si rivolteranno, diffondendo un messaggio negativo.

La forza virale dei Social Network possiede numeri spaventosi: sono milioni i Blog sparsi per tutto il mondo, in cui i consumatori hanno completa libertà d'espressione. La blogosfera cresce a dismisura ogni giorno, agevolata dalla facilità d'utilizzo delle piattaforme come Blogger o Splinder. È sufficiente iscriversi ed inserire i commenti o le foto direttamente dalla pagina web, senza necessità di conoscere linguaggi di programmazione complessi. Molti di questi siti sono semplici diari personali, dove gli autori esprimono le proprie idee ed emozioni, diffondendo stili di vita da una parte all'altra del *world wide web*. Altri Blog si dedicano invece a temi meno individuali, come la politica o l'informazione, entrando in diretta competizione con i *leader* mondiali del settore.

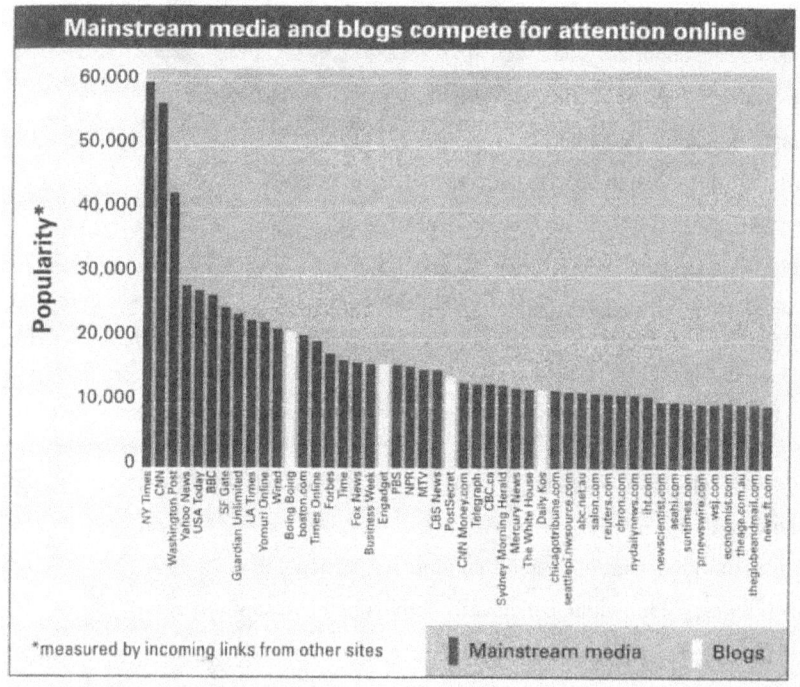

[17]

---

[17] Chris Anderson. The Long Tail. Arrow Books Ltd, 2007.

Mark Frauenfelder e sua moglie Carla hano aperto BoingBoing nel gennaio del 2000 ed assieme ad un paio di amici raccolgono su questo blog tutte le notizie più interessanti e stravaganti, riguardo le ultime scoperte tecnologiche, fumetti, fantascienza e cultura "nerd". BoingBoing ha raggiunto un pubblico di oltre 22 milioni di utenti al mese e permette alla coppia di guadagnare 1 milione di dollari ogni anno[18].

Alcuni blogger sono diventati veri e propri *opinion leader*, seguiti da un folto pubblico che si fida dei loro commenti (come l'esempio del Blog di Beppe Grillo). La struttura stessa dei social media influisce sui contenuti trasmessi: esistono infatti piattaforme web più o meno specializzate in un preciso ambito di mercato. In MySpace Music, gli artisti possono creare facilmente un blog ed allegare gratuitamente le loro opere musicali, da presentare ai visitatori. Su Flickr è stato realizzato un semplice sistema di inserimento e condivisione di immagini, raccogliendo appassionati di fotografia da tutto il mondo. Con Youtube è possibile distribuire comodamente ogni file video, attirando così le persone che creano, scambiano e commentano filmati. Ogni piattaforma sociale è a sua volta suddivisa in sottogruppi sempre più specializzati, che possono discutere di un preciso genere musicale, delle *gallery* con i *design* di nuove borse o delle riprese di *skaters* amatoriali. Questi sono solo alcuni esempi della capacità settoriale dei Social Network, che riescono a raggruppare spontaneamente milioni di consumatori, già suddivisi in fasce d'interesse.

Un esempio tipico di social media è il già citato MySpace, acquistato nel 2005 da Ruperth Murdoch (già a capo di SKY, 20th Century Fox ed il New York Post), per 580 milioni di dollari. Suddiviso principalmente in due sezioni (per utenti normali e per musicisti), MySpace è una piattaforma per Blog, che permette la condivisione di messaggi, foto, musica e video. Secondo la classifica di Alexa Internet, MS è costantemente nella top 10 dei siti più visitati al mondo, assieme a Yahoo, Google ed MSN. Gli utenti sono attratti proprio dall'enorme comunità virtuale, che ha raggiunto nell'ottobre del 2006 i 106 milioni di *account*. In questo oceano di personalità è possibile trovare ogni possibile fascia di mercato. Nei profili del sito gli utenti

---

[18] http://images.businessweek.com/ss/07/07/0714_bloggers/index_01.htm

inseriscono le informazioni personali, con i propri interessi e preferenze, in modo da conoscere nuovi amici che hanno gli stessi gusti in fatto di musica, libri, film e tendenze. Sono così create delle perfette reti sociali, dove si parla di argomenti comuni e si approfondiscono le proprie conoscenze nel relativo campo d'interesse, dando origine a gruppi affiatati e molto informati sulle ultime novità. La sezione Music è invece dedicata ai creativi melodici: non solo i famosi personaggi di MTV, ma soprattutto le band amatoriali, che trovano in MySpace un mezzo semplice e gratuito per diffondere la propria musica. Gli artisti possono fare ascoltare i brani e lasciarli scaricare in formato Mp3 (gratuitamente oppure a pagamento) direttamente dal loro blog, scrivere news e comunicare le date dei concerti, siano essi nel garage sotto casa o negli stadi attorno al mondo.

I fans sono in grado di aggiungere nella propria pagina le canzoni preferite di MySpace Music, grazie al semplice sistema di scambio del sito. In questo modo l'utente diviene portatore del virus: i membri del suo gruppo sociale leggono i commenti ed ascoltano gli Mp3 consigliati dall'amico. La comunità relativa è fondata sulle affinità ideologiche e probabilmente apprezzerà quelle canzoni, avendo gli stessi gusti musicali. Tutti i fans si possono incontrare sul blog dell'artista, per parlare, conoscersi e commentare i concerti, costruendo in questo modo una forte base di sostenitori. Nel 2005 è nata anche MySpace Records, in collaborazione con la Universal, un'etichetta discografica che offre contratti agli artisti più interessanti e promettenti del Social Media. I 106 milioni di utenti di MySpace sono poliedrici e sparsi per tutto il mondo, ma il passaparola permette di creare gruppi d'interesse specializzati e diffondere facilmente gli stili di vita caratteristici.

Oltre ai Social Media famosi, come MySpace, MSN ed Orkut, esistono reti sociali poco conosciute, ma spesso molto più influenti. Siti e forum come 4chan o SomethingAwful sono formati da individui eccentrici ed estremamente sarcastici, che discutono in piena libertà su argomenti al limite della legalità. I contenuti di questi Social Network sono al centro di numerose controversie, ma la censura è attuata soltanto in casi estremi, mentre le discussioni sulle più stravaganti nicchie sono favorite. Il sarcasmo di questi gruppi virtuali non risparmia argomenti delicati, come la pedofilia o le stragi terroristiche, sviluppando un ambiente di piena libertà espressiva per qualsiasi materia, anche le più ambigue. Nulla è preso sul serio e tutto si trasforma in una satira della normalità.

Questo ambiente non convenzionale attrae numerosi "innovatori" ed "esperti di mercato", che interagendo fra loro, stimolano la creazione di memi talmente assurdi e particolari da risultare irresistibili. Molte idee nate su 4Chan hanno contagiato velocemente il resto dei social media, diventando popolari in tutto il *world wide web*.

Un ottimo esempio è quello delle *Image Macros*, immagini modificate (con testo o variazioni) per enfatizzare umoristicamente un messaggio.

Fra le molte *macros* di successo, è possibile citare il gufo di "O RLY?", l'abbreviazione del messaggio "Oh, Really?", tipicamente usato sarcasticamente nei forum come risposta ad affermazioni ovvie o chiaramente contraddittorie.

L'immagine buffa, associata ad uno *slang nonsense*, scatena una spontanea risata nell'osservatore. La frase "O RLY" era usata nei forum di Something Awful ed è stata poi aggiunta all'immagine del gufo da un utente di 4chan nel 2005. L'insieme crea una visione decisamente stravagante, che ha subito conquistato il pubblico online e si è diffusa in altri siti grazie al passaparola, creando un vero fenomeno sociale. Il gufo ha rallegrato per mesi le discussioni in numerosi Social Network, grazie al suo fascino immediato, ridicolo e trascinante. La fama di questo meme amatoriale è arrivata fino alle aziende di intrattenimento giovanile, tanto da essere citato in diversi videogiochi, come *Mega Man Battle Network 6* e *Blitz: The League*. Una delle peculiari tradizioni di 4Chan è il cosiddetto *Caturday* (da Cat - gatto, più Saturday - sabato): ogni sabato mattina i membri della community creano un *topic*, dove inserire centinaia di *Image Macros*, con foto di gatti e frasi bizzarre. Nel gennaio del 2007, due ragazzi hanno deciso di aprire un blog, icanhascheezeburger.com, in cui archiviare tutte queste immagini feline. Il traffico al sito è in continua crescita, con un guadagno di quasi 7.000 dollari al mese[19], raggiungendo in poco tempo il dodicesimo posto della classifica di

Technorati[20]. Un'analisi approfondita sulla struttura sociale di 4Chan e la sua influenza nel web, sarebbe senza dubbio interessante per comprendere meglio i meccanismi virali che ordinano le comunità virtuali. L'argomento è tuttavia troppo complesso e sarebbe necessaria un'intera tesi riservata a questo tema.

Da questa breve indagine è comunque possibile vedere le caratteristiche salienti dei Social Network. Considerando i siti più famosi (MySpace) o quelli più influenti (4Chan), è facile comprendere l'importanza di queste reti comunicative per il Viral Marketing. La strategia utilizzata nei Social Media è semplice: infettare la rete comunicativa già sviluppata, per indurla a parlare del *brand*. Il contagio è realizzabile in due forme principali:

- Scorrettamente (nascondendo i fini commerciali).
- Onestamente (mostrando il brand in modo esplicito).

Nel primo caso si entra nelle discussioni in maniera artificiale, pagando gli utenti o creando finti personaggi che segnalano il prodotto da pubblicizzare. Questa tecnica è conosciuta anche con il nome di "Astroturfing", riferendosi ad un termine inglese per indicare l'erba sintetica. L'*astroturfing* tenta di dare l'impressione di una base (radice) di sostenitori, per convincere i veri clienti della qualità del bene o del servizio. Il metodo è scorretto e senz'altro pericoloso, con il rischio di essere scoperti ed essere duramente criticati dal pubblico. Una manipolazione simile era frequente in Unione Sovietica: finte "lettere dei lavoratori", soddisfatti dalla politica del governo, erano pubblicate dai giornali e trasmesse dalle radio popolari. La decisione più saggia è invece quella di entrare nei Social Network onestamente, comunicando in modo da mostrare chiaramente il legame con il *brand*. Questo è possibile ad esempio con siti che danno informazioni utili per i consumatori, fornendo i prodotti ai veri blogger oppure creando community che stimolino l'esperienza comunicativa fra le persone e l'azienda. I contatti non sono più limitati fra il singolo utente e l'impresa, aprendosi a sistemi interattivi in cui partecipano attivamente tutti i clienti. Le

---

[19] http://images.businessweek.com/ss/07/07/0714_bloggers/index_01.htm
[20] http://technorati.com/pop/blogs/ (Settembre 2007)

pubbliche relazioni sono semplificate dal web ed allo stesso tempo valorizzate dalla libertà d'espressione dell'intera comunità virtuale. I gruppi di consumatori possono anche incontrarsi spontaneamente, per parlare dei *brand* apprezzati e realizzare *Virtual Community* dove esprimere il loro amore per il "marchio" (che può essere un cantante oppure un tipo di cioccolato). In questi casi può essere un bene impegnarsi a supportare i sostenitori amatoriali, aiutandoli (fornendo notizie, prove in anteprima) nella loro naturale fedeltà al prodotto.

La credibilità di un Social Network non si basa infatti sulla fama dell'eventuale azienda che ne sta alle spalle, ma sulla reputazione degli utenti che lo compongono. La spontaneità dei promotori e il loro sincero attaccamento al brand sono essenziali per la buona diffusione virale. L'azienda può realizzare un luogo d'incontro o un evento all'interno della rete sociale, ma il contagio avviene solo con la stima della comunità. È quindi necessario riuscire a conquistare i veri blogger e gli autori con la più alta reputazione, incentivandoli positivamente a parlare del *brand*. La peculiarità del messaggio e la sua praticità informativa, sono le caratteristiche fondamentali per attirare l'attenzione delle reti sociali, fornendo materiale interessante per quel determinato gruppo d'interesse. Una band può ad esempio accogliere i fans su un blog ufficiale, in cui il cantante parla giornalmente della registrazione dell'ultimo album e lascia la possibilità di scaricare le tracce *live* delle nuove canzoni. Un'azienda di videogames può invece regalare *demo* esclusivi ai più influenti blogger che trattano l'argomento, sostenendo la passione degli stessi ammiratori ma lasciando totale libertà di giudizio. Diversamente, un *brand* culinario può aprire un forum in cui rispondere alle domande dei consumatori e fornire consigli sulla preparazione di piatti e cibi particolari.

Sono molteplici le possibilità con cui contagiare un Social Network per motivi pubblicitari, ma è molto importante non dimenticare di rispettare gli utenti che ne fanno parte. Analizzando i *case studies* di Sony PSP, Artic Monkeys e Major Nelson, vedremo meglio i successi e gli errori di alcune campagne che hanno sfruttato questa strategia virale.

2.4.1 All i Want For XMAS is a PSP.

Descrizione: Nel dicembre del 2006, all'indirizzo web alliwantforxmasisapsp.com apparve uno strano blog. In questo diario online, due amici (Charlie e Jeremy) raccontavano i loro tentativi di comunicare ai genitori il regalo desiderato per Natale. Avrebbero voluto ricevere la nuova *console* portatile SONY, il PSP. Stando ai loro commenti, Charlie aveva deciso di aprire il sito per fare capire quanto sarebbe stato contento di ricevere un PSP, sfogando la sua richiesta in maniera creativa. Nella pagina era possibile scaricare una serie di biglietti d'auguri natalizi e disegni trasferibili per decorare le magliette, tutti rappresentanti la *console* SONY. Jeremy aveva addirittura girato un video musicale, rappando il suo amore per il PSP. Attraverso queste creazioni amatoriali, i due ragazzi volevano aiutare tutti i giovani come loro, che non sapevano come convincere parenti ed amici a regalare un PSP per Natale. Ai visitatori era data la possibilità di spedire le cartoline ed il video, per richiedere in maniera stravagante il dono tanto desiderato. Per quanto il blog si presentava come un'opera amatoriale, senza nessun collegamento con la SONY Computer Entertainment, alliwantforxmasisapsp.com era stato effettivamente finanziato proprio dalla famosa azienda giapponese, nel tentativo di promuovere viralmente il PSP nelle festività natalizie.

Peculiarità: La strategia SONY ha cercato di conquistare i potenziali clienti attraverso la creazione di una rete sociale, sviluppata attorno ad una coppia di personaggi stravaganti. Il sito avrebbe dovuto essere un semplice supporto, per sfruttare l'interesse spontaneo di chi già voleva acquistare un PSP. L'intenzione era quella di attrarre sul blog i consumatori, grazie alle trovate divertenti di Charlie e

Jeremy, per poi offrire gli strumenti (cartoline e video) per diffondere "viralmente" le richieste della *console*. Creare una community di persone interessate al PSP, che raccontavano i loro tentativi curiosi di farsi regalare la *console*, poteva teoricamente rivelarsi una proposta vincente. Nella realizzazione del blog, sono stati però commessi alcuni gravi errori, che ne hanno stravolto gli obiettivi.

La caratteristica peculiare di *Alliwantforxmasisapsp*, che ha attirato l'attenzione dei primi utenti, non fu il divertimento, come sperato dai suoi creatori, ma piuttosto il senso di imbarazzo nel guardare una coppia di trentenni che tentavano di essere "cool". Charlie e Jeremy, nei loro commenti e nel video musicale, apparivano fin troppo ridicoli e poco spontanei, tanto da mettere a disagio il destinatario, piuttosto che divertirlo. Il blog era scritto con un esagerato "slang pseudo stiloso", a metà strada fra il linguaggio giovanile da strada ed i più bassi luoghi comuni da chat online. Nella sua caricatura da *rapper*, il protagonista del video era talmente grottesco da attirare l'attenzione, ma la sua *performance* andava oltre la satira, finendo per inorridire lo spettatore.

I contenuti del blog erano stati creati per sembrare amatoriali e grezzi, ma questo tentativo di apparire spontanei era portato all'eccesso, finendo per essere solo imbarazzante. I due amici sostenevano di essere completamente indipendenti, tuttavia alcuni elementi nel design (come il sito e le cartoline), erano davvero ben realizzati, tanto da far pensare ad uno studio professionale. Lo scenario, sullo sfondo del video rap era curato nel minimo dettaglio, per essere *casual* ma alla moda. *Alliwantforxmasisapsp* è riuscito senz'altro ad attirare l'attenzione degli utenti, ma per motivi differenti da quanto l'azienda potesse prevedere. Il blog stimolava la curiosità, alimentando il sospetto che si trattasse di un tentativo promozionale poco sincero da parte di SONY.

Passaparola: Il blog è riuscito a diffondersi senza troppi problemi fra gli appassionati di videogiochi, fino a quando non è stato notato da alcuni utenti del Forum di Something Awfull. Insospettiti dai contenuti del blog, questi ragazzi hanno cominciato ad indagare sui proprietari del *server*. Analizzando la registrazione del dominio di alliwantforxmasisapsp.com, hanno scoperto che il blog era di proprietà di Zipatoni, un'agenzia di marketing specializzata in strategie non convenzionali. Dopo una semplice visita al sito Zipatoni, i membri di SA hanno notato fra i suoi clienti la Sony Computer Entertainment: la coincidenza non poteva di certo essere accidentale. Nell'album di foto dei componenti dell'agenzia, un ragazzo dello *staff* assomigliava proprio a Charlie, il personaggio che avrebbe aperto "spontaneamente" il blog "amatoriale". Il piano di SONY era stato ormai svelato, decifrato dagli stessi utenti che sperava di ingannare. Grazie alla scoperta di Something Awfull, il passaparola fra gli appassionati di videogames è aumentato esponenzialmente, alimentato dall'utilità della notizia (informare gli amici di un tentativo di truffa) e dalla condivisione delle reazioni (l'indignazione nell'essere imbrogliati). Gli utenti hanno cominciato a visitare in massa il blog, riempiendolo di critiche verso la strategia di Zipatoni, scatenando una vera epidemia virale contro l'azienda.

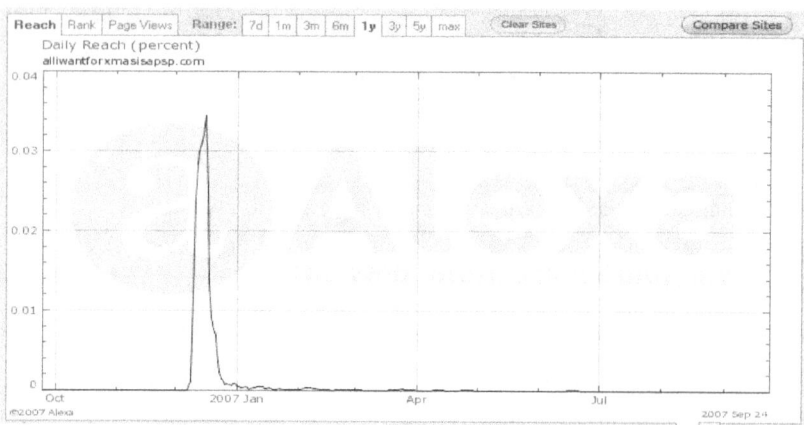

Inizialmente i creatori di *Alliwantforxmasisapsp* hanno tentato di negare l'evidenza, utilizzando addirittura una censura automatica per i commenti che contenevano i termini "marketing", "viral" e "Zipatoni". Tutto inutile. Presto la notizia ha raggiunto i più importanti siti e blog del settore, che hanno riportato le informazioni sullo scandalo Zipatoni, criticando duramente il tentativo di imbrogliare i consumatori. Il *backslash* negativo è cresciuto a dismisura, mentre il passaparola ha raggiunto sempre più persone ed il virus scatenato dall'indignazione popolare è diventato più imponente e pericoloso di quanto Sony avrebbe mai immaginato. Molto presto ogni appassionato di videogiochi collegato alla rete web è venuto a conoscenza del tentato raggiro di Zipatoni.

Charlie e Jeremy hanno cercato di calmare le acque, scrivendo una confessione con l'ammissione dei rapporti con SCE e della natura promozionale della loro opera, ma lo sdegno dei consumatori non si è placato. Il finto blog è stato rimosso dopo pochi giorni, senza lasciare traccia, cercando di nascondere vigliaccamente il danno ormai compiuto. Questa censura ha però sottovalutato l'organizzazione degli utenti, che sono riusciti a pubblicare nuovamente online una copia del sito, come prova per l'affronto subito. La diffusione del blog è continuata senza più nessun controllo da parte dell'azienda, diventando un punto di incontro in cui i consumatori potevano criticare liberamente l'ipocrisia di questa campagna pubblicitaria.

Il mercato videoludico è sostenuto da un pubblico molto competitivo e la rivolta verso *Alliwantforxmasisapsp* è stata senz'altro alimentata anche dai fans delle *console*s avversarie, compiaciuti nell'avere un argomento valido per denigrare il *brand* Playstation. Tralasciando le aggravanti del caso, gli errori di Zipatoni mostrano chiaramente i pericoli di una mancata sincerità, durante una strategia virale. Il marketing non convenzionale non può permettersi di ingannare i suoi destinatari, poiché il potere comunicativo è nelle loro mani. Sony avrebbe voluto infettare viralmente i suoi potenziali clienti, ma l'unico risultato raggiunto è stato invece quello di perdere il rispetto dei consumatori, scatenando un'enorme influenza negativa verso il suo prodotto.

Punto d'interesse: un altro problema nella strategia Zipatoni, era la mancanza di un motivo valido per interessare fino in fondo i visitatori del blog. Il target del prodotto è la fascia di ragazzi fra i 16 ed i 25 anni, appassionati di videogiochi e delle ultime tecnologie. I contenuti di *Alliwantforxmasisapsp* erano forse abbastanza curiosi per attirare l'attenzione iniziale, ma non sufficienti a mantenere il coinvolgimento dei potenziali consumatori. Per quale motivo un ragazzo avrebbe dovuto seguire le imbarazzanti peripezie di una coppia di trentenni? Perché avrebbe dovuto utilizzare un video sgradevole o inviare cartoline natalizie del tutto simili a banali pubblicità? Il blog non forniva stimoli compatibili con i gusti dei clienti e mancava un'ideologia comune su cui creare una solida comunità online. Gli utenti non erano interessati a sapere se Charlie avrebbe ricevuto o no la *console*. Zipatoni ha dimenticato di organizzare un sistema per intrattenere i visitatori, con la speranza che la semplice apertura di un blog sarebbe stata sufficiente a creare una rete sociale autonoma.

È possibile sostenere che i contenuti erano adeguati al target prescelto, ovvero quei ragazzi che volevano trasmettere il desiderio di un PSP, ma tralasciando la qualità dei messaggi, i dubbi rimangono. Quale adolescente manderebbe un'e-mail ai propri genitori? E quanti genitori possiedono un'e-mail? Forse i destinatari erano gli amici, ma quale amico regalerebbe una *console* che costa quasi 200 dollari? Sicuramente il video o le cartoline sarebbero state utilizzate da qualcuno, tuttavia sembra più un'eccezione che la regola. Ogni consumatore avrebbe potuto chiedere da solo un PSP, in maniera più semplice e meno ridicola.

Praticità: Nel marketing virale è molto importante mostrare le qualità pratiche del prodotto, ma il finto blog Sony ha commesso un grave errore anche in questo campo. *Alliwantforxmasisapsp* non ha saputo comunicare le attrattive della *console*, le sue caratteristiche tecniche o la lista di giochi disponibili. Queste qualità non mancano certo al PSP, il quale può vantare un discreto numero di videogames divertenti, capacità di riproduzione audio / video ed un hardware più potente dei concorrenti. Il visitatore del blog non ha tuttavia trovato queste informazioni e non ha potuto sviluppare un maggiore interesse verso il portatile Sony. Zipatoni ha concentrato i suoi sforzi nell'esporre contenuti fittizi, senza evidenziare le eventuali motivazioni per cui Charlie e Jeremy hanno desiderato la *console*. L'agenzia ha dimenticato che stava pubblicizzando un prodotto e non una coppia di ragazzi dal comportamento imbarazzante.

2.4.2 Major Nelson

Descrizione: Nel 2001 Microsoft, azienda leader nel settore software per PC, è entrata nel mercato dei videogames con l'XBOX, la sua prima *console* da gioco. Dopo un anno sono iniziati ufficialmente i servizi per il *multiplayer* online, sotto il nome di XBOX LIVE. Gli appassionati di tutto il mondo hanno potuto così giocare assieme, utilizzando XBOX ed un semplice collegamento ad internet. Larry Hryb è il direttore esecutivo della sezione XBOX LIVE, in cui si occupa di organizzare il servizio online e trovare soluzioni per migliorarne l'offerta. Larry è tuttavia meglio conosciuto fra i videogiocatori con lo pseudonimo di Major Nelson: dal 2004 ha cominciato a scrivere il suo blog personale, in cui discute del mondo XBOX e degli aggiornamenti di X-LIVE. Larry aggiorna la sua pagina nel  tempo libero dal lavoro e registra *podcast* audio che possono ascoltare tutti i visitatori. Il blog contiene esclusivamente gli interventi firmati da Major Nelson, in un rapporto di fiducia fra Larry ed i suoi lettori. La passione per l'XBOX è traino fondamentale del sito, che è presto diventato uno dei più efficaci metodi di comunicazione a disposizione dall'azienda di Bill Gates. Nel 2006, Larry Hryb è stato votato fra i 25 personaggi più influenti del settore videoludico: il blog di Major Nelson ha raggiunto il 9° posto, grazie alla capacità di utilizzare il web per instaurare un dialogo diretto con i consumatori e creare una rete sociale attorno alla passione per XBOX LIVE[21].

---

[21] http://www.next-gen.biz/index2.php?option=com_content&task=view&id=4395&Itemid=36&pop=1&page=0

Peculiarità: La disponibilità che Larry Hryb dimostra ai visitatori è la caratteristica peculiare del sito. Gli utenti, abituati a *leader* del settore lontani dal contatto con il pubblico, sono affascinati dalla possibilità di comunicare apertamente con uno dei creatori della loro *console* preferita. Hryb si mette a completa disposizione dei clienti, pronto a parlare sul loro stesso livello grazie ai contatti del blog. Le notizie inserite nella pagina di Major Nelson sono esclusive in quanto arrivano direttamente da un "infiltrato" negli uffici Microsoft. Ogni settimana Larry diffonde le ultime statistiche del *network* LIVE, con i titoli più giocati, le date d'uscita dei nuovi *demo* e gli aggiornamenti che lui stesso organizza durante il suo incarico ufficiale. Sul blog sono svelati i retroscena dell'ambiente, dai problemi di programmazione fino alle feste private dei responsabili XBOX.

Nelle *podcast* sono spesso intervistati gli sviluppatori dei giochi più attesi per la *console*, conosciuti personalmente da Hryb. Per il direttore esecutivo di LIVE, questi contatti interni sono delle semplici amicizie, ma le loro informazioni sono spesso fuori della portata di un comune sito di videogiochi. Major Nelson propone anche un concorso, chiamato *Name The Game*: durante la *podcast* presenta un breve file sonoro, proveniente da un misterioso gioco per XBOX. Gli ascoltatori devono riuscire ad indovinare il titolo dal quale deriva, per avere la possibilità di vincere dei premi, recuperati dagli uffici Microsoft.

Oltre a seguire gli aggiornamenti, i videogiocatori possono discutere fra loro e contattare Larry per ogni domanda. L'autore è sempre molto gentile e ben disposto a rispondere ai fans, tanto da lasciare il suo contatto SKYPE, per le richieste a voce. Major Nelson è davvero singolare nel panorama videoludico, rimanendo forse l'unico esempio esistente di un contatto così diretto fra l'azienda e la sua clientela. Il blog attrae i consumatori per l'affidabilità della fonte e per i suoi contenuti esclusivi.

Punto d'interesse: Larry Hryb incuriosisce senz'altro il pubblico, ma riesce anche a mantenere l'interesse costante, grazie ai numerosi argomenti compatibili con il suo target. Il visitatore frequenta con entusiasmo il blog, per essere informato d'eventuali problemi con il network LIVE e sapere quando saranno disponibili gli ultimi download per XBOX. Le notizie in anteprima e gli approfondimenti esclusivi, seducono ogni vero appassionato di videogames, che assimila spontaneamente questi messaggi "promozionali". Major Nelson informa gli utenti sui nuovi giochi disponibili per la *console*, scrivendo recensioni per i titoli più meritevoli. È un perfetto sistema d'intrattenimento, in cui gli argomenti che importano al consumatore sono gli stessi prodotti che si tenta di vendere. Al contrario di Alliwantforxmasisapsp, il blog di Larry Hryb fornisce i contenuti adatti per interessare a lungo il cliente Microsoft e renderlo partecipe agli sviluppi del panorama XBOX LIVE.

Passaparola: Per meglio capire il successo di Major Nelson, è importante notare la differenza principale, rispetto alla strategia adottata da Alliwantforxmasisapsp. Il Blog Sony ha cercato di raggiungere un pubblico generalista, nella speranza di incuriosire nuovi clienti. Major Nelson invece punta direttamente agli esperti di mercato, i fanatici di videogiochi che già possiedono un XBOX e possono influenzare il pubblico grazie alla loro passione. La maggior parte dei contenuti del blog Microsoft sono infatti particolarmente di nicchia, con approfondimenti ed informazioni assimilabili facilmente da una specifica fascia di utenza, già in possesso di precedenti informazioni sull'argomento. Le statistiche del network e le interviste agli sviluppatori, hanno significato solamente se il destinatario comprende autonomamente la struttura di XBOX LIVE e riconosce le caratteristiche delle tradizionali Software House.

I messaggi di Larry sono così indirizzati alla parte sinistra della curva di Moore, fornendo notizie sensibili per gli innovatori del settore videoludico, i cosiddetti "Hardcore Gamers". Questi ragazzi sono i videogiocatori più esperti ed autorevoli, che passano parte del loro tempo libero ad informarsi sulle ultime novità del loro hobby, per poi aggiornare gli amici meno competenti. La qualità virale di questi soggetti li rende degli ottimi mezzi di comunicazione per raggiungere il resto dei consumatori. Gli stessi redattori di riviste e siti dedicati all'intrattenimento digitale, citano Major Nelson come fonte per molte delle loro news, ampliando così ulteriormente il suo campo d'infezione. Il passaparola è alimentato dall'utilità del messaggio (condizioni di funzionamento di XBOX LIVE) e dall'interesse comune nella notizia (news e curiosità sulla *console*).

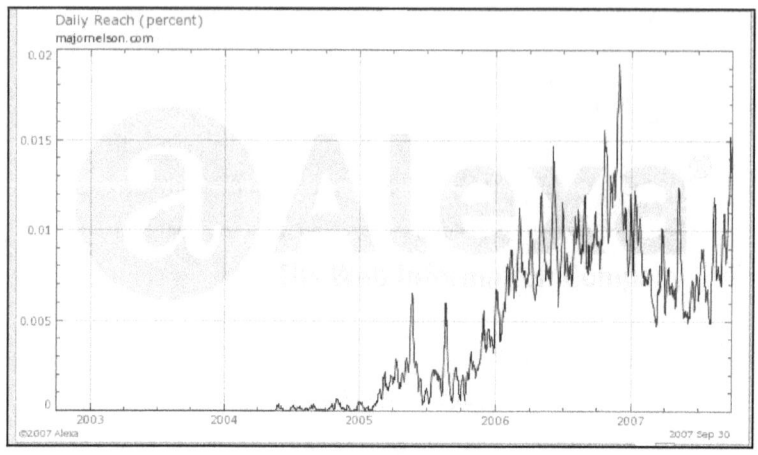

Major Nelson è ormai stabile al 1.194 posto della classifica di Technorati, il sito che traccia la fama di oltre 107 milioni di blog e può considerarsi un magnifico successo virale[22].

Praticità: XBOX LIVE è molto importante per la strategia di mercato Microsoft e Larry svolge al meglio la promozione di questo servizio, con i suoi interventi sull'argomento (situazione del collegamento, disponibilità dei download, ecc.). La rete sociale di LIVE è la fascia più rilevante della clientela XBOX, il nocciolo duro di appassionati che acquista molti videogames ogni anno e paga anche un abbonamento mensile per il *multiplayer* online.

Con più di 7 milioni d'iscritti[23], XBOX LIVE comprende numerosi gruppi d'utenti connessi fra loro, che si conoscono ed interagiscono ogni giorno attraverso il network fornito dalla *console*. Il blog di Major Nelson riesce a comunicare al pubblico le caratteristiche pratiche del prodotto, fornendo ai consumatori le informazioni necessarie per capirne le potenzialità. Le statistiche dei videogames più frequentati mostrano le impressionanti dimensioni della comunità XBOX, manifestando l'esistenza di tantissimi nuovi amici con cui giocare. La lista dei download presenta i vantaggi di un abbonamento LIVE, attraverso cui il consumatore può scaricare i *demo* dei nuovi giochi e contenuti aggiuntivi per i titoli che già possiede. Gli

---

[22] http://technorati.com/blogs/www.majornelson.com
[23] http://www.tgdaily.com/content/view/33363/118/

approfondimenti sui titoli di prossima uscita, forniscono le caratteristiche principali dei migliori giochi presto disponibili per la *console*. I visitatori possono così conoscere le caratteristiche del servizio offerto da Microsoft e capirne le qualità oggettive.

2.4.3 Arctic Monkeys

Descrizione: Gli Arctic Monkeys sono un gruppo indie-rock, composto da 4 amici poco più che ventenni (nati tutti fra il 1985 ed il 1986), considerati oggi come una delle realtà più importanti della nuova scena musicale inglese. La band si è formata nel 2002 ad High Green, paesino di provincia nel centro dell'Inghilterra, ma solo a gennaio 2006 è uscito il loro primo album ufficiale, intitolato *Whatever People Say I Am, That's What I'm Not*. Nei 4 anni di attesa per il loro debutto su etichetta discografica, gli Arctic Monkeys hanno sviluppato una forte base di fans, una vera rete sociale che ha supportato e seguito la loro carriera, portandoli alla fama mondiale. Grazie alle possibilità offerte da internet, gli appassionati hanno creato un grande passaparola online,  promuovendo autonomamente la musica del gruppo, ben prima che fosse scoperto dalle case discografiche. Attraverso la pagina MySpace degli Arctic Monkeys, i fans hanno potuto segnalare i concerti della band e diffondere le loro canzoni, contagiando gli amici con gli stessi gusti musicali. In Inghilterra *Whatever People Say [...]* si è rivelato il disco di debutto più venduto della storia musicale inglese, con oltre 364.000 copie nella sola prima settimana d'uscita[24], superando artisti del calibro di Oasis e U2.

---

[24] http://arts.guardian.co.uk/news/story/0,,1698025,00.html

Peculiarità: Gli Arctic Monkeys hanno cominciato a suonare in pubblico nel 2003, come band amatoriale nelle feste fra amici ed in piccoli locali della zona. Dopo i primi concerti, il gruppo ha deciso di registrare alcune canzoni e masterizzarle su CD, come regalo per gli spettatori che assistevano alle loro esibizioni. Il pubblico sembrava apprezzare gli spettacoli ed i 4 giovani inglesi erano contenti di contraccambiare l'entusiasmo ricevuto offrendo le loro opere gratuitamente. Gli Arctic Monkeys non avevano però i soldi necessari per masterizzare molti CD. Gli spettatori hanno quindi iniziato a convertire la musica in formato MP3 sul proprio computer, per condividere facilmente le canzoni con gli amici. Le copie dei fans sono state le benvenute: un maggior numero di persone ha potuto conoscere le canzoni e cantare i testi ai successivi concerti. Molti gruppi musicali, anche amatoriali, hanno paura di distribuire gratuitamente le proprie canzoni, soprattutto quando non sono ancora in possesso di un contratto discografico. Il caso Arctic Monkeys si è rivelato invece positivo: con una scelta singolare hanno saputo conquistare l'attenzione del loro pubblico iniziale.

La peculiarità più importante del caso è però analizzabile nel prodotto stesso. Il gruppo ha saputo sviluppare uno stile caratteristico: un rock energetico, trascinante, dal ritmo poco convenzionale e dai testi in cui si sono facilmente immedesimati i giovani di provincia come loro. Un talento che seduce al primo ascolto, riconosciuto dai fanatici di musica alternativa, che oggi forse ne snobbano le opere perché troppo famose. Nel 2004, la rete sociale di file sharing poteva contare su numerosi *demo-tape* degli Arctic Monkeys, condivisi online dagli stessi utenti.

Passaparola: La diffusione virale degli Arctic Monkeys è da imputare esclusivamente alla passione dei loro primi fans, quegli "esperti di mercato" che hanno apprezzato il talento della band quando era ancora sconosciuta ed hanno voluto presentarla agli amici dagli stessi gusti musicali. Il passaparola ha infettato le reti sociali degli innovatori, sia nel mondo reale che in quello virtuale, rendendo gli Arctic Monkeys un vero fenomeno popolare nella scena musicale alternativa inglese. All'inizio del 2005, i fanatici dei Monkeys decisero di creare una pagina su MySpace dedicata al gruppo, da usare come punto d'incontro per tutti i fans. Dal sito era possibile scaricare alcune delle canzoni tratte dai CD regalati al pubblico e conoscere le date dei nuovi concerti. In poco più di un anno, il profilo di MySpace ha raccolto oltre 70.000 iscritti. È curioso notare che gli Arctic Monkeys non erano informati del lavoro svolto dai fans: i ragazzi della band non sono in grado di usare bene un PC e non hanno mai saputo nemmeno cosa fosse MySpace. Il gruppo ha scoperto dell'esistenza del sito soltanto dopo molti mesi, quando alcuni amici gli hanno raccontato di aver visitato la pagina a loro dedicata.

Durante un concerto del 2005, Mark Bull, filmaker amatoriale e sostenitore degli Arctic Monkeys, ha registrato la loro performance live e la notte stessa ha montato sul proprio PC dei videoclip per le canzoni. Mark ha poi creato una compilation con tutti i demo diffusi sulla rete, componendo una raccolta definitiva per gli ammiratori del gruppo. La compilation è stata nominata *Beneath The Boardwalk*, dal nome di un locale in cui la band ha suonato spesso agli inizi della sua carriera.

I sostenitori del gruppo hanno così realizzato una base solida attorno a cui sviluppare un vero e proprio social network. Attraverso MySpace è stato possibile incontrarsi con gli altri fans, discutere di musica, organizzarsi per i concerti, guardare i video delle canzoni e scaricare la collezione con tutto il materiale registrato dagli Arctic Monkeys. La fama dei 4 ragazzi inglesi ha superato senza fatica i confini inglesi, con una vera epidemia online che ha infettato viralmente le più importanti reti sociali di appassionati musicali. Il passaparola è stato stimolato dalla qualità emotiva del messaggio (la bellezza della musica) e per guadagno personale (reputazione di buona cultura musicale, consigliando agli amici una band alternativa).

Il successo fra pubblico giovanile ha presto attirato l'attenzione di radio e riviste del settore, che hanno iniziato ad assistere ai concerti degli AM per comprendere meglio il fenomeno. Il talento degli Arctic Monkeys è subito riuscito a conquistare i DJ ed i recensori musicali, scatenando una serie di commenti positivi su radio e giornali.

Nel maggio del 2005 il gruppo ha suonato al *Reading And Leeds Festivals*, esibendosi nel "Carling Stage", il palco dedicato alle band "sconosciute" e senza contratto discografico. L'apparizione degli Arctic Monkeys ha raccolto una folla superiore ad ogni aspettativa, riempiendo completamente il Carling Stage, con centinaia di persone costrette ad ascoltare il concerto fuori dalle finestre della struttura. Gli spettatori hanno intonato in coro le canzoni del gruppo, imparate a memoria dopo mesi d'ascolto degli Mp3, dando origine ad un'esibizione davvero molto coinvolgente. Gli stessi AM sono rimasti meravigliati dal numero dei presenti, non del tutto consapevoli dell'enorme passaparola che stava avvenendo alle loro spalle.

Il clamore ricevuto al *Reading And Leeds Festivals* non è certo passato inosservato. I produttori discografici, attirati dall'ammirazione dei fans, hanno subito riempito la band di sostanziose offerte, per convincerli a firmare un contratto esclusivo. Dopo un mese di trattative, gli Arctic Monkeys hanno scelto la Domino Recors, gradendo la maggiore libertà artistica offerta dall'etichetta, rispetto a più importanti Major. Laurence Bell, fondatore della Domino, organizza il lavoro da casa e propone contratti soltanto alle band di cui è anch'esso un ammiratore. La scelta è stata adatta anche per la stima degli appassionati di musica alternativa, che sono spesso contrari a sostenere le grandi Major Discografiche.

Grazie alla Domino, i Monkeys hanno finalmente potuto registrare *Whatever People Say I Am, That's What I'm Not*, impostando il loro debutto ufficiale nel mondo della musica. All'uscita dell'album gli Arctic Monkeys hanno potuto contare su un vasto pubblico di sostenitori, ben disposti ad acquistare il prodotto della loro band preferita. La popolarità negli ambienti alternativi ha senz'altro stimolato un "effetto bandwagon" in molti consumatori, attratti dal fenomeno musicale del momento. L'album ha battuto ogni record di vendita per il debutto in Inghilterra, sfruttando a pieno il potere del passaparola.

Punto d'interesse: il profilo MySpace degli Arctic Monkeys è stato fondamentale per l'organizzazione dei fans, ordinati in una rete sociale complessa ed attiva. Sulla pagina web gli utenti contagiati hanno potuto trovare tutte le informazioni utili, per conoscere meglio la band e le sue canzoni. Il target medio degli Arctic Monkeys sono i ragazzi fra i 16 ed i 26 anni appassionati di musica, che partecipano alla scena alternativa, assistono ai concerti e adorano parlare della loro passione con i coetanei. Il sito ha quindi raggiunto il punto d'interesse dei visitatori, con la possibilità di scaricare Mp3, conoscere le date dei *live-show* ed incontrare nuovi amici con cui condividere i propri gusti musicali.

Praticità: Gli Arctic Monkeys hanno cominciato a regalare la propria musica perché il loro interesse primario è stato quello di attirare il pubblico ai loro concerti. Non esisteva ancora un prodotto in vendita nei negozi ed offrendo gratuitamente le canzoni era possibile convincere gli ascoltatori della validità del gruppo. È inutile spiegare come questo sistema di promozione si è rivelato ideale per comunicare la praticità dell'offerta. I fans hanno gradito l'ascolto degli Mp3 e di conseguenza hanno partecipato alle esibizioni dal vivo. La strategia ha però svelato il suo vero potenziale soltanto con lo sviluppo della comunità di sostenitori online, accessibile dai curiosi in ogni momento.

I contenuti della pagina di MySpace e l'interazione con la rete sociale degli ammiratori, hanno offerto al visitatore uno sguardo genuino sulla qualità della band. Le foto, le registrazioni amatoriali, i video dei concerti ed i racconti dei fans, hanno presentato efficacemente le caratteristiche pratiche degli Arctic Monkeys.

2.5 Viral Alternative Reality Games Marketing

Con il termine ARG si intende un concetto che supera i limiti espressivi dei singoli media, un sistema narrativo che sfrutta la somma di più mezzi di comunicazione per raggiungere un unico scopo. Siti web, volantini, e-mail, scritte sui muri, chat, telefono, SMS, posta cartacea, giornali ed eventi dal vivo: possono essere tutti utilizzati a proprio vantaggio, per diffondere un solo messaggio. Le realtà alternative (Alternative Reality) sono mondi immaginari, storie raccontate con differenti livelli sensoriali, che s'intrecciano fra loro in maniera non convenzionale. La narrazione avviene attraverso un gioco (Game), un'attività interattiva che trascina completamente il destinatario e lo rende protagonista della vicenda, non solo spettatore. Il passaggio da un media all'altro non è da considerare come una ripetizione dei contenuti, ma effettivamente come un completamento delle informazioni con nuovi dati. La realtà e la finzione non hanno confini ben definiti: bisogna svolgere un continuo lavoro di indagine multimediale, passando dal mondo fantastico a quello concreto. Per scoprire come finisce la storia il pubblico di un ARG non può semplicemente "girare pagina", ma deve partecipare al gioco per farlo proseguire.

L'esperienza proposta dagli "Alternative Reality Games" è una combinazione multiforme di libri, film, cacce al tesoro, videogames e comunità online. La forma classica di racconto lineare e passivo perde significato, offrendo un coinvolgimento dalle innumerevoli sfaccettature. Gli autori di un ARG forniscono ai giocatori le informazioni iniziali della trama, stimolando la curiosità del pubblico. Tutto inizia con un mistero, una situazione peculiare che attira l'attenzione. Conquistato l'interesse degli utenti, i creatori del gioco possono diffondere il resto della storia nei modi più svariati, offrendo nuove informazioni attraverso la soluzione di enigmi e la ricerca delle giuste risposte. La trama si sviluppa grazie all'indagine del giocatore, che ottiene un ruolo partecipativo all'interno del mondo immaginario. L'avventura può partire da un sito web in cui ottenere un'e-mail, per poi ricevere un numero di telefono, al quale ascoltare una voce che fornisce un luogo d'incontro nella realtà, dove trovare dei personaggi (attori) che consegnano una lettera al giocatore… e così via.

Il pubblico entra in sintonia con la storia accettando il principio di sospensione della realtà, lasciandosi trasportare dalle vicende immaginarie. È necessario mantenere la coerenza con l'universo fantastico, evitando di comunicare apertamente la funzione di semplice gioco. Questo permette un maggiore coinvolgimento del pubblico, che può calarsi negli avvenimenti narrativi assorbendone tutto il fascino. È evidente che la situazione presentata non è reale, ma non per questo si deve rovinare l'atmosfera creata. La stessa cosa succede nei libri o al cinema: se nella scena più trascinante si avverte lo spettatore che sta solo guardando un film, l'impatto emotivo perde la sua massima efficacia. L'intrattenimento negli Alternative Reality Games è alimentato dalla soddisfazione di risolvere gli enigmi, scoprire come procedere nella storia ed interagire con i suoi personaggi. I giocatori sono attratti nella tana del bianconiglio, precipitando in un mondo irreale, ma concreto nelle sue manifestazioni, divertendosi nella perdita di senso fra realtà e fantasia.

È possibile individuare le basi strutturali degli ARG nell'evoluzione di peculiari sistemi narrativi. I tradizionali Giochi di Ruolo dal vivo possono essere considerati i precursori del genere, come nel caso di Dungeon & Dragons, del 1974. In D&D gli amici si incontrano per rappresentare gli eroi della propria immaginazione, attraverso l'esposizione di storie fantastiche, vissute con la mente e l'espressione teatrale. Le vicende sono svolte in prima persona, interagendo con i personaggi che sono composti dagli altri giocatori. Nel campo editoriale è possibile trovare altri esempi, come la serie di libri "choose your adventure" che spezzano la forma lineare del racconto classico. La trama è distribuita in diversi bivi ed il lettore può decidere quale seguire, arrivando ad una diversa conclusione secondo la scelta fatta. Un sistema simile è stato sviluppato per i racconti "fighting fantasy": queste opere permettono di cambiare l'avventura del protagonista, la cui sorte è determinata dal lancio di dadi, per simulare le battaglie contro i nemici. Arrivando alle tecnologie informatiche, nel 1988 i primi utenti di internet hanno seguito con passione il "Quantum Link Serial". L'autore ha permesso ai lettori di partecipare alla creazione dei personaggi ed allo sviluppo della storia, organizzando uno scambio collettivo di idee e proposte. Nel 1996 è stato ideato Webrunner, una pagina web interattiva per promuovere la nuova serie di carte da gioco della Wizards Of The Coast. Gli utenti hanno impersonato degli hacker, impegnati a risolvere alcuni enigmi per accedere a nuove pagine del sito.

Nel tempo le proposte originali non sono mancate, ma è stato necessario aspettare alcuni anni prima di poter trovare una struttura narrativa e ludica con tutte le caratteristiche di un Alternative Reality Game. Il padre del moderno concetto di ARG è considerato *The Beast*, creato nel 2001 come strategia per pubblicizzare *Artificial Intelligence*, un nuovo film di Spielberg. Lo scrittore di fantascienza Sean Stewart è stato assunto per elaborare la trama dell'ARG, parallela a quella del film. Jordan Weisman ed Elan Lee hanno poi ideato una rete interattiva, su cui disperdere gli indizi e le informazioni a riguardo. The Beast è stato presentato come un misterioso caso d'omicidio, in cui gli utenti hanno dovuto indagare attraverso siti web, e-mail, finte pubblicità e caselle vocali. Per attrarre il pubblico, i creatori di The

Beast hanno inserito delle tracce all'interno del materiale promozionale di Artificial Intelligence. Nella lista dei credits, il nome di Jeanine Salla è stato incluso assieme a quello di Spielberg. Nel trailer del film è stato nascosto un numero di telefono da cui era possibile ottenere delle istruzioni vocali, che permettevano di ricevere strane e-mail con scritto "Jeanine is the key" e "you've seen her name before". I poster di AI contenevano un semplice indovinello, che una volta risolto forniva la frase "Evan Chan was murdered. Jeanine is the key". Ogni indizio riconduceva al ruolo di Jeanine Salla ed il pubblico ha iniziato a cercare il suo nome attraverso Google. In poco tempo sono stati scoperti numerosi siti internet ambientati nella realtà alternativa proposta dal film, come una finta pagina personale della stessa Jeanine. I giocatori sono rimasti sempre più attratti dalla situazione e proseguendo le "indagini" hanno scoperto nuovi indizi, link e nomi, per continuare la storia fino alla sua conclusione 3 mesi dopo. La curiosità è una delle qualità più forti nell'uomo e *The Beast* è stato un enorme successo, intrattenendo oltre 3 milioni di giocatori. La base di fans è rimasta talmente impressionata dall'esperienza da creare una forte comunità online, dedica all'analisi ed alla creazione amatoriale di ARG.

Un Alternative Reality Game può essere considerato come l'adattamento delle tradizionali forme di racconto alla multimedialità dell'era digitale. La storia non è più determinata da un unico media ed una sola linea conduttrice, ma si arricchisce dall'utilizzo di più mezzi comunicativi e differenti possibilità di sviluppo. Lo scopo di un ARG non è solo quello di incuriosire il lettore o raccontare una storia in modo alternativo, ma è molto importante la condivisione dell'esperienza con tutti gli altri giocatori appassionati. Molti enigmi necessari per il proseguimento della trama sono risolvibili soltanto grazie ad un impegno cooperativo. Il pubblico lavora assieme per trovare nuovi indizi o si rivolge ad amici che hanno la giusta preparazione per comprendere il problema (ad esempio se gli indovinelli richiedono la conoscenza del linguaggio HTML, si chiederà aiuto ad un esperto d'informatica). Il passaparola è quindi fondamentale per il corretto svolgimento di un ARG e permette a qualsiasi messaggio rilevante di diffondersi velocemente fra tutti gli utenti contagiati.

È facile capire che gli ARG possono essere utilizzati efficacemente per una complessa strategia di marketing virale. I consumatori sono coinvolti attivamente con l'avventura e nella rete sociale del gioco il contagio è semplice ed intenso. Il pubblico sviluppa un forte attaccamento al messaggio diffuso attraverso un Alternative Reality Game, poiché i contenuti sono accettati come puro intrattenimento. La struttura interattiva ruota attorno al coinvolgimento nella storia ed il metodo è quindi efficace sopratutto per determinati prodotti, legati a caratteristiche narrative: libri, film e videogiochi. Un ARG fatica a pubblicizzare oggetti che non veicolano autonomamente un racconto specifico e l'unica eccezione può essere quella di rendere la merce una parte fondamentale della trama. I prodotti d'intrattenimento rimangono tuttavia favoriti: un gioco virale permette agli utenti di approfondire meglio la conoscenza del mondo fantastico e dei suoi personaggi, creando un forte legame emotivo con il *brand* e la sua realtà alternativa. Il marketing ARG è essenzialmente un'estensione ludica del prodotto, che intrattiene il consumatore con la promozione non convenzionale, prima ancora di convincerlo all'acquisto.

I contenuti di un Alternative Reality Game possono essere apprezzati anche dalla parte di pubblico più passiva, che semplicemente segue gli aggiornamenti della storia grazie alle ricerche dei giocatori attivi. Gli utenti coinvolti nelle indagini sono da considerare come innovatori ed esperti di mercato, il cui divertimento è da tutelare assolutamente, per assicurare un buon risultato delle loro capacità virali. Soltanto i veri fanatici dedicano la propria attenzione per approfondire le complesse vicende di un ARG. La soddisfazione ricevuta dal gioco e l'esperienza anticonvenzionale, stimolano i giocatori al passaparola e li rende capaci di influenzare il resto del mercato. Si crea così una forte base di fans, pronti a diffondere il messaggio del *brand*.

Condizione essenziale per lo svolgimento di un ARG è la facilità d'accesso alla tecnologia adottata per diffondere il racconto, con un occhio di riguardo soprattutto ad internet, il mezzo di comunicazione più potente a disposizione del pubblico. Il web è molto importante per i giocatori, che lo utilizzano per organizzare tutte le informazioni scoperte, cercare nuovi indizi ed interagire con gli altri partecipanti. La creazione di un Alternative Reality Game è relativamente economica e permette di ottenere un'ottima qualità di gioco senza spreco di risorse. Gli investimenti maggiori sono impiegati nello sviluppo di una storia interessante e nella creazione di enigmi equilibrati, ricchi di sorprese ed interazione. Molta attenzione sarà da rivolgere all'organizzazione dell'avventura, in modo da poter reagire prontamente ai comportamenti imprevisti degli utenti, evolvendo la storia con il procedere del gioco. Non è possibile, infatti, controllare completamente le reazioni del pubblico nello svolgersi di un ARG, ma soltanto pianificare le direzioni generali in cui guidarlo.

L'analisi approfondita di *I Love Bees*, un Alternative Reality Game creato per la promozione di un videogioco Microsoft, potrà illustrare meglio le caratteristiche di questa strategia di marketing virale.

2.5.1 I love bees

Descrizione: Il 9 novembre del 2004 Microsoft ha distribuito nei negozi il secondo capitolo di Halo, un videogioco per la *console* XBOX. Per pubblicizzare l'uscita di Halo 2, durante l'estate l'azienda americana ha finanziato lo sviluppo di un Alternative Reality Game, conosciuto dal pubblico con il nome di *I Love Bees*. La durata di ILB è stata di 4 mesi, tempo in cui i giocatori hanno potuto interagire personalmente con il mondo fantastico del videogame. Tutto è cominciato il 15 luglio, quando un misterioso pacchetto è stato spedito a casa di alcuni fanatici di Alternative Reality Games, fra cui i web

master delle principali comunità online dedicate al fenomeno. All'interno delle scatole, i destinatari hanno trovato delle bizzarre confezioni di miele, a forma di orsetto. Attraverso il dolce nettare delle api era possibile intravedere 9 lettere dell'alfabeto: una volta ripulite, i giocatori hanno creato differenti parole e frasi, fra cui la più appropriata è sembrata "*I LOVE BEES*" (io amo le api). Una rapida ricerca online ha permesso di scoprire il sito www.ilovebees.com. Nello stesso giorno gli appassionati di videogames sono stati occupati a guardare e riguardare il nuovo *trailer* di Halo 2, diffuso sul web. Alla fine del video (come di consueto) è stato inserito il link al sito ufficiale della console, www.xbox.com. Gli spettatori più attenti hanno però notato che il nome del sito scompariva per un secondo, lasciando il posto ad un altro indirizzo internet: www.ilovebees.com.

A questo punto i membri delle 2 reti sociali (i fans di Halo e gli amanti di ARG), hanno cominciato a visitare ILB, imbattendosi in un sito dedicato all'allevamento di api ed alla vendita di miele fatto in casa. La faccenda si è subito rivelata molto strana: le pagine hanno mostrato problemi di caricamento, con messaggi incompleti o immagini rovinate. I visitatori, alimentati dal sospetto, hanno deciso di organizzarsi, per capire cosa si nascondeva dietro il commercio di miele. Ovviamente la pagina web è stata costruita ad arte per alimentare la curiosità dei visitatori, che in poco tempo hanno analizzato minuziosamente *I Love Bees*, scoprendo i primi indizi.

I giocatori sono stati impegnati fino a novembre per individuare gli elementi principali della trama e risolvere gli enigmi proposti dall'ARG. *I Love Bees* ha narrato la vicenda di un gruppo di militari venuti dal futuro, precipitati con la loro astronave sulla terra. A causa dell'incidente tutti i membri della squadra sono morti, con l'eccezione dell'intelligenza artificiale che aveva il compito di regolare il sistema informatico della nave spaziale. L'IA, conosciuta anche con il nome in codice di "melissa", è riuscita a sfuggire al disastro: per sopravvivere ha copiato la propria memoria su un *server* internet, in cui casualmente era ospitato un sito dedicato alle api. Melissa ha cominciato a diffondere messaggi d'aiuto, che hanno fatto interferenza con i contenuti del sito ILOVEBEES, creando numerosi errori sulle rispettive pagine web. Quando i giocatori sono intervenuti, codificando le indicazioni nascoste, l'intelligenza artificiale ha creduto di essere in contatto con i sopravvissuti dell'equipaggio ed ha riferito le registrazioni audio della missione. La storia dell'Alternative Reality Game è stata così svelata pezzo per pezzo: grazie alle indagini, il pubblico si è trovato coinvolto in viaggi nel tempo, guerre interstellari ed intelligenze artificiali impazzite.

Peculiarità: l'intera struttura di *I Love Bees* è un modello esemplare delle caratteristiche peculiari di un Alternative Reality Game. I creatori del gioco hanno saputo attirare l'attenzione degli utenti, stimolandone efficacemente la curiosità, con gli orsetti di miele ed il link nascosto. Una volta raggiunto il sito, i visitatori sono rimasti ulteriormente stuzzicati dalle stranezze riscontrate nelle sue pagine, con misteriosi numeri, frasi inconcludenti ed immagini corrotte. Dana, la (finta) webmaster di ILB, si è lamentata sul suo blog per i problemi tecnici ed ha chiesto aiuto per debellare quello strano virus informatico. Le risposte non sono mancate ed i giocatori hanno scritto numerose e-mail a Dana, inserendo così il loro indirizzo nel sistema comunicativo dell'ARG.

Le indagini sono continuate con diversi tentativi d'interpretazione dei messaggi, per riuscire a raccogliere informazioni dal caos digitale. Gli utenti hanno analizzato le immagini del sito come se fossero files criptati, aprendole con gli editor di testo. L'esperimento è stato efficace: all'interno del codice binario delle foto è stato scoperto del testo nascosto, con richieste di aiuto e frasi che hanno definito le prime tracce della storia. Nelle pagine sono state poi individuate lunghe serie di codici numerici, decodificati e riconosciuti come coordinate GPS (*Global Positioning System*). I giocatori hanno quindi confrontato i dati seguendo il formato geografico ed hanno individuato una  sequenza di luoghi reali, associati a date ed orari precisi. Il pubblico si è quindi incontrato in quelle zone, scoprendo delle cabine telefoniche che all'ora prestabilita hanno cominciato a suonare. Rispondendo alla chiamata è stato possibile ascoltare una voce, che porgeva delle domande inerenti all'incidente di Melissa. Fornendo la giusta soluzione, i presenti hanno decifrato l'enigma, ascoltato parti della storia e sbloccato i files audio su *I Love Bees*, a disposizione dei giocatori online. Il sito è stato aggiornato settimanalmente, fornendo coordinate geografiche ed orari d'incontro, per determinare le giuste cabine telefoniche in cui l'intelligenza artificiale porgeva le nuove domande. Alla fine dell'ARG gli utenti sono riusciti a sciogliere l'intera trama: centinaia di registrazioni che hanno composto un lungo radiodramma, della durata di quasi 6 ore.

Il pubblico ha partecipato attivamente ad una situazione straordinaria e curiosa, interagendo con il messaggio pubblicitario in maniera non convenzionale. *I Love Bees* è riuscito ad attirare l'attenzione del pubblico con la sua peculiarità e caratteristiche ludiche, una struttura a cui era impossibile rimanere indifferenti.

Passaparola: uno dei motivi del successo di ILB è stato quello di riuscire a comunicare efficacemente con gli esperti di mercato del suo target. I creatori del gioco hanno puntato direttamente ai veri fanatici di Alternative Reality Games con la spedizione del miele, ed agli appassionati di Halo con l'indizio nel *trailer* del secondo episodio. Questi innovatori hanno velocemente passato il messaggio online, contagiando le rispettive reti d'influenza sociale. Sui forum di videogiochi gli *hardcore gamers* hanno analizzato il video e rivelato la scoperta del link, mentre nei siti dedicati agli ARG, i *webmasters* hanno scritto articoli sul pacchetto ricevuto, informando il resto della comunità. Sono stati stimolati parallelamente i social network più attinenti ai contenuti di *I Love Bees*, dove s'incontrano gli opinion leader dei rispettivi mercati. Una volta iniziato il gioco, le due fazioni si sono unite, per collaborare assieme e risolvere il mistero dell'ARG. Conquistata la parte sinistra della curva di Moore, l'esaltazione ludica ha stimolato i partecipanti a diffondere viralmente il messaggio, raccontando agli amici la propria esperienza con il mondo di Halo 2.

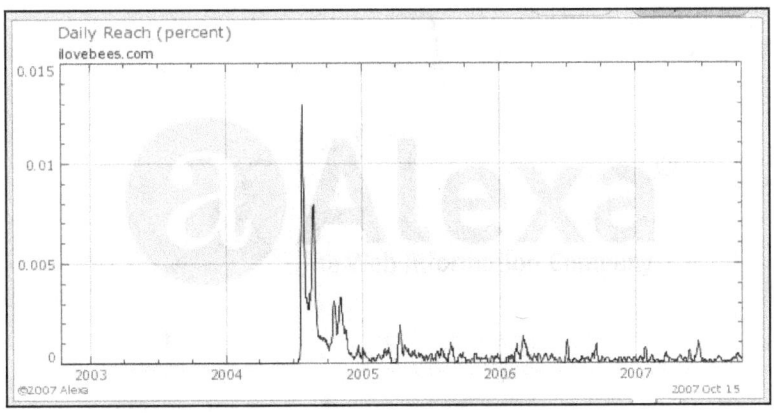

La diffusione è stata contagiosa ed il sito ha raggiunto 80 milioni di visite in soli 4 mesi. Gli aggiornamenti del gioco sono stati seguiti quotidianamente dagli appassionati, che hanno organizzato online i frammenti della storia, oppure si sono incontrati materialmente nei luoghi indicati, per partecipare alle intercettazioni telefoniche. Gli appuntamenti offline hanno contagiato anche i passanti casuali, incuriositi dai gruppi di ragazzi riuniti attorno alle cabine pubbliche, scatenando domande sul gioco e discussioni improvvisate su Halo 2. L'esperienza di *I Love Bees* è stata protagonista di numerosi articoli su riviste e siti del settore, che hanno diffuso gratuitamente il messaggio, conquistati dalla sua straordinarietà.

In questo Alternative Reality Game hanno partecipato quasi 1 milione di giocatori[25], portatori spontanei dei suoi contenuti promozionali, capaci di sviluppare un passaparola contagioso. I consumatori sono stati stimolati dall'esperienza ludica (divertimento e soddisfazione nel risolvere il gioco), per qualità emotive (fascino dell'esperienza ARG) e per curiosità / interesse (chiedere / offrire aiuto per gli enigmi, chiarimenti sul gioco, informare sugli avvenimenti della trama).

Punto d'interesse: *I Love Bees* ha intrattenuto efficacemente il suo target, offrendo un coinvolgente Alternative Reality Game e raccontando una storia affascinante, ambientata nel mondo fantastico di Halo 2. I fanatici di ARG sono stati felici di partecipare ad un nuovo gioco su cui indagare, mentre gli amanti di Halo hanno seguito l'avventura di Melissa, per conoscere meglio i retroscena del videogame. Il pubblico ha seguito spontaneamente il messaggio promozionale perché ne era divertito, ottenendo una soddisfazione continua grazie alla sua attività ludica.

Attraverso gli interventi dei giocatori è stato possibile disattivare un'arma aliena, capace di distruggere l'intero universo. Questa intromissione da parte degli umani, ha portato gli alieni

---

[25] http://www.42entertainment.com/bees.htm

Covenant a serbare rancore verso la razza terrestre, con la conseguenza di un'imminente invasione del nostro pianeta. L'assalto dei nemici spaziali sulla terra è uno degli avvenimenti principali narrati nel videogioco: tutti gli appassionati della saga hanno quindi seguito con molta attenzione le rivelazioni di *I Love Bees*, per apprendere gli eventi precedenti alla trama di Halo 2. Il punto d'interesse del target è stato centrato in pieno. La storia si è rivelata complessa ed affascinante, aperta ad una moltitudine d'interpretazioni che hanno aumentato il passaparola tra i fans. I forum di videogiochi sono stati riempiti dalle teorie sulle possibili relazioni fra la storia dell'ARG e gli avvenimenti presentati in Halo 2. Il mistero ha alimentato l'attesa per l'uscita del gioco, mentre il pubblico si è domandato come sarebbe continuata l'avventura di Melissa.

Il marketing virale ARG offre ai consumatori un'esperienza ludica ed interattiva, incontrando pienamente l'interesse degli amanti dei videogiochi (prodotti per definizione ludici ed interattivi).

Praticità: Il valore principale di un videogame sta nella sua giocabilità: gli appassionati scelgono di acquistare un prodotto se questo è divertente da giocare. Il messaggio finale di *I Love Bees* è stato un invito ai partecipanti, per intervenire ad una serie di allenamenti militari in preparazione della futura battaglia contro gli alieni Covenant. Attraverso il sito sono state individuate delle coordinate geografiche, che hanno portato i giocatori a riunirsi in 4 grandi cinema americani. In queste zone di addestramento, i fans hanno potuto provare in anteprima mondiale la versione finale di Halo 2, attraverso una lunga maratona di tornei in *multiplayer*. Un allenamento virtuale, per combattere gli alieni del videogame. La praticità del prodotto è stata dimostrata efficacemente: il pubblico ha potuto verificare personalmente le qualità del suo futuro acquisto e diffondere il passaparola al resto del mercato. Halo 2 ha venduto fino ad oggi oltre 6,5 milioni di copie in tutto il mondo[26].

---

[26] http://www.bloomberg.com/apps/news?pid=20601109&sid=ah.zkXSTEhuo&refer=news

CAPITOLO 3
Guerrilla Marketing

Il termine "guerrilla" deriva dal mondo militare ed indica una strategia di guerra non convenzionale, che punta a sorprendere il nemico con una serie di piccoli attacchi inaspettati. Durante un'azione di guerrilla, i soldati combattono il nemico in maniera imprevedibile, colpendo nei luoghi e nei momenti meno opportuni. In questo modo l'obiettivo è colto alla sprovvista, senza possibilità di una difesa preventiva. I guerriglieri non hanno la forza militare necessaria per sostenere uno scontro di massa, ma si concentrano invece su pochi bersagli precisi, importanti strategicamente e capaci di danneggiare gli avversari. La tattica consente di amplificare gli effetti degli attacchi, con il minimo spreco di risorse. Utilizzata spesso dai gruppi terroristici, la guerrilla è suddivisa in squadre che operano singolarmente, per destabilizzare un unico bersaglio: in questo modo è possibile adattarsi più velocemente alla situazione, senza i limiti di un comando superiore da cui aspettare gli ordini. Superando le norme della guerra tradizionale, la tattica risulta particolarmente efficace di fronte al nemico, che rimane disorientato dagli attacchi insoliti nel proprio territorio.

Nel 1984 il concetto di Guerrilla è stato recuperato da Jay Conrad Levinson[27], adattandolo per indicare delle strategie alternative di marketing aziendale. Le terminologie militari sono state spesso utilizzate nel campo economico e se la pubblicità classica può essere considerata una guerra "tradizionale" di massa, la pubblicità guerrilla segue invece la metodologia terroristica, per attirare l'attenzione dei consumatori con attacchi inaspettati e specifici. Nel libro *Guerrilla Marketing*, Conrad indica una serie di tattiche promozionali in grado di conquistare il pubblico, senza la necessità di elevati sostegni economici: il marketing non convenzionale combatte solo con la forza della peculiarità, sfruttando idee originali che sorprendono il target di riferimento. In origine la teoria di Levinson era riferita alle piccole imprese, che non possedevano i budget necessari per accedere ai costosi mezzi di comunicazione di massa. Negli ultimi 20 anni dall'uscita del libro, il mercato

---

[27] Jay Conrad Levinson. *Guerrilla Marketing*. Piatkus Books, 2007.

pubblicitario si è però evoluto ed il pubblico è ormai abituato alle strategie convenzionali. Le aziende più ricche ed importanti hanno iniziato a loro volta ad interessarsi al guerrilla marketing, una soluzione peculiare e capace di incuriosire i consumatori con minime spese. Conrad è stato un anticipatore del marketing non convenzionale, ma la sua teoria non è riuscita a definire un modello specifico della materia: tutta la pubblicità poco costosa e stravagante era considerata come Guerrilla Marketing. La strategia generale intesa dall'autore è stata quindi suddivisa in varie discipline distinte fra loro (Viral, Guerrilla, Product Placement), con proprietà e qualità specifiche. Oggi il concetto di Guerrilla riprende l'importanza dell'originalità dell'idea e delle risorse limitate, ma fissa l'espressione in un contesto più pratico. Lo studio della materia è in continua elaborazione ed è naturale che rimanga un po' di confusione sulla terminologia impiegata in un settore non del tutto formalizzato. In questo capitolo proverò tuttavia a definire meglio le caratteristiche di una campagna di guerrilla marketing, nel modo in cui è attualmente implementata.

Elemento fondamentale alla base del GM è la Peculiarità, l'idea straordinaria che permette di attirare l'attenzione dei consumatori, emergendo dal banale sistema promozionale. Il messaggio innovativo non è strasmesso da un mezzo di comunicazione, ma si concretizza nel mondo reale: per le strade e nei locali pubblici. Possiamo affermare che il Guerrilla è un'evoluzione non convenzionale dei tradizionali cartelloni pubblicitari.

La presenza concreta del messaggio promozionale permette di mostrare facilmente le caratteristiche pratiche della merce. Lo stesso prodotto può essere utilizzato come vettore informativo ed è in grado di fornire nuove modalità di propaganda commerciale. Inserendo l'oggetto all'interno di un contesto adeguato è possibile affermare chiaramente la sua qualità, in maniera peculiare. Il guerrilla marketing dedica molta attenzione al luogo specifico in cui è svolta la campagna, seguendo un'analisi accurata del territorio e della popolazione da colpire. Solamente conoscendo la città ed i suoi abitanti è possibile sviluppare un'efficace strategia innovativa. Non è sufficiente creare un messaggio generalista per qualsiasi cartellone pubblicitario: occorre pensare fuori degli schemi, studiare le singole zone urbane e sfruttarle a proprio vantaggio per sostenere la specifica idea promozionale. Il sistema entra così a diretto contatto con la vita quotidiana dei consumatori, con modalità e tempi inaspettati. Il pubblico, abituato ad una pubblicità esterna più tradizionale, non è ancora pronto a difendersi dalle tecniche di guerrilla, che attaccano a sorpresa direttamente sul territorio. La curiosità dei destinatari è stuzzicata ed il messaggio non convenzionale diventa il punto d'interesse per osservazioni e commenti, stimolando il passaparola. È importante che il significato dell'azione alternativa sia facilmente comprensibile: il pubblico potrebbe non avere il tempo e la voglia di assimilare il contenuto di un'idea troppo complessa. Il guerrilla è un'esperienza insolita, che spezza la consueta routine e s'introduce emotivamente negli avvenimenti giornalieri. La partecipazione del pubblico è vincolata dal giusto posizionamento nel tempo e nello spazio: la pubblicità alternativa deve essere presente in periodi e luoghi affini alle qualità del prodotto.

Il contatto diretto con la realtà sociale del mercato è bilanciato dalla minore diffusione potenziale del GM, rispetto ad una strategia virale. Il viral marketing può sfruttare l'enorme capacità comunicativa di Internet, mentre il guerrilla è limitato dal mondo fisico in cui appare. Non sempre il contagio online è la soluzione ideale: la promozione virale diffonde il messaggio ad un pubblico molto vasto, ma senza assicurarne i rapporti di vicinanza con il punto vendita. Il passaparola online è in grado di raggiungere milioni di persone nel mondo, ma se l'azienda pubblicizzata è circoscritta nel territorio (nazione, regione o città), tutti quei contatti non hanno nessun valore pratico. È necessario ricordare anche quella parte di popolazione che non ha un libero accesso ad internet, per motivi economici o culturali. Una strategia di Guerrilla Marketing è invece l'ideale per comunicare in modo specifico con tutti i consumatori presenti materialmente nella stessa zona in cui è possibile acquistare il *brand*. Il passaparola può riportare un'azione di GM anche sul web, con foto, video e commenti degli utenti, ma la sua efficacia è essenzialmente empirica, nel momento preciso ed in quel luogo concreto. La scelta del metodo è quindi compiuta in base al tipo di prodotto, alle sue caratteristiche (es. l'unico modo per dimostrare la Praticità di un Profumo è attraverso il suo utilizzo nel mondo reale) ed alle capacità distributive dell'impresa.

Non va inoltre dimenticata l'importanza degli opinion leader del relativo settore commerciale: bisogna capire se è più facile raggiungerli online (Viral Marketing) oppure nella vita reale (Guerrilla Marketing). Un'azione di GM può attaccare direttamente i luoghi di ritrovo sociale, infiltrandosi nei locali più alla moda oppure negli angoli urbani dove si raggruppano le comitive di tendenza. Riuscendo a catturare la curiosità del target, un'azione di Guerrilla può scatenare un forte passaparola fra gli amici. Al contrario del web, che offre dati e numeri precisi, non è tuttavia possibile misurare accuratamente la portata del contagio offline. L'unica soluzione potrebbe essere quella di associare al GM un sito internet a cui indirizzare gli spettatori curiosi, ma rimarrebbero i dubbi sull'effettiva completezza dei risultati così ottenuti. Per le sue caratteristiche alternative, che si manifestano fisicamente nelle città, il guerrilla marketing si trova spesso ai limiti della legalità, con soluzioni pubblicitarie non ancora previste dalle tradizionali regole comunicative. È necessario tenere conto di come il GM sia stato ispirato anche dalla Street Art, un'espressione artistica che riesce ad attirare l'attenzione dei passanti con opere peculiari, create al di fuori dei limiti imposti dalla legge. Nell'arte di strada le composizioni non hanno un rigido codice da seguire: l'autore è in grado di dare libero sfogo alla propria creatività, con soluzioni bizzarre ed innovative. La mancanza di un preciso modello da seguire può tuttavia portare le agenzie pubblicitarie a commettere gravi errori di comunicazione, senza rispettare lo spazio urbano o sviluppare a dovere le 4 P della pubblicità non convenzionale (Peculiarità, Passaparola, Punto d'Interesse e Praticità). È quindi necessario equilibrare la grande libertà espressiva con un'attenta riflessione sugli effetti dell'azione, tenendo conto delle importanti implicazioni della promozione alternativa.

Il Guerrilla Marketing può essere suddiviso in due correnti principali, "Ambient Guerrilla" e "Street Art Inspired", che saranno analizzate attraverso i *case studies* più significativi.

3.1 Guerrilla Ambient Marketing

Per comprendere meglio il concetto di Ambient Guerrilla, può essere utile una breve esposizione delle idee di Marcel Duchamp. Artista francese dei primi anni del '900, Duchamp è stato un esponente del dadaismo, il movimento culturale che ha stravolto la tradizionale immagine dell'opera d'arte. I dadaisti hanno rifiutato gli standard espressivi comuni, superando le convenzioni dell'epoca, enfatizzando la stravaganza e la libertà creativa fuori da ogni regola precedente. Duchamp ha teorizzato il concetto di "ready made", un'espressione artistica che valorizza il comune oggetto quotidiano. Il prodotto è rimosso dal suo contesto originale attraverso una scelta precisa dell'autore ed in questo modo acquista un nuovo significato espressivo, un valore peculiare che lo rende straordinario. Nel 1917 Duchamp ha creato *Fontana*, la sua provocazione artistica più famosa: un semplice orinatoio capovolto e firmato sotto falso nome. Proposto ad una mostra d'arte, la giuria è rimasta sconcertata dall'idea di esporre il pezzo e nell'imbarazzo generale, *Fontana* non è stata accettata nella galleria. L'autore ha poi commentato il fatto nella rivista *The Blind Man*: «Non è importante se Mr. Mutt ha creato *Fontana* con le sue mani o no. Egli l'ha scelta. Egli ha preso un articolo ordinario della vita 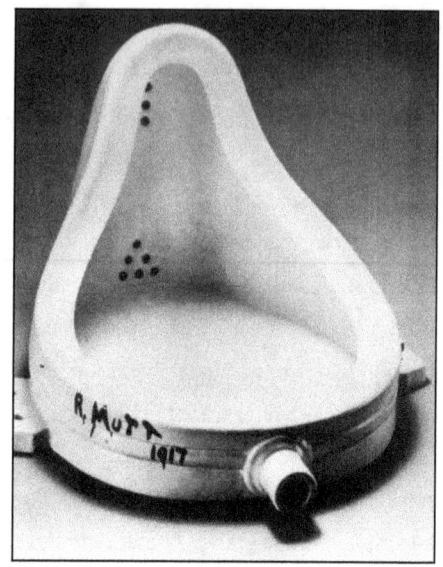 quotidiana, lo ha collocato in modo tale che il suo significato d'uso è scomparso sotto il nuovo titolo ed il nuovo punto di vista – ha creato un nuovo modo di pensare a quell'oggetto». La teoria del "ready made" riscopre il prodotto comune e lo presenta in una condizione alternativa, per renderlo attraente. Oggi le copie di *Fontana* sono esposte nei più importanti musei di tutto il mondo.

Il Guerrilla Ambient recupera per certi versi la teoria di Duchamp: rimuove l'oggetto dal suo contesto originario (il punto vendita) e lo ripropone in modo da fornirgli un nuovo valore espressivo. L'ambiente è analizzato e modificato per un fine pubblicitario, attraverso l'inserimento non convenzionale del prodotto o di una sua trasfigurazione, creando una circostanza curiosa per i passanti. I destinatari non si aspettano di trovare la merce in quella determinata situazione e ne rimangono sorpresi: lo spazio ed il suo contenuto promozionale collaborano attivamente, per comunicare il messaggio in maniera insolita. Il bene di consumo possiede autonomamente tutte le caratteristiche necessarie per essere notato ed il GM propone semplicemente una relazione straordinaria, fra queste qualità sostanziali e l'ambiente in cui vivono i potenziali consumatori. Per ottenere un buon Guerrilla Ambient si deve quindi sommare la praticità del prodotto con la peculiarità del suo inserimento nell'arredo urbano. In questo modo si attira l'attenzione del pubblico e contemporaneamente si dimostra la validità dell'offerta. È necessario evidenziare che un mediocre messaggio promozionale, collocato in un posto bizzarro, non può essere considerato un vero Guerrilla Ambient, ma solamente l'ennesima invasione banale dello spazio cittadino. L'advertising classico tenta di giocare con le forme del territorio per rinnovarsi, ma dimentica di comunicare la praticità effettiva della merce. I passanti potrebbero rimanere sorpresi nel trovare pubblicità in un luogo che ne era libero, senza tuttavia instaurare un rapporto più attivo e concreto con il *brand*. Saranno presto assuefatti, dimenticandosi dell'incontro.

Per comprendere meglio le capacità non convenzionali del Guerrilla Ambient Marketing, saranno analizzati i case studies di Colla Alteco e Accesorize.

3.1.1 Colla Alteco

Descrizione: Alteco è un'azienda giapponese che produce collanti a presa rapida e alta tenuta. Per promuovere la sua nuova colla in tubetto, è stata creata un'efficace azione di Ambient Guerrilla: in alcuni punti della città sono state incollate delle vere monete da un dollaro ed alcune imitazioni di un cellulare.

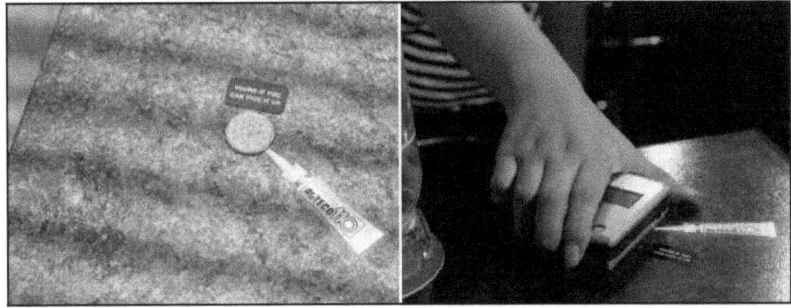

Di fianco agli oggetti è stata lasciata una nota con scritto "yours, if you can pick it up"[28], mentre un altro adesivo mostrava il collante impiegato per attaccarli, una confezione di Alteco 110.

Peculiarità: l'installazione ha facilmente incuriosito i passanti, che non hanno potuto resistere alla tentazione di provare a togliere la moneta o il cellulare. La Guerrilla Alteco ha sfruttato un'idea semplice ed immediata, che ha saputo infondere valore peculiare ad un messaggio che pubblicizza un prodotto comune. È stata creata una relazione insolita, fra la colla, l'ambiente urbano e gli abitanti della città. Il risultato è una sfida ironica, un gioco divertente che attira l'attenzione del pubblico di passaggio. A chi non è mai capitato di trovare dei soldi a terra e tentare di raccoglierli? La situazione casuale è stata modificata dagli autori, per creare una circostanza imprevista, in cui l'oggetto invitava alla rimozione, senza dare però segni di cedimento. Non capita spesso di trovare dei cellulari appiccicati per la città. La scelta dei contenuti ha stimolato i tentativi di recupero: una moneta dal valore apprezzabile ed un cellulare (che sembrava vero). Le persone incuriosite hanno tentato la raccolta, rispondendo positivamente al confronto con le qualità del prodotto.

Praticità: sfruttando nella Guerrilla le caratteristiche reali della colla Alteco, la sua praticità è automaticamente comunicata ai potenziali consumatori. Le proprietà del prodotto sono state mostrate efficacemente, con una soluzione talmente ovvia da essere geniale: per promuovere una colla è stato incollato qualcosa. I bersagli dell'attacco hanno provato con mano l'affidabilità della tenuta adesiva di Alteco: i numerosi sforzi per rimuovere manualmente gli oggetti sono stati inutili, la forte

---

[28]   Tuo, se riesci a tirarlo su

presa del collante ha avuto la meglio. Le monete sono state rimosse solamente in seguito, grazie ad un solvente specifico dello stesso *brand*. Alcuni dei finti cellulari sono stati rotti a metà dai passanti, che hanno cercato di toglierli senza fortuna: il lato incollato alla superficie è rimasto fermo al suo posto. Il pubblico coinvolto nel Guerrilla Ambient ha imparato che è possibile fidarsi della colla Alteco e probabilmente se ne ricorderà al momento dell'eventuale bisogno.

Passaparola: per ottenere una maggiore influenza del passaparola, l'azione di Guerrilla deve contagiare soprattutto gli innovatori e gli esperti del mercato che si vuole conquistare. Nel caso di Alteco, la questione si fa problematica: è possibile individuare dei leader d'opinione per la vendita di colla? Il prodotto sembra così banale e generalista che è difficile individuare delle persone particolarmente contagiose. Forse i veri intenditori del genere sono i fanatici del fai-da-te e gli appassionati di modellini da montare. Purtroppo nel diffondere l'epidemia offline non è sempre facile trovare le reti sociali più specializzate ed i creatori della Guerrilla Alteco hanno deciso di indirizzare l'azione verso un pubblico generalista. L'agenzia pubblicitaria ha seguito di nascosto le reazioni dei passanti: in una delle zone colpite, quasi 60 persone hanno provato ad alzare la copia del cellulare, prima che questa si rompesse nel tentativo di rimozione. Non è possibile conoscere precisamente l'ampiezza del contagio di Alteco 110, ma probabilmente il pubblico ne ha parlato agli amici, per esperienza ludica (divertiti dalla situazione e dai tentativi di recupero degli oggetti) e per curiosità (sai cosa è successo mentre aspettavo il bus?).

Punto d'interesse: il target di un normale prodotto adesivo può essere talmente vasto da comprendere chiunque abbia la necessità di incollare qualcosa, per motivi di lavoro, hobby o studio. La colla Alteco 110 è tuttavia consigliata specialmente nei casi in cui serve una fortissima tenuta aderente, situazione che capita di rado. Il punto d'interesse da colpire non è quindi immediato, ma futuro: il contenuto del messaggio sarà rilevante solamente quando l'utente avrà bisogno di una colla molto potente (ad esempio quando romperà qualche oggetto). Alteco lascia il segno nella mente dei consumatori, che ne imparano oggi le proprietà, per l'eventuale occorrenza di domani. La strategia di Guerrilla Ambient è riuscita ad intrattenere gli spettatori: gli oggetti sono stati inseriti soprattutto in luoghi di attesa (come le fermate dei bus), dove le persone hanno partecipato volentieri alla sfida di Alteco, come passatempo. Aspettando i mezzi pubblici hanno tentato di rimuovere le monete o le copie del cellulare. La strategia scelta ha permesso di stimolare l'interesse verso il messaggio pubblicitario, suggerendo al pubblico una possibile circostanza: la necessità di un collante davvero resistente.

3.1.2 Accessorize

Descrizione: Accessorize è un marchio inglese che possiede una serie di negozi internazionali, specializzati in accessori femminili. Nell'ottobre del 2006 è stata realizzata un'interessante campagna di Guerrilla Marketing, per promuovere la filiale Accessorize di Ginevra, in Svizzera. La città è famosa per essere la sede europea delle Nazioni Unite e può vantare un affascinante centro storico, una fitta rete di strade in cui si affacciano *cafè* e negozi di ogni genere.

Durante la notte, le catene che delimitano le aree pedonali sono state rimosse e scambiate con delle grandi riproduzioni di collane e braccialetti. Accessorize ha modificato l'arredo urbano per scopi promozionali, creando una dimostrazione esemplare delle capacità sorprendenti di una buona strategia di Guerrilla Ambient.

Peculiarità: La mattina seguente all'azione di Guerrilla, i passanti non hanno potuto fare a meno di notare questa enorme bigiotteria, apparsa misteriosamente per le vie cittadine. Accessorize ha immaginato un nuovo modo di concepire gli addobbi urbani, sfruttando un'idea semplice ma originale. Le collane *over-size* hanno sorpreso positivamente le consumatrici, che hanno reagito al nuovo paesaggio di Ginevra con un sorriso divertito. Gli abitanti della città seguono ogni giorno la propria routine, camminando per le solite strade: la ripetizione dell'ambiente è costante nel tempo e questo fornisce una determinata aspettativa mentale. L'arredamento urbano è standardizzato dalle norme nazionali e dal codice stradale, mentre la pubblicità è solitamente limitata negli spazi tradizionali (cartelloni e manifesti). Il Guerrilla Accessorize è riuscito ad attirare efficacemente l'attenzione dei passanti, modificando l'abituale suolo pubblico in cui vivono. Le classiche catene di delimitazione sono state sostituite con insoliti oggetti di design, i quali, oltre che soddisfare le stesse funzioni degli originali, hanno decorato la città in maniera peculiare e gradevole.

Praticità: Per questa azione di Guerrilla Ambient sono state utilizzate delle riproduzioni ingrandite della nuova collezione di gioielli Accessorize, realmente in vendita nella sede di Ginevra. Le collane ed i braccialetti del *brand* hanno invaso la città ed il pubblico ha potuto osservare personalmente l'offerta e scegliere il modello di proprio gusto. Questi bizzarri addobbi urbani sono stati addirittura contrassegnati con il cartellino del prezzo, specificando la cifra effettiva a cui sarebbe stato possibile acquistarli nel negozio. La dimostrazione della qualità della merce è stata comunicata in maniera davvero efficace: i passanti hanno apprezzato le caratteristiche estetiche delle collane e sono entrati a conoscenza del loro valore economico. Le ragazze non hanno nemmeno dovuto raggiungere il punto vendita Accessorize per iniziare lo shopping: è stato sufficiente passeggiare per la città. La strategia di guerrilla marketing ha impiegato un valido sistema di comunicazione aziendale: ha rivelato il prodotto attraverso le sue caratteristiche principali, inserendolo nei luoghi sociali più adatti. I contenuti del messaggio promozionale sono stati chiari: è stata dimostrata la bellezza dei gioielli ed il pubblico interessato ha potuto raggiungere il negozio per la spesa. Non è stato necessario alcun tentativo di influenzare il target con promesse esagerate o astratte: Accessorize si è guadagnata la fiducia delle consumatrici, adottando semplicemente la Praticità del marketing non convenzionale.

Passaparola: Per la sua importanza nel panorama Europeo, Ginevra è una città dall'alto tasso di popolazione, con oltre 185 mila abitanti[29] fissi, a cui vanno sommati i numerosi visitatori che frequentano la zona per motivi di lavoro o turismo. È stato calcolato[30] che oltre il 54% dei residenti possiede un passaporto straniero, mescolando nel territorio urbano un insieme poliedrico di stili e culture da tutto il mondo. In mezzo a questa popolazione mista e benestante, è facile immaginare la presenza di un forte gruppo femminile di tendenza, appassionato di stile e design. Sono loro le innovatrici e le esperte del mercato dei gioielli, che, una volta conquistate, sono in grado di contagiare la propria rete sociale d'influenza.

Passeggiando per le strade di Ginevra è stato facile rimanere affascinati dall'azione di Guerrilla Accessorize, una circostanza talmente fuori dal comune da essere probabilmente un ottimo argomento di discussione fra amiche. L'idea straordinaria ha contagiato il pubblico, stimolando il passaparola per esperienza ludica (divertimento della situazione stravagante), per qualità estetiche (bellezza delle collane colorate al posto delle grigie catene) e per curiosità (raccontare una circostanza insolita).

---

[29] http://en.wikipedia.org/wiki/Geneva#Demographics
[30] http://www.geneve.ch/statistique/

Punto d'interesse: Le grandi riproduzioni di collane e braccialetti sono state una vera attrazione turistica per tutta la durata del Guerrilla Ambient. Con un tocco di creatività hanno affascinato gli abitanti di Ginevra, regalando un paesaggio più artistico e colorato. Il centro storico di Ginevra raccoglie migliaia di persone ogni giorno, presenti in città per ammirare la bellezza degli edifici e fare shopping fra i suoi negozi. I grandi addobbi Accessorize hanno offerto un'ulteriore esibizione da osservare ed il loro messaggio pubblicitario è stato compatibile con i motivi economici dei passanti. L'azione è stata apprezzata soprattutto dalle ragazze, la fascia di mercato che Accessorize ha voluto raggiungere. Le consumatrici appassionate di gioielli amano abbellire il proprio corpo con gli accessori di bigiotteria ed allo stesso modo hanno gradito la decorazione della città con dei veri e propri ornamenti urbani. La strategia di Guerrilla ha avuto successo, centrando il punto d'interesse del proprio target: l'ornamento estetico attraverso oggetti di design.

3.2 Guerrilla Street Art Inspired Marketing

Il termine "street art" indica quelle forme d'espressione artistica che sono sviluppate e diffuse negli gli spazi urbani. Gli autori si servono dell'intera città per manifestare la propria creatività, trasformando gli edifici e gli oggetti stradali in supporti per le loro opere. Il risultato di questa ricerca formale è uno stile poliedrico, che si evolve e si concretizza nelle maniere più diverse (disegni, installazioni, adesivi...), coinvolgendo attivamente l'ambiente in cui si manifesta. Il pittore tradizionale dipinge i suoi quadri seguendo la dimensione della tela ed allo stesso modo lo *street artist* crea le sue opere attraverso un'analisi specifica del territorio.

Le opere peculiari possono essere apprezzate o criticate secondo il gusto personale, ma in ogni caso i passanti rimangono sorpresi dalle modifiche del paesaggio urbano. Una creazione originale può valorizzare un mediocre angolo della città e colorare le grigie strade di un quartiere industriale. Le qualità estetiche della street art non risolvono tuttavia il problema dell'illegalità del fenomeno, che viene spesso paragonato ad atti di vandalismo. Gli autori occupano le superfici pubbliche e private senza alcuna autorizzazione, commettendo in questo modo dei reati penali, perseguibili dalla legge. È tuttavia necessario distinguere le espressioni stilistiche della street art dal mero atto incivile che non è guidato da motivazioni estetiche più profonde. Le città sono riempite da innumerevoli segni comunicativi (scritte, disegni, simboli), di cui solo una minima parte può essere considerata come vera arte. La situazione è quindi confusa ed è difficile trovare un parere oggettivo sul concetto di street art, portando spesso alla tensione con gli organi istituzionali, che generalizzano il fenomeno e tentano di arginarlo.

Anche se ostacolati, gli artisti urbani non hanno smesso di esprimere il proprio talento nelle strade di tutto il mondo e la continua evoluzione ha permesso di sperimentare tecniche e forme stilistiche fra le più innovative degli ultimi decenni. La libertà creativa è decontestualizzata rispetto ai tradizionali ambienti accademici, come le gallerie d'arte e gli studi professionali, per creare un contatto più intimo fra l'autore, la città ed i suoi abitanti. La street art è il veicolo principale per esprimere liberamente messaggi alternativi, ideologie o forme di protesta sociale: il suo scopo non è quindi economico, ma essenzialmente comunicativo.

D'altra parte, il mercato dell'arte ha capito l'importanza commerciale della Street Art e tenta di sfruttarla per i propri guadagni finanziari. Personaggi stravaganti della *street culture* come l'inglese Bansky, hanno ormai lasciato il segno nell'immaginario visivo contemporaneo, diventando autori di fama internazionale. Le creazioni di Bansky sono ricercate dai maggiori critici di tutto il mondo e vendute all'asta per cifre da capogiro (spesso senza nessun accordo con lo stesso artista, che da anni rimane nell'anonimato). Nell'aprile del 2007, l'opera conosciuta come *Space Girl & Bird* è stata venduta all'asta per oltre 576.000 dollari[31]. Alcune creazioni di Bansky sono talmente amate dai cittadini che il governo inglese ha deciso di preservarle, anche se dipinte illegalmente sui muri pubblici. Questo è solo un esempio (forse il più eclatante) dell'enorme potenziale comunicativo che possiede oggi la street art, soprattutto fra i giovani di tendenza.

---

[31] http://uk.reuters.com/article/entertainmentNews/idUKL2531915420070425

Gli artisti di strada hanno sviluppato nel tempo differenti forme espressive per materializzare la propria creatività, attraverso graffiti, stencil, stickers ed installazioni tridimensionali.

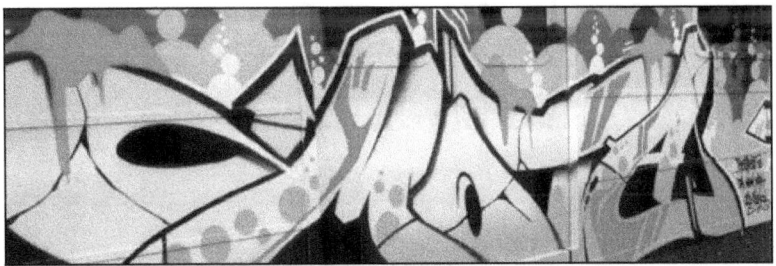

I graffiti sono probabilmente la forma più famosa di street art e si presentano essenzialmente come immagini e parole disegnate sui muri degli edifici, utilizzando bombolette spray e pitture di vario genere. In questo modo è possibile creare grandi e medie rappresentazioni, dal forte impatto visivo ma dalla difficile realizzazione. A causa dell'illegalità del gesto gli autori sono costretti a lavorare di nascosto e devono quindi individuare il giusto luogo in cui avere lo spazio ed il tempo necessari per creare un'opera completa. I graffiti sono probabilmente la forma di street art più contestata dalle autorità, ed ogni anno si calcolano le costose spese pubbliche impiegate per ripulire i muri della città. In queste situazioni la critica è senz'altro sensata, ma commette forse un errore di giudizio verso l'arte di strada. La maggior parte dei casi considerati generalmente come "graffiti", sono in realtà semplici scritte e disegni mediocri, senza nessun particolare valore artistico. Gli street artist più attenti preferiscono lavorare sui muri rovinati, su edifici abbandonati o decadenti ed in zone in cui la creazione non compromette la proprietà pubblica e privata (riducendo il rischio di veder cancellate le proprie opere).

Un metodo più veloce e sicuro per lasciare un segno pittorico è la tecnica dello Stencil: si ritagliano le forme desiderate su di una superficie piana (come ad esempio un foglio di cartone), che si appoggia al muro e si colora con lo spray. La vernice passa dai buchi nel cartoncino, lasciando sulla parete il disegno creato precedentemente. In questo modo l'artista può eseguire il lavoro creativo a casa propria, senza il pericolo di essere scoperto. Una volta che lo stencil è concluso, è sufficiente una rapida passata con lo spray e l'opera può essere impressa sui muri della città in pochi secondi. Il sistema permette di riprodurre in serie anche figure molto complesse, semplicemente utilizzando più stencil sovrapposti.

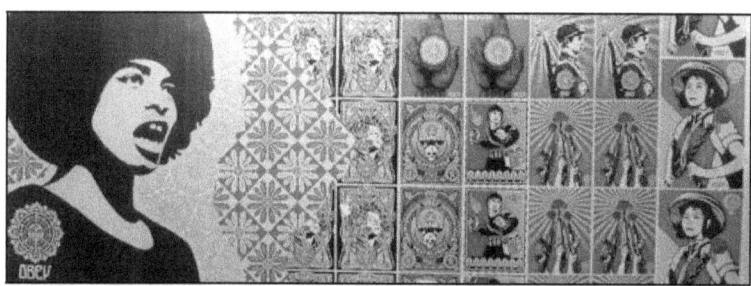

Gli Stickers sono una forma di Street Art in cui il messaggio è trasmesso da etichette adesive, facilmente applicabili su qualsiasi superficie urbana. La soluzione è stata sperimentata dagli artisti di strada fin dai primi anni '80 e permette una riproduzione molto economica di ogni creazione. Gli stickers possono essere disegnati su comuni fogli di carta, fotocopiati, per poi essere appiccicati con la colla. Questo sistema unisce la velocità di posizionamento al basso costo di realizzazione, senza bisogno di comprare vernici particolari. Non colorando direttamente sulle mura, gli Stickers non segnano in modo permanente l'arredo urbano. Il formato è solitamente di piccole o medie dimensioni, ed è adatto a lasciare un messaggio anche su superfici ridotte, come le centraline elettriche, i cartelli stradali o i cestini dei rifiuti.

Nelle *street installation* si combina la rapidità di posizionamento con l'eliminazione di ogni danneggiamento all'arredo urbano. Le creazioni artistiche sono oggetti tridimensionali, collocati nelle strade o nei locali pubblici, senza intaccarne le superfici. Gli autori realizzano le proprie figure in privato e le inseriscono in città solo quando sono finte. Le installazioni scultoree sono probabilmente il metodo meno impiegato nella classica street art, forse anche per la precarietà delle opere, che possono essere rimosse e distrutte da chiunque. Il minore uso delle *street installations* le rende particolarmente curiose rispetto alle altre forme d'arte urbana più comuni, attirando maggiormente l'attenzione dei passanti.

La street art è un ottimo mezzo di comunicazione, dalle qualità peculiari: può contare su differenti metodi di espressione ed è in grado di stringere un forte legame fra il messaggio ed il territorio in cui è inserito. I *brand* hanno quindi assimilato il linguaggio urbano, per sviluppare campagne di guerrilla marketing ispirate proprio all'arte di strada.
Lo stickering è sicuramente la forma più sfruttata nel Guerrilla aziendale, grazie ai bassi costi di riproduzione ed alla facile diffusione in serie. È sufficiente creare un logo peculiare o un messaggio curioso, realizzarne numerose copie e riempire la città incollando gli adesivi. I passanti notano il simbolo pubblicitario ed attraverso la sua ripetizione nei luoghi più imprevisti, imparano a distinguerlo dalle altre marche, ne parlano e si interessano alla sua immagine. Il valore commerciale può essere ottenuto se i consumatori riconoscono il *brand* urbano all'interno del punto vendita,

lo apprezzano e quindi ne considerano l'acquisto. La strategia ruota attorno all'abitudine visiva, creando l'impressione di un'icona onnipresente nell'ambiente cittadino, diffusa perchè di moda o per un suo valore stilistico. Un altro sistema è quello di inserire sugli stickers un indirizzo internet, a cui l'utente attratto può fare visita, per approfondire meglio la conoscenza dei prodotti offerti. Il posizionamento del guerrilla è analizzato secondo parametri precisi, tenendo in considerazione i punti d'incontro dei gruppi sociali più influenti. Rimangono i dubbi per l'effettiva dimostrazione della praticità del prodotto, difficile da comunicare attraverso un semplice adesivo. L'unica eccezione è quella di una qualità estetica, legata alla stessa immagine utilizzata sullo stickers.

Un celebre esempio di Guerrilla Marketing ispirato al fenomeno dello stickering è quello di A-Style. Nel 2000, Marco Bruns, un ragazzo milanese, ha ideato un logo peculiare, una lettera A maiuscola, che associata a 2 pallini dà l'impressione di un atto sessuale. Il ragazzo ha cominciato a stamparne degli adesivi, da regalare ad amici e parenti, inizialmente senza nessuna intenzione commerciale. Lo sticker A-Style è stato così diffuso per le strade di Milano, attaccato in modo spiritoso su auto, semafori e pali della luce. Il logo ambiguo ha presto attirato la curiosità dei passanti e l'autore ha deciso di aumentarne la produzione: con una spesa di circa 70 euro, ha stampato migliaia di adesivi e grazie all'aiuto degli

amici, ha incollato il marchio per le maggiori città italiane. Tenendo conto dell'apprezzamento del pubblico, Bruns ha creato una serie di magliette, con la stampa A-Style e le ha proposte ad alcuni negozi di Milano. Da quel momento il mercato del brand è cresciuto esponenzialmente, i consumatori che hanno apprezzato lo stile degli Stickers sono diventati clienti della linea d'abbigliamento ed oggi Marco Bruns è a capo di un'azienda con un fatturato di oltre 15 milioni di euro[32].

---

[32]   http://www.tgfin.mediaset.it/tgfin/articoli/articolo291252.shtml

Tenendo conto del caso A-Style, la Street Art Guerrilla sembrerebbe essere un sistema vincente: un basso costo di diffusione ed un alto potere di contatto con il pubblico. In realtà la situazione del mercato è molto più complessa. Lo spazio disponibile per la diffusione degli adesivi e degli stencil, è ormai completamente saturo. Le città sono stracolme di questo tipo di messaggi, suddivisi fra interventi di vera street art e quelli a scopo promozionale. Ogni angolo di strada è sovraffollato da simboli di ogni genere e si è perduto completamente il valore peculiare del mezzo comunicativo. Gli adesivi non attirano più l'attenzione dei passanti, perché ce ne sono troppi: si è creato un ambiente confusionario, senza nessun valore pubblicitario (anche se nell'insieme la massa di adesivi mantiene un certo fascino  visivo). Le aziende hanno abusato del metodo di Guerrilla Stickers a causa della sua economicità, non considerando le conseguenze di un sovraccarico comunicativo. Nello sfruttamento esagerato degli adesivi, i *brand* hanno dimenticato l'importanza della peculiarità nell'azione di guerrilla, senza seguire l'insegnamento dei veri artisti di strada: essere originali e creare uno stile personale. Rimangono altre forme espressive della street art, che possono essere sfruttate dalle aziende per sviluppare un messaggio pubblicitario, ma con diversi problemi strutturali.

La scelta dei graffiti o degli stencils è forse quella più pericolosa, per le possibili ripercussioni penali dell'azione, considerata come un atto vandalico dalle istituzioni. Un artista di strada può rimanere nell'ombra e colpire senza essere scoperto, ma una campagna di guerrilla deve promuovere un prodotto riconoscibile. Come vedremo nel *case study* di PSP, questa forma di Guerrilla Graffiti non è consigliabile per uno scopo pubblicitario, ottenendo risultati negativi piuttosto che un'influenza positiva. Le installazioni tridimensionali potrebbero essere un buon metodo per incuriosire i consumatori, senza pesanti ripercussioni giudiziarie. In questo caso la necessità di mostrare la praticità del prodotto, riconduce tuttavia la street installation ad essere considerata come una forma di Guerrilla Ambient. Per essere efficace, l'oggetto utilizzato per l'installazione dovrà essere lo stesso prodotto pubblicizzato dalla campagna. Le aziende che vogliono impiegare una valida strategia non convenzionale sul territorio, devono quindi puntare ad un'azione di Ambient Marketing, piuttosto che copiare spudoratamente dei sistemi comunicativi nati per scopi artistici e non per un fine commerciale.

3.2.1 PSP Graffiti

Descrizione: nel novembre del 2005, gli abitanti di alcune fra le maggiori città americane (San Francisco, New York, Atlanta, Los Angeles, Miami...), hanno visto apparire nelle proprie strade una nuova serie di graffiti. I disegni rappresentavano dei gruppi di bambini stilizzati, intenti ad utilizzare un videogioco portatile nelle maniere più strambe (es. come skateboard, gelato o marionetta). I graffiti non sono stati contrassegnati con un brand preciso, ma l'oggetto tecnologico è stato riconosciuto per la sua forma caratteristica: quella del Sony PSP. La finta street art è stata un'azzardata

azione di Guerrilla Marketing, in cui Sony ha pagato di nascosto alcuni ragazzi, per dipingere sui muri degli edifici l'icona del suo prodotto.

Peculiarità: l'utilizzo di graffiti come forma promozionale urbana non è certamente frequente. L'espressione sui muri è di solito considerata come un'azione spontanea, eseguita da qualche ragazzo che vuole mostrare ai passanti il suo talento o comunicare un messaggio senza scopi commerciali. Gli abitanti della città percorrono quotidianamente le solite strade e conoscono l'ambiente che li circonda.

Ogni nuovo graffito (di medie e grandi dimensioni) è quindi facilmente individuato, attraverso l'osservazione delle differenze rispetto al paesaggio abituale. La curiosità dell'individuo è ulteriormente stimolata in rapporto alla qualità artistica dell'immagine ed alla sua originalità rispetto al resto delle opere urbane. Riflettendo su questi aspetti, possiamo affermare che il Guerrilla Graffiti di SONY ha commesso alcuni errori di comunicazione, che ne hanno sminuito la peculiarità. Lo stile scelto per i disegni è soltanto una brutta imitazione della Street Art, con personaggi deformati seguendo un banale archetipo del genere. I graffiti non sono stati creati da un vero artista di strada, ma studiati probabilmente da un'agenzia pubblicitaria che non sembra avere molta cultura in materia. I passanti hanno notato le immagini organizzate da Sony, ma la qualità estetica non ne ha catturato completamente l'attenzione, poiché non abbastanza bella o stravagante. Per rimediare alla mancanza di talento artistico, i creatori del guerrilla hanno pensato di stimolare i consumatori attraverso una ripetizione frequente dei disegni, copiati in modo identico in tantissimi angoli delle città. In questo modo gli abitanti si sono interrogati sul senso di tale diffusione maniacale: Sony ha voluto dare l'impressione dell'esistenza di un gruppo di writers amatoriali, appassionati del PSP.

Passaparola: la riproduzione in serie dei graffiti ha presto insospettito i residenti delle città colpite dal Guerrilla. New York, Los Angeles, Miami, Atlanta... in tutte queste zone è stato possibile avvistare gli stessi identici disegni. I dubbi sulla responsabilità dell'operazione hanno cominciato a circolare, fino a quando Sony stessa ha ammesso di aver compiuto l'azione per scopi promozionali, cominciando ad utilizzare i disegni anche nelle pubblicità ufficiali sui classici cartelloni. I graffiti del PSP hanno generato un grande passaparola, ma per ragioni differenti da quelle sperate dal *brand*. Il messaggio diffuso non è stato un valore positivo rispetto alla *console*, ma una forte critica sociale per il gesto compiuto, stimolando la discussione per importanza (informare i vicini di casa dei veri responsabili dei graffiti) e per qualità emotive (rabbia verso Sony). Gli abitanti si sono sentiti ingannati da un'azienda senza scrupoli che pur di vendere i propri prodotti ha sporcato gli edifici delle metropoli con disegni antiestetici. Alcuni gruppi di consumatori hanno deciso di unirsi e denunciare alle autorità l'accaduto ed anche il consiglio istituzionale di

New York ha criticato Sony, per l'uso di una campagna pubblicitaria illegale che può incoraggiare atti di vandalismo. Sony ha tentato di giustificarsi, affermando di aver pagato una parte dei proprietari delle case, per avere il permesso di dipingerne i muri. La rivolta del pubblico non si è tuttavia fermata alle accuse vocali: i ragazzi di strada si sono sentiti oltraggiati dall'affronto della multinazionale, che ha sfruttato la street art per biechi scopi commerciali. In poco tempo i finti graffiti sono stati ricoperti o modificati con scritte ostili contro Sony, come "Get Out Of My City" (Fuori dalla mia città), " Fony" (slang per phony: falso), "I dont Want This For Christmas" (non desidero questo per natale). La questione è arrivata facilmente anche online, dove gli appassionati di videogames e gli ammiratori della street art  indipendente, hanno criticato duramente l'azione, diffondendone ulteriormente la cattiva reputazione su blog e forum, fino a raggiungere la stampa ufficiale ed i siti specializzati. Gli articoli e le notizie della vicenda hanno fatto il giro di tutto il mondo, rimarcandone il valore negativo. Sony ha tentato di ingannare i consumatori, sfruttando l'arte di strada senza tenere conto delle possibili ripercussioni: l'unico risultato è stato una forte opposizione verso il *brand* ed il suo prodotto.

Punto d'interesse: l'azione di Guerrilla è stata rivolta ai ragazzi alternativi, che abitano nei quartieri di periferia riempiti dai finti graffiti. Il prodotto pubblicizzato è una *console* portatile e Sony ha cercato di comunicare con i consumatori che passano buona parte del loro tempo libero fuori casa, per raggiungerli direttamente nei luoghi in cui si incontrano ed attraverso un media da loro stimato. Sfruttando l'interesse verso i graffiti, il Guerrilla PSP ha voluto associare la propria immagine alla cultura urbana, commettendo però un grave errore: ha offeso il proprio target. I gruppi sociali legati all'arte di strada tengono molto alla propria indipendenza e si sono sentiti insultati dal tentativo di accostare uno scopo commerciale ad una libera espressione artistica. Sony ha raggiunto il punto d'interesse con l'inganno ed il pubblico si è rivoltato contro il brand, difendendo la passione per la vera street art.

Praticità: analizzando la comunicazione del Guerrilla PSP, ci accorgiamo che Sony non ha nemmeno tentato di esibire le caratteristiche specifiche del prodotto pubblicizzato. Una *console* portatile può dimostrare i suoi meriti se ne vengono indicate le capacità interattive, la lista dei videogiochi disponibili o la qualità della tecnologia. Nei graffiti scelti per diffondere il brand non è stata però inserita nessuna informazione utile ed i bambini raffigurati impiegavano il PSP in situazioni completamente irreali (usato come skateboard, gelato, racchetta..). La stessa rappresentazione della *console* non è molto intuitiva e solo le persone che già conoscevano la forma della PlayStation Portable hanno potuto riconoscerla in quei disegni. Questa azione di Guerrilla ha dimenticato di presentare la praticità dell'oggetto pubblicizzato, fallendo completamente nella comunicazione di una parte fondamentale del marketing non convenzionale.

CAPITOLO 4
Product Placement

Il Product Placement è una strategia pubblicitaria che invece di interrompere l'attenzione delle persone, si presenta direttamente all'interno del loro punto d'interesse, sia esso una rete sociale, una forma d'intrattenimento o uno strumento d'informazione. Il prodotto può essere inserito nella scena di un film, menzionato in un servizio al telegiornale, descritto nella storia di un libro, elogiato nel testo di una canzone, digitalizzato in un videogioco o mostrato nella realtà ad un gruppo di amici. In tutti questi casi il consumatore entra a contatto con il *brand* attraverso una situazione che sta seguendo spontaneamente: è così possibile sfruttare il coinvolgimento emotivo del pubblico, per mostrare il bene di consumo in un contesto gradito. Per la sua mimetizzazione all'interno di un messaggio più ampio, i fini promozionali del PP non sono spesso riconosciuti e questo permette di raggiungere i destinatari evitando le difese attive contro la pubblicità tradizionale.

Purtroppo questo metodo di marketing non è ancora del tutto regolarizzato dalle leggi della comunicazione e ciò può portare ad un suo abuso da parte delle aziende, influenzando le persone senza che queste se ne accorgano. La questione morale andrebbe senz'altro approfondita, ma è impossibile negare le grandi capacità persuasive del Product Placement: la sua relativa libertà d'azione e l'abilità nell'utilizzare affascinanti modelli di vita, lo rendono un veicolo di contagio davvero potente.

Il brand pubblicizzato può apparire in modi diversi all'interno del punto d'interesse: come un semplice logo o figura, con una materializzazione completa del prodotto oppure attraverso un'indicazione verbale. Il valore del posizionamento è misurato anche in base al tempo di esposizione, alla visibilità (che lo rende più o meno riconoscibile) ed al suo ruolo (attivo o passivo), mentre la sua efficacia è in rapporto con il fascino sprigionato dalla situazione e dai suoi protagonisti.

Il product placement possiede vari pregi e difetti, a seconda dell'occasione in cui viene effettuato. È necessario analizzare singolarmente le differenti forme di questa strategia, per capire meglio le caratteristiche specifiche all'interno dell'Intrattenimento Passivo, nell'Intrattenimento Interattivo o attraverso gli Opinion Leader.

4.1 Product Passive Entertainment Placement

Con "passive" sono da intendere sono tutte quelle forme di intrattenimento ed informazione dove il consumatore può assorbire a sua scelta i contenuti offerti (e decodificarli mentalmente), ma senza parteciparvi in modo pratico. Con il termine Product Passive Entertainment Placement sono quindi indicate le strategie promozionali che inseriscono il prodotto all'interno di film, trasmissioni televisive, libri, canzoni, fumetti, programmi radiofonici, articoli di riviste e telegiornali. Il marketing convenzionale ha sempre cercato di raggiungere il pubblico mentre è concentrato in questi suoi interessi, commettendo però l'errore di interromperlo con *break* pubblicitari. L'esempio classico è quello televisivo: la programmazione è sospesa per diffondere gli spot. Dopo anni di abuso dell'*interruption advertising*[33], le aziende hanno capito che non è più facile comunicare ai consumatori al di fuori del loro punto d'interesse. Durante le pause nelle trasmissioni TV, gli spettatori assuefatti ed infastiditi possono cambiare canale, andare in bagno, distrarsi o prendere da mangiare. Negli USA sono ormai molto diffusi degli strumenti come il TiVo (4,2 milioni di iscritti[34]), una specie di videoregistratore digitale che permette di guardare i canali preferiti con una breve differita temporale, eliminando così le pubblicità. È anche necessario ricordare che la grande diffusione di internet e delle reti di P2P ha reso molto comune la possibilità di scaricare sul proprio PC i film e le serie televisive, ovviamente senza alcuna interruzione promozionale. Il pubblico può continuare a seguire i contenuti dei tradizionali mass media, ma oggi è in grado di farlo eliminandone la fastidiosa propaganda aziendale di contorno.

Il Product Placement rimuove questo tipo di problemi, poiché il messaggio promozionale è incluso direttamente nell'intrattenimento dell'utente. Prima ancora di essere trasmessi in televisione, i film sono riempiti di prodotti e loghi grazie al PP cinematografico. Nel 1938, il film di successo *It Happened One Night* con Clark

---

[33] http://www.sethgodin.com/permission/
[34] http://www.tivo.com/assets/pdfs/press/earnings_Q208.pdf

Gable (diventato famoso con Casablanca), ha fatto sprofondare le vendite di magliette intime in USA, a causa di una scena in cui il protagonista si toglie la camicia, rimanendo a petto nudo. La visione è rimasta nell'immaginario collettivo dell'epoca come icona della sensualità maschile ed i giovani americani hanno smesso di usare le canottiere, per seguirne il modello. Questo è solo un particolare esempio dell'influenza del cinema sulla moda sociale. Nel campo della televisione, sulla rete NBC il  programma per ragazzi *The Magic Clown*, del 1949, considerava le caramelle Bonomo's Turkish Taffy come parte integrante della trama[35]. È possibile trovare casi di posizionamento pubblicitario per tutta la metà del XX secolo, ma è solamente verso gli anni '80 che le aziende hanno cominciato ad interessarsi seriamente alla tecnica. Due pellicole hanno segnato profondamente la storia del product placement cinematografico: *Lo Squalo* (1975) e *Guerre Stellari* (1977). Oltre che distribuire un gran numero di biglietti, Steven Spielberg e George Lucas hanno scoperto che era possibile guadagnare montagne di soldi vendendo i gadget ed i prodotti utilizzati nei film[36]. Quale fan di Star Wars non vorrebbe possedere una spada laser come quella di Luke Skywalker? Un altro caso illustre è quello di *ET: L'extra terrestre* (1982), in cui dei bambini riescono ad attirare un alieno lasciando a terra una scia di caramelle Reese's Pieces. In quel periodo le vendite dei dolciumi Reese sono aumentate fino all'80%[37]. Gli spettatori sono rimasti affascinati dai personaggi raccontati sul grande schermo: ne hanno assorbito i valori e di conseguenza i prodotti.

Oggi il PP è impiegato nella maggior parte dei film e nelle serie televisive di successo: la strategia può essere considerata "non convenzionale" solamente perchè non è recepita dal pubblico come una pubblicità classica, ma di fatto è una pratica

---

[35]   Quart Alissa. *Generazione ®. I giovani e l'ossessione del marchio.* Sperling & Kupfer, 2003.
[36]   Quart Alissa. *Generazione ®. I giovani e l'ossessione del marchio.* Sperling & Kupfer, 2003
[37]   http://www.brainposse.com/archiveproductplacement.html

molto diffusa. Una ricerca svolta da TNS Media Intelligence sui dati televisivi americani (seconda metà del 2005), mostra che per ogni ora di spettacolo in prima serata, quasi 7 minuti (di media - 11%) includono in qualche modo dei riferimenti ai *brand*. In alcuni *show* importanti, il Product Placement occupa addirittura più tempo rispetto alla pubblicità tradizionale[38].

Product Placement vs. Ad Time (m:s per ora) - Q4 2005		
	Brand Appearances Time	**Ad Messages Time**
Network Prime-Time	4:24	17:35
Prime Reality Shows	*11:05*	*17:04*
Prime Scripted Shows	*3:07*	*17:41*
Late Night	11:06	20:33

Top Shows: Product Placement Vs. Ad Time (m:s per ora) - Q4 2005		
Reality Shows	**Brand Appearances Time**	**Ad Messages Time**
The Apprentice	33:51	16:32
Biggest Loser	23:08	16:14
Amazing Race: Family	19:40	16:14
Fear Factor	17:11	16:46

Top Shows: Product Placement Vs. Ad Time (m:s per ora) - Q4 2005		
Scripted Shows	**Brand Appearances Time**	**Ad Messages Time**
King of Queens	18:13	16:49
NCIS	15:56	15:43
Yes, Dear	10:44	17:02
Half and Half	10:58	17:41
All of Us	8:34	17:17

38
http://publications.mediapost.com/index.cfm?fuseaction=Articles.showArticleHomePage&art_aid=40355

Non esiste ormai una vera peculiarità nella forma del Product Placement: l'attenzione degli spettatori è stimolata piuttosto seguendo le eventuali caratteristiche originali del prodotto inserito o al suo impiego particolare nella trama. Il posizionamento del brand può sembrare accidentale, come mostrare la marca di un pacchetto di patatine appoggiato su un tavolo, ma niente è lasciato al caso. L'impatto del Product Placement è legato proprio al suo ruolo nella storia ed al rapporto che instaura con i personaggi: se l'oggetto pubblicizzato è importante per lo sviluppo del film, allora avrà un fascino maggiore rispetto ad un semplice logo dell'azienda sistemato sullo scenario di fondo. L'utilizzo del prodotto in situazioni realistiche ne può dimostrare la praticità, ma il PP cinematografico / televisivo è più adatto per presentarne le qualità estetiche, poiché gli spettatori non sono in grado di provare materialmente le sue capacità funzionali. I dialoghi possono lodare le caratteristiche del bene di consumo, diffondere opinioni e stili di vita a cui gli spettatori si sentono vicini emotivamente.

Dal punto di vista della verosimiglianza del mondo filmico, l'inserimento di oggetti brandizzati può rendere l'ambiente più realistico. Un caso interessante sulla questione è quello di *Repo Man*, pellicola culto del 1984. I produttori non hanno trovato nessuna azienda interessata a pagare per mostrare i propri prodotti nel film ed hanno quindi deciso di rimuovere ogni logo dal supermercato in cui lavora il protagonista del racconto. Il risultato è una serie di oggetti completamente generici, come "food", "beer" o "corn flakes", che portano all'eccesso l'assenza di ogni brand e rendono le scene decisamente irreali.

L'esempio di *Repo Man*, per quanto esagerato, è significativo: dimostra come il nostro senso di realtà sia diventato ormai ambiguo e non ci è possibile concepire un mondo verosimile senza le marche commerciali. I registi potrebbero inventare dei brand fasulli ed utilizzarli per migliorare l'aspetto scenico, ma perché non sfruttare l'occasione per un ulteriore sostegno economico attraverso il Product Placement? Per questi motivi i responsabili dei film e gli uffici marketing delle aziende, hanno trovato nel PP un'alleanza comune per raggiungere differenti scopi. Da una parte l'ambiente fittizio può ottenere più credibilità e il budget delle riprese ricevere maggiori finanziamenti; dall'altra le imprese dispongono di un mezzo ideale per entrare nel punto d'interesse dei consumatori. A volte i prodotti sono semplicemente dati in prestito per girare la pellicola, senza contrattazioni economiche, eliminando ad esempio le spese per l'affitto di vestiti e macchine, mentre il brand può allo stesso modo comparire nelle inquadrature. Fino al 1988 la Philip Morris ha regalato casse di sigarette agli studios americani, da usare a piacimento in qualsiasi film[39].

Col passare degli anni, il cinema e la TV hanno assorbito i *brand* in quantità sempre maggiore ed è sufficiente citare alcuni esempi per comprenderne la portata. Uno dei personaggi più affezionati al Product Placement è sicuramente James Bond (1963 – 2006): attraverso le sue missioni internazionali, 007 può contare su oggetti iper-tecnologici e veloci automobili, per sopravvivere agli scontri con i suoi nemici. Sarebbe lungo citare ogni prodotto inserito in oltre 40 anni di cinema, ma alcuni loghi hanno segnato l'immaginario della saga, come Aston Martin, BMW, Jaguar, Rolex, Bentley, Omega e Martini (agitato, non mescolato). La serie televisiva *Heroes* (2006), molto seguita fra gli adolescenti, racconta le vicende di un gruppo di ragazzi dotati di super poteri, che fra un volo ed un viaggio nel tempo, riescono ad utilizzare molti prodotti commerciali, marchiati Calvin Klein, Target, Oster, Ford, Samsung, Motorola, Nissan, Nintendo e Sony[40]. Nella *Rivincita delle bionde* (2001) la scena iniziale si apre con un'inquadratura ad una mano che si pettina, con al polso un braccialetto di Tiffany. La macchina da presa scende fino a raggiungere una collana d'argento, sempre di Tiffany[41]. Nel resto del film è possibile vedere numerosi

---

[39] http://money.cnn.com/magazines/fortune/fortune_archive/1998/12/21/252698/index.htm
[40] http://www.evisure.com/Heroes.html
[41] Quart Alissa. *Generazione ®. I giovani e l'ossessione del marchio.* Sperling & Kupfer, 2003

prodotti legati all'immaginario femminile che fa da sfondo alla trama, come Barbie, Cosmopolitan, Evian, Harry Winston, Prada e Vogue, fino a pubblicizzare le università di Harvard e Yale[42]. Il Dr. House, protagonista di una delle serie TV più seguite degli ultimi anni, sembra essere un grande appassionato di tecnologia: fra un paziente e l'altro, trova il tempo per giocare con le *console* portatili di Nintendo (GameBoy e DS) oppure per ascoltare musica sul suo iPod. *The Bourne Ultimatum* (2007) è invece l'ultimo episodio delle avventure dell'agente segreto Jason Bourne, che promuove senza mistero più di 50 aziende, fra cui Apple, Canon, Chrysler, Mercedes, MINI, Motorola, Nokia, Panasonic, Red Bull e Samsung[43]. È facile capire che la tipologia  dei prodotti inseriti con il Product Placement è legata indissolubilmente al genere della pellicola e dalla categoria di pubblico che può attirare. Il rapporto intimo fra oggetto promozionale e scenario cinematografico porta quindi ad un ovvio problema: è difficile riuscire ad inserire un *brand* reale all'interno di un film prettamente fantastico. Osservare i protagonisti del Signore Degli Anelli mentre bevono allegramente una bottiglia di Coca Cola, avrebbe probabilmente uno strano effetto.

Nel mercato della musica, i *brand* possono essere lodati nei testi delle canzoni ed assorbire la stima che gli ascoltatori hanno verso il gruppo di riferimento. Un caso emblematico è quello di Mc Donald, che paga i più famosi rapper americani per incentivare l'utilizzo della parola "Big Mac" come rima nelle loro opere[44]. I personaggi più commerciali non hanno nemmeno bisogno di spinte economiche e cantando spontaneamente il loro stile di vita d'alta classe, diffondo tutti quei prodotti che ne fanno parte, come auto lussuose e piscine. La cantante Lil' Kim è riuscita a

---

[42] http://www.brandchannel.com/brandcameo_films.asp?movie_year=2001#movie_list
[43] http://www.brandchannel.com/brandcameo_films.asp
[44] http://news.bbc.co.uk/2/hi/business/4389751.stm

racchiudere nel testo di un solo brano (*The Jump Off*) i nomi di Bacardi, Barbie, Bulgari, Ferrari, Bentleys, Hummers, Cadillac, Escalade, Jaguar, Timberland, Sprite, Playboy, Range Rover, e Brooklyn Mint[45]. Grazie al successo della canzone *Pass the Courvoisier* del rapper Busta Rhymes, le vendite di questa marca di liquori sono aumentate del 20% per tutto il periodo di presenza in classifica[46]. Il product placement all'interno di un brano è senz'altro limitato dalla mancanza visiva del prodotto (senza contare i videoclip), ma può sfruttare il forte coinvolgimento emotivo che la musica riesce a suscitare. Un'altra caratteristica utile per il contagio è la semplice riproducibilità delle canzoni: sono brevi (della durata media di qualche minuto) e possono essere ripetute più volte rispetto ad un film (che dura in media un paio d'ore) oppure ascoltate in pubblico (ad esempio in macchina), raggiungendo così un maggiore numero di consumatori.

Il Product Placement nei libri segue le stesse modalità della versione cinematografica e televisiva, inserendo i *brand* all'interno della storia e facendoli interagire con i suoi personaggi. L'autore può trascinare i lettori in un mondo parallelo molto personale, in cui assorbire valori e qualità dei prodotti, attraverso le descrizioni e le opinioni dei protagonisti. Come per la musica, la mancanza (con l'eccezione dei libri illustrati) di figure è limitante, ma compensata dall'alto legame emotivo, che unisce il consumatore all'immaginario mentale creato dalla lettura. Uno dei primi esempi di PP librario può essere riconducibile a Jules Verne nel suo famoso libro *Il Giro del mondo in 80 giorni*, del 1873. Le compagnie di viaggio dell'epoca si sono contese il diritto di essere citate come mezzo di trasporto per gli spostamenti dei protagonisti[47]. Nel 2001, la scrittrice Fay Weldon è stata pagata profumatamente per le importanti menzioni della marca di gioielli Bulgari, nel suo libro *The Bulgari Connection*. La Weldon ha spiegato che le basse vendite dei libri costringono gli autori ad utilizzare nuovi sistemi di finanziamento, come il Product Placement, per riuscire a sopravvivere con il proprio lavoro[48]. Quando Bill Fitzhugh ha inserito i nomi dei

---

[45] http://www.brandhype.org/MovieMapper/Resources/ProductPlacementAndTheRealWorld.jsp
[46] http://www.brandhype.org/MovieMapper/Resources/ProductPlacementAndTheRealWorld.jsp
[47] http://www.brainposse.com/archiveproductplacement.html
[48] http://www.publishersweekly.com/article/CA155440.html?pubdate=9%2F10%2F2001&display=archi

liquori Seagrams nel suo romanzo *Cross Dressing*, è stato invece ricompensato semplicemente con alcune casse di alcolici della stessa azienda[49]. Il PP testuale non ha risparmiato nemmeno i libri scolastici. Alcuni editori americani hanno stipulato accordi con marchi del calibro di Coca Cola, Gatorade e Nike, per inserire i *brand* negli esercizi di matematica (ad esempio per calcolare la somma nell'acquisto di scarpe)[50]. La situazione potrebbe sembrare ridicola, ma richiama delicate questioni morali: le invasioni commerciali sfruttano ogni mezzo, anche il più inopportuno, per raggiungere il proprio target.

Rimanendo nel campo della lettura, i fumetti non sono esclusi dal Product Placement, con la possibilità di raffigurare i prodotti attraverso i disegni dell'autore, rimanendo tuttavia limitati dalla staticità delle immagini.
Dall'America al Giappone, il formato cartaceo più seguito dai giovani è un ottimo mezzo per mostrare ogni tipo di *brand* purché sia compatibile con l'ambientazione della storia e gli interessi dei lettori. La serie di manga *Major* racconta le vicende di una squadra di giocatori di baseball, le cui partite hanno appassionato oltre 25 milioni di lettori nella terra del sol levante. Lo scenario agonistico è sembrato l'ideale per promuovere l'azienda di abbigliamento sportivo Mizuno, con cui sono marchiati tutti gli abiti del protagonista[51]. Passando agli USA, nel volume numero nove della serie Marvel Comics *Irredeemable Ant-Man* (2007), un uomo mascherato entra di nascosto a casa dell'eroe, pur di giocare con la console Nintendo Wii. Nel capitolo finale del racconto, il videogioco acquista un maggiore valore simbolico nella trama del fumetto, diventando un pegno d'amicizia fra i due protagonisti[52]. Nike ha invece sponsorizzato la collana *New X-Man*, in cui è possibile vedere alcuni personaggi che indossano magliette con il famoso logo dell'azienda[53]. Rimangono i

---

ve
[49]   http://www.absolutewrite.com/novels/product_placement.htm
[50]   Quart Alissa. *Generazione ®. I giovani e l'ossessione del marchio.* Sperling & Kupfer, 2003
[51]   http://thoughtballoons.blogspot.com/2005/03/manga-publisher-makes-product.html
[52]   http://gamer.blorge.com/2007/09/25/ant-man-likes-the-wii/
[53]   http://online.wsj.com/public/article/SB114532350031828284-2nRn41Kln8fZjCEf0UgX0UlPqy4_20060425.html

problemi per quanto riguarda l'integrità artistica degli autori, che potrebbero perdere la propria libertà creativa sotto le spinte economiche dei *brand*: è importante che il Product Placement non modifichi eccessivamente lo stile di un opera, altrimenti i fans ne verrebbero alienati.

Un'altra questione spinosa è quella dell'inserimento commerciale nei giornali e nei programmi d'informazione. Le modalità di promozione occulta all'interno di servizi e news, sono state ben analizzate nel libro di Giuseppe Altamore, *I padroni delle notizie*, in cui l'autore illustra con numerosi esempi una scena agghiacciante del panorama informativo italiano ed internazionale. È ormai possibile parlare di un vero e proprio "Infovertising", in cui lo scopo dei giornalisti non è più quello di riportare i fatti neutrali al cittadino, ma influenzare il consumatore con articoli pubblicitari. I *brand* possono plagiare abilmente i reporter, offrendo dei lussuosi viaggi per seguire conferenze stampa che lodano le qualità del nuovo prodotto dell'azienda. Un altro metodo coercitivo è quello di tormentare le redazioni con telefonate ed e-mail, per convincere la pubblicazione o la trasmissione di elaborate *reclame*, mascherate da notizie di interesse pubblico; non mancano infine le cosiddette "markette", sottoforma di costosi regali e prove gratuite. Con questi stratagemmi le imprese riescono a creare un potente Product Placement, che si insinua nei tradizionali mezzi di informazione, attraverso articoli positivi verso un determinato bene di consumo oppure con notizie che spingono emotivamente il bisogno di acquisto. I media privati, che sopravvivono grazie al finanziamento dei *brand* con la pubblicità tradizionale, si vedono spesso costretti a seguire queste imposizioni, per la paura di vedere chiuso ogni contratto per inserzioni e spot. Il PP nei sistemi informativi può materializzarsi nelle forme più disparate. I giornalisti della CBS sono apparsi di fronte alle telecamere delle olimpiadi invernali, indossando giacche con il logo Nike[54]. Un servizio su un finto problema amoroso di qualche attrice può essere una buona occasione per parlare del suo ultimo film. È possibile sensibilizzare i consumatori su di un disturbo fisico o influenzale, per incrementare le vendite di un nuovo farmaco. Si scrivono articoli su qualche moda giovanile, per analizzare la bellezza di una collezione d'abbigliamento o lodare la qualità dell'ultimo oggetto tecnologico.

---

[54] Giuseppe Altamore. *I padroni delle notizie, Come la pubblicità occulta uccide l'informazione*. Mondadori 2006

Diffondendo la paura di un'estate torrida, i telegiornali sono in grado di incrementare le vendite di condizionatori.

La pubblicità classica ha perso la sua credibilità ed i destinatari sanno che non è un messaggio neutrale: le agenzie sfruttano quindi il product placement per promuovere i brand con mezzi che dovrebbero essere ancora affidabili. L'intromissione commerciale nei quotidiani, nelle riviste e nei telegiornali è probabilmente l'aspetto più volgare del PP e per quanto possa essere efficace, rimane una scelta molto discutibile. Il pubblico si aspetta di trovare solamente opinioni neutrali, ma è invece riempito di messaggi promozionali. È inutile approfondire ulteriormente i gravi problemi etici di questa soluzione di posizionamento, che tradisce il rapporto di lealtà che dovrebbe esistere tra i mezzi d'informazione ed i loro destinatari. Da un punto di vista più economico, la situazione può essere dannosa per le stesse società coinvolte: se viene scoperto il reale scopo della comunicazione, i consumatori possono rivoltarsi con rabbia e criticare duramente i colpevoli. La redazione giornalistica perde così la sua reputazione e l'azienda non ha più la fiducia dei suoi clienti. Purtroppo la legge in merito al Product Placement nelle notizie non è molto chiara e sembra che queste azioni occulte siano punibili solamente dopo una segnalazione di terzi[55]. Non è quindi semplice regolare gli abusi nel sistema informativo, anche a causa dell'ingenuità del pubblico, che si lascia spesso ingannare senza capire i reali motivi pubblicitari.

Uno degli ultimi esempi di finta informazione, è quello relativo all'uscita della nuova Fiat 500, trattata da giornali e tv nazionali come un grande evento sociale, quando non è stato altro che un triste caso di promozione, per esaltare il mero lancio di un'automobile. Perché dedicare interi servizi ed articoli all'uscita di un prodotto commerciale? Grazie alla forte influenza economica sui media, Fiat ha potuto plagiare il mercato dell'informazione, per un fastoso Product News Placement. I maggiori telegiornali e quotidiani hanno parlato molto positivamente della nuova 500, con la scusa d'immotivate analisi sull'impatto sociale della macchina e nostalgiche rievocazioni storiche per celebrarne l'ultima uscita. È sufficiente segnalare alcuni fra i tanti esempi rinvenuti in campo editoriale, per capirne le modalità sfacciatamente pubblicitarie.

---

[55] Giuseppe Altamore. I padroni delle notizie, Come la pubblicità occulta uccide l'informazione. Mondatori 2006

Il *Dossier Più* della *Stampa*, dedicato ai motori, presenta il nuovo prodotto Fiat come "[…] la novità dell'anno, il fenomeno che allaccia un passato glorioso con un futuro eccitante […]", continuando con un elenco delle emozioni provate alla sua guida: "[…] ti senti giovane, trendy su questa nuova 500 […]", senza dimenticare i complimenti estetici: "[…] un senso di freschezza e di luminosità, una plancia ergonomia e dal disegno piacevolissimo". Il giornalista termina poi la sua analisi: "il risultato? Una personalità scattante, l'ideale per muoversi agevolmente nel traffico urbano e una riserva di potenza sempre disponibile"[56]. Gli articoli elogiativi sugli inserti dedicati all'automobilismo possono avere un certo senso, molto più sfrontati sono invece le notizie riportate su periodici come *Famiglia Cristiana*, che esibisce la Nuova 500 con un sospetto approfondimento di 5 pagine, intitolato "La rinascita di un sogno". Secondo il redattore, l'ultima nata in casa Fiat sarebbe "Pulita, Compatta, Sicura. E dotata del meglio di tutto" ed inoltre "piena di sorprese, dettagli da atelier, cura maniacale nella ricerca dei materiali, dispositivi all'avanguardia, piacevoli sensazioni tattili, musica anche digitale, qualità dell'assemblaggio […]"[57]. Perfetti slogan che sembrano usciti da una classica campagna pubblicitaria. Passando alla rivista *Mondo Salute*, la Nuova 500 è descritta con "tecnologia, sicurezza, comfort, come una vettura di altra cilindrata e categoria" perdendosi poi in ricordi malinconici sul mito della Vecchia 500, che regalava "non solo un segno di acquisita libertà di movimento, anche la dimostrazione di aver salito un gradino nel proprio senso della vita". Una macchina filosofica insomma. Rimane poi la conclusione nostalgica "per averci rimandato indietro con gli anni, diciamo grazie, Nuova 500"[58]. *Sorrisi e Canzoni* pubblica invece un altro Product Placement Fiat, ricordando l'uscita della nuova auto "[…] più lunga e molto più confortevole: è una piccola di lusso con una sventagliata di allestimenti e massimi standard […]" ed affermando che "[…] appena rinata è già un mito […]". Non poteva mancare la suggestiva lista di personaggi famosi, che hanno guidato negli anni il modello originale della 500. Passando ai quotidiani, la *Provincia di Como* proclama la "febbre da 500, la nuova – piccola - auto di casa fiat sta contagiando gli italiani", confermando che "è un'auto vera da terzo millennio. È 5 stelle nei test di sicurezza ed emissioni inquinanti […] ai minimi

---

[56] La Stampa Dossier Più. Motori On The Road (2007)
[57] Famiglia Cristiana. (n.28/2007) pagina 38
[58] Mondo Salute. (n.4/2007) pagina 50

della categoria", senza dimenticare le solite reminiscenze storiche[59]. Mentre Fiat produce la nuova linea 500 in qualche economico stabilimento in Polonia, è difficile che il consumatore non rimanga interessato al prodotto, lodato da servizi giornalistici tanto "approfonditi" ed "imparziali".

Tenendo conto di tutte le problematiche morali, il Product Passive Entertainment Placement rimane un sistema di marketing alternativo molto efficace, che necessita tuttavia di incerte spese economiche. Per collocare i *brand* all'interno di forme d'intrattenimento ed informazione, è spesso necessario un pagamento ai creatori di tali contenuti, stabilito in base alla qualità ed alla quantità dei consumatori raggiunti. Un film famoso o un telegiornale importante possono vantare un pubblico molto vasto, ma sono probabilmente molto costosi da contagiare. Un giornale specialistico o un gruppo musicale di nicchia non hanno la stessa diffusione di massa, ma sono forse più importanti per influenzare i veri esperti di mercato e gli innovatori di quel genere.

Analizzerò più a fondo un esempio interessante di Product Placement cinematografico, attraverso il caso di Vans con il film Dogtown & The Z-Boys.

4.1.1 Dogtown & The Z-Boys

Descrizione: Sulla costa di mare a Santa Monica, in California, è possibile trovare ancora oggi i resti del "Pacific Ocean Park", un parco dei divertimenti abbandonato, costruito nel 1958 e chiuso nel 1967 a causa di problemi finanziari. La zona è stata soprannominata "Dogtown" dagli abitanti, ma lo stato pericolante degli edifici affacciati sul mare non spaventa i numerosi gruppi di ragazzi, che si divertono a fare Surf in mezzo alle rovine. Negli anni '70, il territorio nei pressi di Dogtown è stato segnato in modo particolare dalle gesta di alcuni giovani surfisti conosciuti con il nome di Zephyr-Boys, che hanno trasferito la loro abilità sullo skateboard, finendo per rivoluzionare la storia di questo "sport" di strada. Nel 2001 è uscito un documentario, *Dogtown & The Z-Boys*, che narra la storia leggendaria del gruppo di skaters di Santa Monica. Il film è stato finanziato ufficialmente da Vans, celebre

---

[59] La provincia di Como. (4 luglio 2007) pagina 7

azienda californiana di abbigliamento alternativo, sviluppando una particolare modalità di Product Placement cinematografico.

Peculiarità: Stacy Peralta, l'autore di *Dogtown & Z-Boys*, è stato uno dei membri dell'originale team Zephyr, che ha poi intrapreso la carriera di regista. I documentari sono un genere cinematografico spesso difficile da finanziare e distribuire, ma Peralta ha potuto contare sul pieno appoggio economico di Vans, a sostegno di tutte le ricerche storiche necessarie alla creazione della pellicola.

D&Z-B è stato realizzato attraverso un lungo recupero di vecchi filmati e foto amatoriali con le evoluzioni degli Z-Boys, rintracciando i protagonisti e gli amici che hanno partecipato alla vita di Dogtown negli anni '70. In quel periodo la scelta in fatto di scarpe da skater non era molto ampia ed i ragazzi del Team Zephyr indossavano un paio di Vans per eseguire le loro esibizioni. L'azienda californiana è stata fra le prime ad occuparsi di calzature per il mercato alternativo: grazie al supporto verso i gruppi di skaters ed alla suola ruvida che permette un buon attrito sulla tavola, il *brand* ha facilmente raggiunto anche gli Z-Boys. Il Product Placement di Vans è quindi stato peculiare: invece di pagare il regista per inserire il prodotto in un nuovo film, ha semplicemente finanziato la ricerca di materiale storico sugli Z-Boys, in cui erano già presenti le sue scarpe. Non sono mancati i dubbi sulla correttezza di un documentario sostenuto da una multinazionale, con accuse di voler trasformare la storia del team Zephyr in un bieco fenomeno commerciale, ma Peralta sembra riuscito a rimanere relativamente autonomo nella scelta dei contenuti[60].

Per attirare l'attenzione del pubblico, l'argomento del film è stato ben scelto: sono molti i video esistenti che mostrano evoluzioni e storie di skaters, ma nessuno aveva ancora girato un documentario così approfondito sulla vita degli Z-Boys. Il gruppo

---

[60] http://www.angelfire.com/ca/alva2/ventura.html

Zephyr è stato un vero innovatore dello skate, sviluppando uno stile originale e rivelando un nuovo modo di concepire questo sport. Il documentario ha quindi incuriosito gli spettatori, promettendo una storia speciale ed offrendo una collezione di filmati straordinari, sulla nascita e le prodezze dei padri dello skateboard moderno.

Punto d'interesse: *Dogtown and the Z-Boys* ha saputo trasportare gli spettatori nella sottocultura di Santa Monica degli anni '70, attraverso video d'epoca ed interviste ai membri del team, oggi adulti. Il target dei prodotti Vans sono i ragazzi che si vestono con abiti e scarpe da skaters, uno stile che è stato influenzato dalla *street culture*, per poi essere diffuso ad un mercato molto più ampio. Non tutti i clienti dell'azienda praticano personalmente lo skateboard, ma sono comunque affascinati dalle espressioni di questo sport urbano, che suggerisce la loro linea di abbigliamento e ne veicola l'ideologia alternativa. L'argomento del film riesce quindi a colpire il punto d'interesse dei potenziali consumatori, offrendo dei contenuti compatibili con la loro stessa filosofia di vita.

Grazie al Product Placement, Vans è stata inserita efficacemente nell'intrattenimento del suo target, un pubblico che guarda con rispetto le evoluzioni degli Z-Boys, ammirandone le scarpe. Il documentario racconta in modo appassionante le vicende del gruppo e durante il ricordo dell'importante competizione sportiva del 1975 (una delle scene *clou* della storia), uno dei protagonisti spiega come l'uniforme del Team Zephyr era composta semplicemente da «una maglietta, jeans strappati ed un paio di Vans blu scuro[61]». Il prodotto del *brand* acquista un grande valore emotivo: gli Z-Boys erano in competizione con avversari molto più organizzati e finanziati, ma avevano a disposizione il proprio talento straordinario e le scarpe Vans. Il prodotto

---

[61] Stacy Peralta. Dogtown And Z-Boys. Film documentario, 2001.

diventa parte fondamentale della trama ed in questo modo è messa in evidenza la presenza storica di Vans nella cultura e nello stile degli skaters.

Passaparola: *Dogtown & The Z-Boys* è un documentario talmente specifico da raggiungere una precisa nicchia di spettatori, quella degli esperti del mercato alternativo, che seguono da vicino lo skateboard ed i suoi personaggi. Soltanto i veri appassionati conoscono Dogtown e la scena underground sviluppata a Santa Monica negli anni '70, ed hanno assimilato con attenzione i contenuti della pellicola. Il lavoro di Stacy Peralta non è un film di massa, ma il suo valore è dato proprio dalla capacità di contagiare le giuste persone, in grado di sviluppare un forte passaparola grazie alla loro influenza nella rete sociale. Con il proprio particolare modo di vestire, i gruppi di skaters hanno diffuso la moda alternativa ripresa dall'abbigliamento Vans e sono quindi molto importanti per mantenere il valore stilistico dei prodotti dell'azienda. Soltanto riuscendo a contagiare questi innovatori è possibile convincere il resto del mercato, che è influenzato dalle loro scelte in fatto di vestiti. Il target delle scarpe Vans non è facilmente raggiungibile attraverso i tradizionali mezzi di promozione, a causa della mentalità "ribelle" che rigetta le classiche propagande commerciali ed istituzionali. Finanziando un documentario su un argomento compatibile agli interessi degli skaters, il Brand ha potuto raggiungere quella fascia di consumatori in modo leale, stimolando il passaparola tra i fanatici della tavola a 4 ruote. Nei video dell'epoca gli Z-Boys indossavano realmente le scarpe Vans e gli esperti di mercato, raccolta questa informazione, l'hanno ritrasmessa agli amici, parlando dei contenuti del film. Il passaparola è stato stimolato per qualità estetiche / emotive (fascino e talento del gruppo Zephyr), per condivisione dei contenuti (stesso amore per lo skateboard) e per curiosità (riferire agli amici l'abbigliamento degli Z-Boys).

Senza imporre modifiche ai filmati originali, è stato sviluppato un curioso Product Placement storico, completamente neutrale, che si fonde spontaneamente con lo stile di Dogtown. Gli spettatori non hanno motivo per criticare questa modalità di marketing non convenzionale, poiché non tenta di imporre un messaggio pubblicitario o di ritoccare la storia degli Z-Boys, ma mostra semplicemente la verità dei fatti.

Praticità: La cultura degli skaters è strettamente legata all'abbigliamento e questi prodotti hanno una praticità principalmente estetica, facilmente dimostrabile attraverso un documentario come *Dogtown and Z-Boys*. Il Product Placement è messo in primo piano, grazie alle inquadrature delle evoluzioni, che riprendono da vicino la tavola sui cui poggiano i piedi e di conseguenza le scarpe dell'azienda. L'attrazione principale di un film sullo skate è lo skateboard stesso e l'occhio dello spettatore è sempre puntato in quella zona, per non perdere nessun particolare: compresa la caratteristica sagoma delle Vans. Il brand dimostra le sue qualità estetiche e l'utilizzo del prodotto da parte degli stessi Z-Boys ne conferma la validità della suola, in funzione dell'aderenza sulla tavola. L'unico problema del Product Placement storico impiegato in Dogtown, è la mancanza di un'esibizione dell'attuale linea di calzature in commercio. Vans continua a distribuire scarpe con il design originale usato negli anni '70, ma nel tempo la sua produzione si è differenziata, con una maggiore selezione di forme e colori più moderni. Il documentario permette una comunicazione sincera del *brand*, ma fallisce nel dimostrare la vasta scelta di prodotti disponibili oggi ai consumatori.

4.2 Product Interactive Entertainment Placement

Oltre ai tipici media passivi, in cui il pubblico assorbe mentalmente gli argomenti senza un'interazione pratica, esiste una seconda forma d'intrattenimento, che può essere definita come "Interactive Entertainment". L'IE permette alle persone di intervenire attivamente nello sviluppo dei contenuti, partecipando personalmente alla storia o modificando lo svolgimento del racconto. Per un certo senso il teatro potrebbe essere considerato una comunicazione interattiva, nelle occasioni in cui gli attori coinvolgono gli spettatori nella rappresentazione, rompendo il quarto muro del palcoscenico e concedendo un rapporto dinamico fra emittente e destinatario. Il Product Placement nell'ambiente teatrale è tuttavia complesso da classificare e può essere giudicato piuttosto come una forma peculiare di Guerrilla Ambient, per la sua materializzazione concreta in un preciso luogo e tempo. Un Alternative Reality Game è per definizione un sistema di racconto interattivo, ma la sua stessa esistenza è legata alla cooperazione dei giocatori attraverso il passaparola ed è quindi più corretto catalogarlo come Marketing Virale. Per semplificare la questione, in questo capitolo il termine Interactive Entertainment sarà quindi impiegato esclusivamente per indicare quelle forme di intrattenimento interattivo che sono diffuse attraverso un supporto digitale: i videogiochi.

Grazie all'evoluzione tecnologica, il consumatore ha potuto ottenere un ruolo da protagonista all'interno del suo punto d'interesse, sviluppando un rapporto pratico con il mondo virtuale. In un videogioco l'utente può interagire personalmente con i personaggi del racconto, scegliere quali oggetti utilizzare, esplorare a piacimento il paesaggio e modificare lo svolgimento dell'azione con le proprie decisioni. Il Product Interactive Entertainment Placement inserisce quindi il *brand* all'interno di un videogame, permettendo una relazione più coinvolgente e profonda fra il pubblico ed il prodotto pubblicizzato. Al contrario dei film o dei libri, l'intrattenimento videoludico ha bisogno di una maggiore attenzione e partecipazione per essere portato a termine: attraverso una serie di compiti da svolgere (vincere una gara, trovare un oggetto, sconfiggere un nemico, decifrare un enigma…), il giocatore deve impegnarsi attivamente per risolvere la richiesta e proseguire nei contenuti. In questi casi il livello di concentrazione è molto più intenso rispetto ai media tradizionali e di conseguenza nasce un forte interesse verso l'eventuale oggetto commerciale posizionato. Per comprendere le potenzialità dei mezzi videoludici, è utile tenere in considerazione anche il tempo impiegato dall'utente nel completare un videogame. Solitamente un gioco virtuale dura dalle 10 alle 20 ore, ma alcuni giochi di ruolo possono arrivare anche a 200 o 300 ore, mentre i titoli con multiplayer online sono in grado di intrattenere gli appassionati per migliaia di ore. Confrontando questi dati con la durata di un film (circa 120 minuti), è facile capire che il Product Interactive Entertainment Placement può contare su un maggiore periodo di esibizione del prodotto, sommato alla elevata considerazione dei destinatari.

L'intrattenimento videoludico è oggi una delle più importanti forme di svago per la fascia di mercato giovanile, che si allontana dai media tradizionali per passare il proprio tempo libero nei mondi virtuali. Analizzando le statistiche di una ricerca Americana del 2003, si scopre che un gruppo di consumatori in particolare, quello dai 18 ai 34 anni, mostra un impressionante declino nell'interesse del mezzo televisivo, sceso del 10% rispetto al 2002[62]. I dati segnalano che i programmi TV dedicati ai ragazzi (sport, telefilm) non attirano più la stessa attenzione degli anni precedenti. Il pubblico non è sparito nel nulla: la televisione rimane accesa nelle case americane, ma invece di trasmettere il palinsesto *broadcasting*, diffonde le immagini digitali di qualche videogame. Nel 2004, uno studio eseguito dalla Michigan State University, rivela che in USA i ragazzi dai 18 ai 24 anni, giocano per almeno 12 ore alla settimana con un videogame, ma guardano la TV soltanto per 10 ore[63]. Dati più recenti raccolti da Nielsen nel 2006, dichiarano l'esistenza di oltre 148 milioni di

---

[62] http://www.marketleap.com/report/ml_report_48.htm
[63] http://www.jr-sr.com/in-game-advertising/ten-most-surprising-facts-about-the-video-game-industry.html

videogiocatori americani, vale a dire più della metà (52,4%) dei possessori di un apparecchio televisivo. Nello specifico, i due terzi della popolazione maschile fra i 18 ed i 34 anni e l'80% dei giovani dai 12 ai 17 anni, hanno a disposizione una console nelle loro case[64].

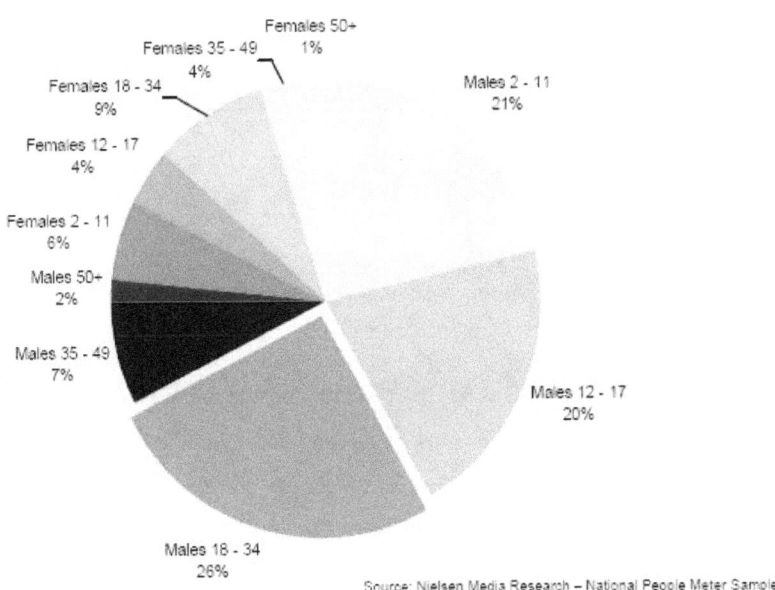

Fig. 3 Average Video Game Console Audience Composition Q4 2006

Source: Nielsen Media Research – National People Meter Sample

Osservando il grafico in Fig. 3, si può notare che il pubblico dei prodotti videoludici è in prevalenza di genere maschile e comprende principalmente i bambini (21%), i ragazzi (20%) e gli uomini (26%) dai 2 ai 34 anni. Il distacco dall'utenza femminile è evidente, ma il Media Interattivo non manca di coinvolgere un buon numero di ragazze dai 2 ai 34 anni (19%) e riesce a raggiungere anche le persone più anziane (14%)[65]. Il marketing non convenzionale deve tenere conto di queste statistiche generazionali, per riuscire ad effettuare un Product Placement efficace.

---

[64] http://www.nielsenmedia.com/nc/nmr_static/docs/Nielsen_Report_State_Console_03507.pdf
[65] http://www.nielsenmedia.com/nc/nmr_static/docs/Nielsen_Report_State_Console_03507.pdf

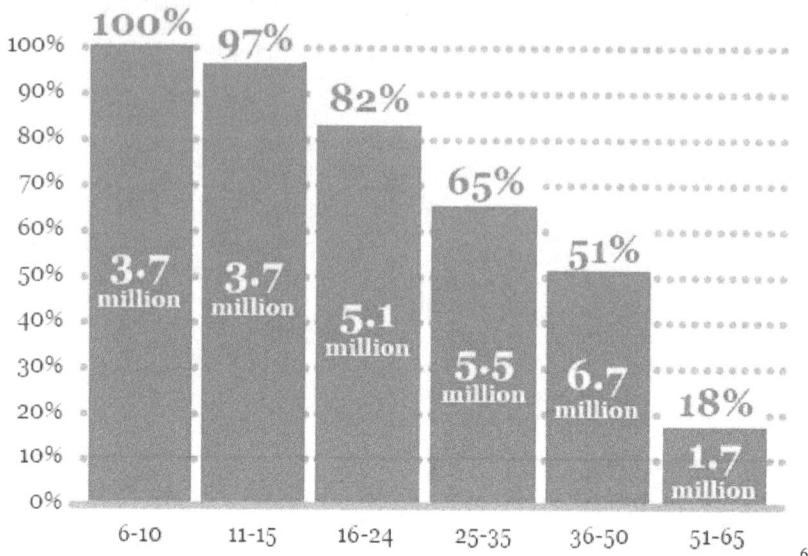

Secondo una ricerca di mercato del 2005 fatta dalla BBC[67], sono stati stimati oltre 26 milioni di videogiocatori nella sola Inghilterra, su di una popolazione di 60 milioni[68]. Per i più giovani è molto comune passare il tempo con i videogames, tanto che la quasi totalità dei bambini inglesi dai 6 ai 15 anni giocano regolarmente con una console. Le statistiche non sono meno impressionanti per le fasce d'età dai 16 ai 50 anni, dove l'82%, il 65% ed il 51% della popolazione sono raggiunte da una qualche forma di Interactive Entertainment. Per l'Italia, i dati del 2007 parlano della presenza di videogiochi in una famiglia su tre, con un aumento del 6% dall'anno precedente[69]. Pur non arrivando ai livelli inglesi ed americani, anche il Bel Paese è stato ormai conquistato dall'intrattenimento digitale. Le forme di IE sono diventate una presenza abituale nelle famiglie di tutto il mondo ed il Product Placement dispone così di un enorme pubblico da contagiare, in cui è facile individuare i personaggi dalle maggiori capacità virali.

---

[66] http//open.bbc.co.uk/newmediaresearch/files/BBC_UK_Games_Research_2005.pdf
[67] BBC New Media & Technology: Creative Research & Development, December 2005.
[68] http://www.statistics.gov.uk/CCI/nugget.asp?ID=6
[69] http://www.smaunews.it/01NET/HP/0,1254,14_ART_82426,00.html?lw=2002;1

I videogiocatori possono essere suddivisi in 2 categorie fondamentali, quella dei *Casual Gamers* (i giocatori più occasionali) e quella degli *Hardcore Gamers* (i veri fanatici videoludici). Entrambe le categorie hanno caratteristiche e gusti ben distinti ed è necessario tenere conto di queste differenze per decidere in quale gioco sia meglio posizionare il *brand*. I *Casual Gamers* sono il pubblico più vasto, composto da persone senza una profonda cultura videoludica, che comprano soltanto i games più famosi, in base ai consigli del momento o all'aspetto della copertina. Gli *Hardcore Gamers* sono invece una minima parte del mercato, ma possiedono una grande esperienza in materia, informandosi online sulle ultime novità ed apprezzando anche i titoli più di nicchia. Videogames di successo come Pokèmon, The Sims, Pro Evolution Soccer, Gran Thef Auto, Zelda, Super Mario ed Halo, hanno venduto milioni di copie in tutto il mondo e continuano ad essere molto importanti se si vuole raggiungere un vasto pubblico, poiché la maggior parte dei giocatori ne apprezza i contenuti, grazie alla qualità ed alla fama dei precedenti capitoli. Allo stesso tempo i titoli poco diffusi ma peculiari, come Chibi Robo, Katamari Damacy, Psychonauts, Zack & Wiki, Rez o Cubivore, possono attirare più facilmente l'attenzione degli innovatori e degli esperti di mercato. Tenendo conto di questi aspetti, è interessante notare che esiste un rapporto biunivoco fra l'interesse videoludico e la spesa generale dei consumatori. Uno studio del 2006 svolto dallo Ziff Davis Game Group, ha rivelato che i giocatori più appassionati, quelli che comprano almeno 8 videogames l'anno e passano oltre 10 ore alla settimana con l'intrattenimento digitale, sono anche fra i maggiori fruitori di prodotti commerciali. I dati riferiscono che questo gruppo ha speso una media di 710$ in vestiti e 116$ in DVD nel periodo di riferimento, contro i soli 375$ (in vestiti) e 64$ (in DVD) dei *Casual Gamers*. Lo stesso rapporto è riscontrabile per il consumo di scarpe, prodotti elettronici e CD musicali[70]. Gli *Hardcore Gamers* più fanatici sono soltanto il 2% dell'intero mercato videoludico, ma dispongono di grandi capacità economiche. Questa fascia di videogiocatori possiede quasi 5 console a testa, gioca almeno 40 ore alla settimana e può comprare anche 4 giochi ogni mese[71]. La comunità degli HG è composta da veri entusiasti

---

[70] http://gamegroup.ziffdavis.com/
[71] http://www.gamespot.com/news/6173525.html?action=convert&om_clk=latestnews&tag=latestnews;title;1

della tecnologia: oltre l'80% utilizza un cellulare, lettori DVD e computer, mentre più del 50% ha a disposizione una macchina fotografica digitale, lettori Mp3, prodotti WiFi e PC di ultima generazione[72]. Il Product Placement all'interno degli Interactive Entertainment dispone quindi di un pubblico molto vasto, in cui è facile individuare innovatori, esperti di mercato e persone inclini al consumo.

Le modalità più semplici di posizionamento del *brand* sono simili a quelle utilizzate nel Passive Entertainment, ma grazie alla tecnologia interattiva i videogiochi possono raggiungere un maggiore coinvolgimento da parte dell'utente. Ogni mondo virtuale ha precise regole ed ambientazioni: come per libri e film, gli IE possono essere suddivisi in differenti generi secondo l'atmosfera e le emozioni offerte (horror, azione, sport…), ma esiste anche un successivo livello di classificazione, che ordina le situazioni in base alle azioni richieste (formulare una strategia, sparare ai nemici, risolvere un enigma, vincere una gara…). In questo modo è possibile analizzare la giusta combinazione fra argomento e procedimenti videoludici, per individuare quella che più si adatta a dimostrare le qualità commerciali del *brand*. Il prodotto inserito può avere un ruolo più o meno importante per lo svolgimento del videogame, determinandone la visibilità e l'attenzione da parte del consumatore. Partecipando ad un media interattivo, il Product Placement non deve assolutamente rallentare o interrompere l'azione digitale, per non infastidire il proseguimento del giocatore nel suo punto d'interesse. È possibile individuare due forme principali di PP negli Interactive Entertainment, catalogati come Estetici ed Integrati.

Il posizionamento Estetico è un semplice inserimento passivo all'interno del mondo virtuale: può ricreare digitalmente delle immagini pubblicitarie sulle strutture poligonali del videogioco, ad esempio con dei cartelloni promozionali (esattamente come avviene nella realtà). Il messaggio è quindi introdotto come sfondo all'azione principale, nello scenario o sulle superfici in cui si muovono i personaggi, senza la possibilità di un'interazione pratica.

---

[72] http://www.marketingcharts.com/direct/ziffdavis-gamers-influence-general-product-purchases-2485

Il giocatore, calato nella realtà videoludica, può osservare a piacimento l'ambiente circostante, analizzando le immagini pubblicitarie per relazionarle allo scopo del game. Nei videogiochi il consumatore sviluppa un rapporto profondo con lo scenario in cui deve muovere il suo avatar virtuale (che può essere un personaggio, una macchina, un aereo...), poiché la cognizione dell'ambiente è necessaria per proseguire nell'intrattenimento. Ad esempio, in un gioco di esplorazione l'utente deve imparare a conoscere la mappa del territorio per scoprire nuove aree nascoste, mentre in una gara di automobili è importante imparare la conformazione della pista, per battere i propri avversari. Nelle pellicole cinematografiche, la scenografia è soltanto il palcoscenico in cui si muovono gli attori e gli spettatori non hanno bisogno di conoscerla a fondo per continuare la visione del film. Per questo motivo anche dei semplici cartelloni pubblicitari, considerati la forma più banale del marketing classico, possono ricevere una maggiore attenzione all'interno di un videogame. Ovviamente l'impatto visivo è rapportato alla superficie scelta per l'inserimento promozionale: più l'area è importante per l'avanzamento, maggiore sarà l'interesse del giocatore per ogni messaggio collocato in quella posizione. È possibile disporre un Product Placement Estetico nelle aree esterne dei giochi sportivi (esattamente come nella realtà), ma se l'azione vera e propria si volge all'interno del campo, il contorno avrà meno rilievo. Un esempio di questo genere è la serie *FIFA International Soccer*, che contiene messaggi pubblicitari a bordo dello stadio fin dalla versione del 1994. Anche i giochi di skateboard di Tony Hawks presentano uno scenario brandizzato, con i loghi di Quicksilver, Nokia, Etnies ed altre aziende d'abbigliamento alternativo. In questo caso il product placement è posizionato nella zona di gioco e l'utente può compiere straordinarie evoluzioni con la tavola, utilizzando i cartelloni promozionali come rampa per i salti. È importante tenere conto dell'ambientazione del gioco per un corretto posizionamento dei messaggi, in modo che siano inerenti allo scenario del mondo virtuale. Il gioco di guerra *Battlefield 2142* è ambientato in un futuro prossimo, in cui soldati ed alieni si combattono con astronavi ed armi iper-tecnologiche. In questo clima avveniristico di conflitto, i gamers sono rimasti infastiditi dal notare sgargianti cartelloni per pubblicizzare la contemporanea Pepsi, che hanno rovinato la verosimiglianza dell'avventura.

Situazioni di questo genere possono oggi essere facilmente risolte grazie alle capacità di collegamento online. I videogiochi moderni sono programmati in modo da permettere un aggiornamento dinamico del software attraverso internet. Le immagini di Product Placement Estetico possono essere agevolmente modificate in ogni momento, per eliminare una rappresentazione non apprezzata o aggiornare le superfici per promozioni periodiche, seguendo eventuali avvenimenti in tempo reale (l'uscita di un nuovo film, pubblicità natalizie e così via). Un esempio di PPE dinamico è presente nel gioco *Swat 4*, che pubblicizza regolarmente (con manifesti sui muri) gli ultimi show televisivi americani. È ironico pensare che il piccolo schermo deve ormai affidarsi ai videogames, per invitare il pubblico a seguire i suoi programmi. Altri esempi di posizionamento estetico con  modalità di modifica online includono *Madden 08, NASCAR 08, NHL 08, Tiger Woods PGA TOUR 08, Crackdown e Skate*. Questa forma di Product Interactive Entertainment Placement non è certo una soluzione peculiare, ma riprende generalmente la classica cartellonistica del mondo reale per riproporla nel virtuale. Rimane tuttavia la modalità più semplice da realizzare e grazie alla sua linearità espressiva (si tratta principalmente di immagini digitali) è facilmente modificabile nel tempo, attraverso gli aggiornamenti dinamici.

Il PP Integrato sfrutta più a fondo il coinvolgimento pratico di un videogame, conferendo al *brand* un ruolo attivo nell'azione. La pubblicità è introdotta con riproduzioni digitali dei prodotti, che diventano oggetti virtuali, utilizzabili a piacimento dal giocatore. Si può ad esempio rendere disponibili delle vere macchine da guidare nelle gare, impiegare del cibo brandizzato da raccogliere per recuperare l'energia, fare scegliere una nuova linea di abiti con cui vestire i personaggi del gioco o fornire articoli tecnologici da utilizzare per risolvere gli enigmi richiesti. La soluzione Interattiva regala all'utente una prova delle caratteristiche del prodotto, il più delle volte estetiche, ma non sono da escludere alcune dimostrazioni funzionali. Lo sviluppo tecnologico delle console di ultima generazione (XBOX 360, PS3 e Wii), permette una riproduzione dei prodotti con grafica sempre più realistica, ideale per esibire l'aspetto di un paio di scarpe o il design di un cellulare. Nel videogame *Tom Clancy's Splinter Cell: Pandora Tomorrow*, il giocatore veste i panni di un agente segreto internazionale, impegnato a sventare una serie di attentati terroristici. Per completare le missioni è necessario scattare delle foto con un telefono portatile Sony Ericsson che include una fotocamera integrata, una fedele imitazione del prodotto disponibile nei negozi. Lo stesso oggetto è impiegato per chiamare gli altri personaggi del gioco: in questo modo il consumatore interagisce attivamente con il cellulare dell'azienda. Il prodotto è integrato efficacemente con le azioni richieste nel mondo virtuale, grazie alle sue proprietà reali.

Il posizionamento di automobili reali all'interno di un videogame è una delle forme più comuni di promozione Integrata. Un tempo, gli sviluppatori di software erano costretti a pagare le case automobilistiche, per ottenere i diritti d'utilizzo del design originale, in modo da costruire dei modelli virtuali delle macchine. La rapida ascesa dell'industria videoludica e le possibilità pubblicitarie offerte dal Product Placement, hanno però ribaltato la situazione negli ultimi anni. Le ricerche hanno evidenziato che la scelta di auto in un videogioco ha una forte influenza sulle preferenze dei ragazzi e le case automobilistiche hanno cominciato a pagare per inserire i propri *brand* all'interno del formato digitale. Gli appassionati si divertono a guidare le auto virtuali, osservandone personalmente le qualità estetiche e sviluppando un legame emotivo con il modello che gli permette di vincere le gare digitali. *Gran Turismo*, gioco di corse sviluppato da Sony, è probabilmente la serie di *racing games* più importante nella categoria (oltre 47 milioni di copie vendute[73]) ed il PP nei vari capitoli è diventato molto proficuo. Un esempio caratteristico è l'esclusiva presentazione della BMW ZX5, utilizzabile nel videogioco prima ancora dell'uscita ufficiale sul mercato reale[74]. Mc Donald ha invece stipulato un contratto con gli autori del gioco *The Sims* (serie da 90 milioni di copie vendute[75]), in cui è necessario accudire dei personaggi: quando hanno fame, il giocatore gli può offrire del cibo attraverso i punti vendita Mc Donald, presenti nel mondo virtuale[76]. In *Skate*, i consumatori possono realizzare spettacolari evoluzioni sulla tavola da skateboard e vestire il proprio personaggio con un paio di scarpe Nike.

La situazione si ripropone nel titolo *NBA 2K6*, simulazione sportiva di basket, in cui i giocatori indossano le calzature del famoso brand americano[77]. Anche nei videogiochi più fantasiosi è possibile attuare un piacevole Product Placement Integrato, come nel caso di *Worms 3D*, titolo in cui delle improbabili squadre di vermi si combattono con le armi più bizzarre. Fra gli oggetti disponibili è stata inserita una lattina di Red Bull (una vera bibita energetica), che bevuta dai bruchi permette di ottenere maggiore velocità ed un'agilità superiore alla norma. Il coinvolgimento di un videogame può anche comunicare in modo peculiare i

benefici di una certa azione, realizzabile effettivamente nel mondo reale. Nel webgame online *Whyville*, gli utenti possono chattare fra loro e partecipare ad una

---

[73] http://www.scee.presscentre.com/content/Detail.asp?ReleaseID=4334&NewsAreaID=2
[74] http://www.jr-sr.com/in-game-advertising/case-studies.html
[75] http://planetthesims.gamespy.com/View.php?view=PressReleases.Detail&game=8&id=77
[76] http://www.boingboing.net/2002/09/18/product-placement-co.html
[77] http://images.businessweek.com/ss/06/01/ingame_ads/source/4.htm

serie di situazioni educative. Per dimostrare l'importanza del vaccino anti-influenzale, i personaggi virtuali sono stati infettati da uno strano virus, che ha cambiato alcune delle parole scritte nella chat, con degli starnuti (achoo!). I giocatori hanno presto imparato che il proprio avatar può proteggersi dalla malattia, attraverso un vaccino digitale reso disponibile nel videogame. L'aggiornamento dinamico del PP Integrato è più difficile da realizzare rispetto alla forma Estetica, poiché i prodotti pubblicizzati sono modelli (poligonali o bidimensionali) inseriti attivamente nel sistema videoludico. Una soluzione attuabile per permettere il rinnovo promozionale, è quella di rendere disponibili degli aggiornamenti del software con nuovi oggetti brandizzati (ad esempio nuove auto, items o personaggi), che il giocatore può scaricare sulla propria console attraverso la rete internet.

Nel corso degli anni sono stati sviluppati esempi originali di Product Placement Integrato, capaci di attirare efficacemente l'attenzione sul prodotto, ma rimane tuttavia difficile riuscire ad esprimere una vera praticità materiale. Gli oggetti che sono acquistati per motivi estetici, possono facilmente presentarsi al pubblico grazie alle riproduzioni grafiche sempre più realistiche: i consumatori sono in grado di osservare il prodotto da più angolazioni, apprezzarne il design, interagire con i suoi aspetti e provarlo attivamente sui personaggi del videogame. Le dimostrazioni delle capacità funzionali (efficienza dell'auto, comodità delle scarpe, effetti e gusto della bevanda…) rimangono però fittizie, semplici impieghi virtuali di caratteristiche impossibili da accertare senza un esame dell'oggetto reale. Il Product Placement Integrato riesce a creare un forte legame fra il *brand* ed il videogiocatore, ma la situazione rimane circoscritta in un mondo digitale. È possibile comunicare effettivamente solo una praticità esteriore, accontentandosi di suggerire le eventuali qualità empiriche.

Oltre che inserire i prodotti all'interno di un videogioco creato da altri, i *brand* possono decidere di sviluppare personalmente un software esclusivo attorno al proprio marchio. La soluzione può essere paragonata alla scelta di alcune aziende (ad esempio la Pirelli[78]), che girano dei film aziendali come metodo di promozione. Nel

---

[78] http://www.pirellifilm.com

campo videoludico questi giochi commerciali sono indicati con il termine di "Advertgames" e le imprese utilizzano a piacimento ogni forma di Product Placement, grazie al pieno controllo dei contenuti. In questo modo si cerca di stimolare l'attenzione dei videogiocatori, offrendo un nuovo punto d'interesse che può essere distribuito gratuitamente o a prezzi molto bassi, per garantirne una forte diffusione sul mercato. Un esempio del genere è quello di Burger King[79]: nel novembre del 2006 l'azienda di fast food ha reso disponibile per XBOX una serie di videogiochi con la sua mascotte (The King) come protagonista, ad un prezzo simbolico di 3.99 dollari (2.7 euro). I giochi hanno venduto oltre 2 milioni di copie[80], divertendo un folto pubblico di consumatori con il messaggio interattivo del *brand* e l'immagine dei suoi panini. Un altro caso simile è avvenuto con l'Esercito Americano, che per raggiungere la fascia giovanile e suggerire una discutibile scelta professionale, ha sviluppato un coinvolgente videogame che ricrea in modo spettacolare le vere situazioni di guerra dei soldati USA[81]. Nell'ottobre del 2007 è stata la volta di Toyota, che ha distribuito gratuitamente, attraverso il servizio XBOX LIVE, un videogioco in cui è possibile guidare un modello di auto dell'azienda, la Yaris[82]. Il software è tuttavia pessimo e pur riuscendo a far parlare di sé non ha potuto attirare efficacemente l'interesse del suo target. Gli avdertgames sono un buon sistema promozionale per le aziende, che sono in grado controllare il product placement nei minimi particolari, ma è necessario far attenzione alla qualità dell'esperienza ludica, per ottenere l'apprezzamento da parte degli appassionati.

Oggi le Software House più importanti hanno interi reparti di marketing dedicati al Product Placement videoludico e grazie alle nuove tecnologie è possibile ottenere dati statistici molto precisi sull'effetto del messaggio e le reazioni dei destinatari. Le nuove console sono facilmente connesse online e possono trasmettere informazioni su ogni aspetto della campagna pubblicitaria. È possibile conoscere gli orari di gioco, il tempo d'utilizzo, i contatti sociali nel multiplayer ed i generi preferiti di ogni utente, in modo da rispondere tempestivamente con il PP più adatto ai suoi gusti.

---

[79] http://www.bkgamer.com/
[80] http://kotaku.com/gaming/burger-king/burger-king-games-rival-gears-of-war-sales-223417.php
[81] http://www.americasarmy.com/
[82] http://www.xbox.com/en-US/games/y/yarisxbloxlivearcade/default.htm

L'impatto di una strategia promozionale nell'Interactive Entertainment non si ferma al singolo giocatore, ma può contagiare tutta la sua rete sociale, diffondendosi fra gli amici reali e quelli virtuali. Soprattutto gli *Hardcore Gamers* sono molto coinvolti in tutto ciò che riguarda il mondo videoludico, che è di fatto una delle loro principali passioni. Questi individui passano gran parte del loro tempo a discutere del fenomeno sui forum tematici e possono efficacemente diffondere ogni messaggio che riesca a colpire il loro punto d'interesse. Il passaparola dispone di tutta la partecipazione emotiva dei fanatici e può contare su internet come perfetto veicolo di comunicazione mondiale, attraverso i siti di social network e le modalità di Multiplayer online.

Da questo punto di vista hanno oggi grande importanza i cosiddetti "Massive Multiplayer Online Games", i videogiochi che permettono a migliaia di utenti di partecipare nello stesso mondo virtuale, grazie ad un collegamento ad internet. I MMOG coinvolgono profondamente i giocatori, sfruttando il divertimento del videogame e la condivisione dell'esperienza con le grandi comunità virtuali, che sono formate da persone con gli stessi gusti e preferenze. Il gioco più popolare del genere è *World Of Warcraft* (oltre 10 milioni di utenti[83]), la riproduzione digitale di un enorme mondo fantasy, con boschi, mari, città e montagne, in cui ogni abitante è interpretato da una persona reale, che si muove a piacimento nel territorio per vivere un'esistenza alternativa, come mago, guerriero o cacciatore. Gli utenti possono esplorare le ambientazioni, chattare con gli altri giocatori, comprare e vendere oggetti, combattere fra di loro o cooperare

---

[83] http://www.blizzard.com/press/080122.shtml

assieme per sconfiggere i nemici guidati dal computer, come draghi, demoni e animali di ogni genere. È interessante notare che in questi videogames i prodotti digitali possiedono un grande valore commerciale, non solo all'interno del mondo fittizio ma anche nell'economia reale. Le armi ed i vestiti virtuali sono essenziali per la struttura ludica / sociale di un MMOG perché permettono una maggiore efficienza nel completare le richieste del gioco ed aiutare così il resto degli amici. Grazie ad una spada magica o un'armatura molto resistente, il protagonista può sconfiggere nemici più difficili, ha la possibilità di accedere a nuove aree ed assumere un ruolo importante nella società digitale. Il sistema commerciale in *World Of Warcraft* è quindi stabilito secondo la potenza e la rarità degli oggetti disponibili. Questo ha sviluppato un vero e proprio mercato di prodotti virtuali, che sono comprati e venduti dai giocatori anche con soldi veri, pur di equipaggiare al meglio il proprio personaggio del videogame. Nel settembre del 2007, un account di WoW con oggetti molto rari è stato comprato all'asta per la cospicua cifra (reale) di 7.000 euro[84], mentre sono sempre più redditizie le associazioni che raccolgono items nei MMOG con il solo scopo di rivenderle al miglior offerente[85].

La situazione rende bene l'idea del forte legame che i consumatori stringono con il proprio intrattenimento videoludico e suggerisce tutto il potenziale comunicativo ed economico attuabile attraverso il Product Interactive Entertainment Placement.

Certamente all'interno di un gioco come *World Of Warcraft* è difficile un corretto posizionamento di un moderno prodotto commerciale: l'ambientazione è prettamente fantasy-medioevale, ed ogni particolare incompatibile con questa scenografia non sarebbe ben accetto agli occhi dei

---

[84] http://news.bbc.co.uk/1/hi/technology/7007026.stm
[85] http://www.mmobux.com/articles/746/interview-with-a-game-economist-and-ex-rmt-manager-jeff-lyndon-on-the-history-of-gold-farmers-in-china

giocatori. Esistono comunque alcuni MMOG che ricreano graficamente il mondo contemporaneo, come il molto chiacchierato *Second Life*. Il "gioco" creato da Linden Lab è disponibile per PC fin dal 2003 ed è diventato presto un grande fenomeno del Product Placement Marketing. SL si presenta come un pianeta tridimensionale, in cui gli utenti possono viaggiare, creare autonomamente oggetti e strutture, parlare con gli altri, esplorare le città, guidare dei veicoli, usare gli items, fare shopping e possedere anche una personale casa digitale. La proprietà terriera e gli eventuali scambi commerciali sono regolati con soldi virtuali, che possono essere ottenuti e convertiti con veri dollari, nel rapporto in cui 1$ equivale a 266 crediti del gioco. In altre parole una persona può vendere una casa su Second Life, farsi pagare con la finta moneta ed in seguito tramutare il guadagno in compensi concreti, attraverso lo stesso sistema offerto da Linden Lab[86]. L'economia di SL è quindi strettamente legata a quella del nostro mondo ed il giro commerciale degli scambi digitali, si aggira sulle migliaia di dollari reali ogni giorno[87]. La caratteristica più interessante dal punto di vista del Product Placement è la totale libertà nel creare personalmente ogni tipo d'oggetto virtuale ed inserirlo a piacimento nell'ambiente. Il prodotto può essere realizzato direttamente dal menù di comando del gioco, posizionarlo dove si vuole e renderlo così disponibile per il resto del pubblico presente in quella zona. Con un po' di tempo e pratica è possibile plasmare linee di vestiti, accessori, macchine, oggetti d'arredamento ed intere città.

---

[86] http://secondlife.com/whatis/economy.php
[87] http://secondlife.com/whatis/economy_stats.php

Ovviamente per comporre le strutture più complesse è necessario un notevole sforzo di progettazione e nel caso dello sviluppo di interi edifici, bisogna prima acquistare il terreno su cui costruire[88]. Il pagamento dell'area rimane tuttavia l'unico vero costo del Product Placement in Second Life e questo permette una promozione Interattiva relativamente economica. Fra i brand presenti in questo MMOG è possibile elencare nomi del calibro di Apple, Nike, Adidas, Dell, Disney, Gabetti, Toyota ed IBM[89], anche se spesso il posizionamento commerciale è stato per lo più casuale, senza una concreta strategia di marketing. Le imprese sono entrate nel gioco costruendo delle repliche dei propri negozi o prodotti, attratte dalla fama del software e dall'attenzione dei media per questo nuovo fenomeno, ma senza comprenderne realmente i pregi ed i difetti. Second Life presenta infatti alcuni limiti non certo trascurabili. Una marca d'abbigliamento può rendere disponibile una versione digitale dei suoi vestiti agli abitanti del MMOG, mostrando in questo modo la praticità estetica dell'offerta reale. La struttura di SL, aperta a qualunque modifica, riduce tuttavia la peculiarità di ogni posizionamento commerciale. In un comune videogioco gli items inseriti sono strettamente controllati dai realizzatori del software ed è quindi possibile stimolare l'interesse su di un bene di consumo, piuttosto che un altro. Nel mondo di Linden Lab invece, tutti possono introdurre una linea di prodotti, finendo con l'avere una sovrabbondanza d'oggetti fra cui scegliere. Le aziende ritrovano la stessa situazione di concorrenza del mondo reale, in cui esistono molte proposte differenti che disperdono l'attenzione dei potenziali clienti. Si arriva all'assurda necessità di dover promuovere il Product Placement Interattivo con una campagna pubblicitaria di sostegno, all'interno dello stesso gioco.

Per quanto riguarda l'ampiezza del target raggiungibile, i dati statistici di Second Life sono stati spesso sopravvalutati: Linden Lab decanta un numero di residenti di oltre 11 milioni di utenti[90], ma queste sono semplicemente le singole registrazioni al sito, senza tenere conto della cifra di giocatori effettivi, presenti regolarmente nei server. Il numero reale di persone attive si aggira fra i 40.000 ed i 50.000, com'è possibile controllare dalla homepage ufficiale, nella sezione "online now"[91]. La

---

[88] http://secondlife.com/whatis/landpricing.php
[89] http://en.wikipedia.org/wiki/Businesses_and_Organizations_in_Second_Life#Operated_inside_Second_Life
[90] http://secondlife.com/whatis/economy_stats.php

quantità ridotta di accessi è causata da innumerevoli motivi, fra cui la complessità del software, che ha bisogno di PC molto potenti per essere visualizzato correttamente, senza contare la difficoltà dei controlli, davvero poco intuitivi. Second Life ha molte opzioni per interagire con il mondo virtuale, ma proprio l'enorme quantità di comandi ed azioni disponibili finisce per confondere ed intimorire l'utente comune. Il piccolo insieme di appassionati che utilizza SL può comunque essere considerato come un pubblico di innovatori ed esperti di mercato, adatti quindi per iniziare un buon contagio virale. La società digitale sviluppata all'interno di questa Seconda Vita, è senza dubbio complessa e sarebbe necessaria un'analisi approfondita sul fenomeno (argomento fuori dalla portata di questa tesi), per comprenderne l'effettiva composizione e gli attuali gruppi di influenza.

Il problema principale di Second Life è tuttavia la totale mancanza di una struttura ludica alla sua base, circostanza che, nel lungo termine, fa perdere ogni interesse da parte dei visitatori. Il mondo creato da Linden Lab non è realmente un videogame: non esistono richieste da soddisfare, enigmi da risolvere o nemici da eliminare. Nel suo insieme SL può essere considerato piuttosto come una semplice evoluzione delle classiche internet chat, con l'aggiunta della visualizzazione tridimensionale dei partecipanti. L'intrattenimento si riduce allo scambio di messaggi con il resto delle persone, una comunicazione che è possibile eseguire più facilmente con programmi come mIRC o MSN. Il punto d'interesse specifico di Second Life non è quindi il possesso o l'utilizzo dei prodotti, ma il conoscere nuovi abitanti (possibilmente dell'altro sesso) e parlare con i propri amici. Le zone più frequentate dai residenti sono infatti le discoteche, i locali di strip tease e gli spazi pubblici, in cui incontrare il resto della popolazione virtuale.

Gli Online Games come WoW hanno un grande successo non solo per la possibilità di interagire con gli altri giocatori, ma anche per la qualità del sistema videoludico, che

[91] http://secondlife.com/

coinvolge gli utenti e li intrattiene attivamente con una serie di "missioni" pratiche da portare a termine. Per questo, le aziende che vogliono promuoversi attraverso Second Life, non possono semplicemente inserire il proprio prodotto all'interno di un sistema sociale prettamente comunicativo, ma devono ideare degli eventi pubblici per raggrupparne gli abitanti oppure dei sistemi digitali per migliorarne l'interazione personale. Alcune delle soluzioni più curiose per il Product Placement in SL hanno seguito efficacemente questi obbiettivi, con un buon risultato nell'attirare l'attenzione del target. Nell'agosto del 2006, la cantautrice americana Suzanne Vega ha suonato in un concerto in diretta su Second Life, raccogliendo gli applausi virtuali dei suoi fans[92]. La sezione italiana di Telecom ha invece sviluppato una interessante applicazione, che permette agli utenti di SL di fare delle telefonate e mandare messaggi SMS al proprio gruppo di amici nel mondo reale[93]. Molte aziende continuano tuttavia ad entrare in Second Life in modo banale, soltanto come pretesto per essere citate da altri media, aggiunte nella lunga lista di brand presenti in questo mondo digitale, ormai diventato uno status symbol. Il Product Placement nei media Interattivi deve quindi preoccuparsi non solo del corretto posizionamento nell'ambiente virtuale, ma anche riuscire a stimolare il coinvolgimento attivo dei consumatori, attraverso un sistema ludico che sia compatibile con l'intrattenimento proposto dal videogioco.

Passando alla questione dei prezzi, le spese di sviluppo per l'intrattenimento elettronico aumentano ogni anno (per produrre un comune videogame i costi oggi si aggirano fra gli 8 ed i 15 milioni di dollari[94]), sopratutto a causa della tecnologia avanzata e della grafica sempre più realistica, che impongono un maggior impegno lavorativo ed economico. Per questo motivo i creatori del software hanno trovato nel Product Placement un ulteriore sistema di finanziamento per sostenere la propria attività, anche come precauzione contro il rischio di gravi perdite per eventuali insuccessi commerciali. Dall'altra parte del mercato, gli appassionati di videogiochi pagano profumatamente questo hobby (un titolo appena uscito può costare dai 49 ai 70 euro) e potrebbero non apprezzare una pesante sponsorizzazione del loro punto

---

[92] http://secondlife.com/showcase/
[93] http://www.italtel.com/ShowContent?item=4259
[94] http://promomagazine.com/

d'interesse, senza notare tuttavia alcuna diminuzione dei costi al dettaglio o un miglioramento dell'esperienza digitale. Il PP videoludico è invece ben accetto dai gamers quando è impiegato positivamente, ad esempio per ribassi sul prodotto, per supportare la stabilità e gli aggiornamenti del multiplayer online oppure per sostenere effettivamente la qualità dei contenuti. Grazie alla distribuzione digitale (senza spese di produzione fisica), in alcuni casi la pubblicità può eliminare completamente il prezzo del gioco (non contando gli Advertgames) e permettere una diffusione gratuita dell'intrattenimento (esattamente come accade per i programmi televisivi, pagati dalla pubblicità). Nell'agosto del 2007, la Ubisoft, importante software house internazionale, ha rilasciato un free download[95] delle versioni PC di alcuni videogames relativamente recenti (*Rayman: Raving Rabbids, Farcry e Prince Of Persia: Sands Of Time*[96]), modificati appositamente per mostrare ai giocatori dei semplici annunci promozionali passivi, nei menù e nelle pagine di caricamento. La soluzione pubblicitaria adottata non è stata certamente molto peculiare, ma i consumatori hanno comunque apprezzato la possibilità di godere di giochi di buona qualità, senza spendere denaro.

Le ricerche di mercato svolte dallo Yankee Group[97], indicano che l'investimento pubblicitario all'interno dei videogames potrà crescere esponenzialmente nei prossimi anni, fino a raggiungere un'attesa economica di oltre 970 milioni di dollari entro il 2011. Attraverso l'intrattenimento interattivo, i *brand* possono raggiungere efficacemente tutta quella fascia di pubblico (ricca di innovatori ed esperti di mercato) che è diventata nel tempo sempre più insofferente verso i tradizionali mezzi passivi. Le tipologie specifiche di PP videoludico sono relativamente nuove ed in continua evoluzione, ma per vedere più in dettaglio un caso tipico di posizionamento integrato, sarà analizzato l'ottimo esempio di promozione interna realizzata nel videogame *SSX on Tour*.

4.2.1 SSX On Tour

---

[95] http://kotaku.com/gaming/free-games/ubisoft-titles-go-free-on-fileplanet-295680.php
[96] Rayman è uscito in origine nel novembre 2006, Farcry è del 2004, mentre Prince Of Persia è del 2003
[97] http://www.marketingcharts.com/interactive/in-game-advertising-revenue-to-reach-971mm-by-2011-1043

Descrizione: *SSX* è il titolo di una popolare serie di videogames sportivi sviluppati da Electronic Arts, incentrata su frenetiche competizioni di snowboard e sci, in cui il giocatore deve compiere spettacolari evoluzioni, scendere da ripide montagne innevate ed arrivare per primo al traguardo. *SSX on Tour* è il quarto episodio della saga, uscito nell'ottobre del 2005 su GameCube, PSP, PS2 e XBOX, ricevendo un discreto successo di critica e pubblico. All'interno del gioco, EA ha introdotto un vistoso Product Interactive Entertainment Placement attraverso l'abbondante presenza di *brand*, utilizzando sia la forma Estetica che quella Integrata. Importanti aziende di accessori ed abbigliamento sportivo hanno finanziato il progetto *On Tour*, per introdurre i loro prodotti nel mondo virtuale di *SSX*: il risultato ottenuto è un tipico esempio di PP Interattivo, dalle caratteristiche facilmente riconoscibili e quindi ottime da analizzare.

Peculiarità: Questa serie sportiva di Electronic Arts può contare su di un vasto pubblico di appassionati, che considerano attentamente l'uscita di ogni nuovo episodio, per le sue caratteristiche divertenti, il *gameplay* immediato ed uno stile di gioco peculiare, con acrobazie e personaggi decisamente sopra le righe. In *SSX On Tour* è possibile individuare vari livelli di posizionamento promozionale, che sfruttano le capacità offerte dal mezzo interattivo per pubblicizzare differenti tipologie di prodotto: da una nuova linea di giacche invernali fino all'ultimo album di alcuni gruppi musicali. La parte più interessante è quella relativa al Product Placement Integrato: la quasi totalità degli oggetti disponibili nel gioco è infatti un modello digitale di veri prodotti commerciali, utilizzabili a piacimento dall'utente. È possibile riconoscere i loghi di molte aziende internazionali, specializzate nel mercato dello Snowboard, fra cui

Anon, Burton, Coal, Grenade, Forum, Rome, Santa Cruz, Nitro ed Armada. Per stimolare l'attenzione su questi articoli brandizzati, nella modalità principale di *On Tour* il giocatore può accedere alla sezione Shop, dove comprare tutta una serie di capi d'abbigliamento, tavole da neve, sci ed accessori, per migliorare le capacità (aumentare la velocità o l'agilità) e l'estetica (diversi colori, stili e disegni) del proprio avatar. Vincendo le gare i partecipanti sono ricompensati con dei soldi virtuali, il cui unico scopo è quello di permettere l'acquisto di nuovi prodotti al negozio.

Possiamo affermare che parte del consumo digitale in SSX è essenziale per il proseguimento del *gameplay*: infatti con l'aumentare della difficoltà nei livelli avanzati, è necessario possedere tavole da snowboard più leggere e veloci, per riuscire ad essere competitivi nei tornei videoludici. Allo stesso modo, la possibilità di cambiare l'aspetto del personaggio è un'opzione importante per il coinvolgimento del pubblico, che pur non incidendo sulle capacità di vittoria, permette al consumatore di soddisfare i propri gusti estetici. Alcuni dei prodotti in vendita sono molto costosi e costringono l'appassionato ad intense ore di gioco per raccogliere la cifra necessaria: questo sviluppa un forte valore nell'atto del consumo, ottenuto soltanto dopo notevoli sforzi per completare al meglio le richieste del videogame. In certe occasioni, ad esempio svolgendo determinate acrobazie o completando con successo una serie di eventi, può capitare che il giocatore venga automaticamente ricompensato con nuovi articoli  brandizzati, attraverso un messaggio che comunica il regalo da parte dell'azienda relativa. Tutti gli oggetti sbloccati forniscono al consumatore una vasta scelta di combinazioni possibili per vestire il proprio avatar e consentono di migliorare l'esperienza del videogames, creando un legame mentale fra il divertimento ludico e l'offerta del negozio.

Un secondo livello di Product Placement è di tipo Estetico, inserito con l'utilizzo a bordo pista di numerosi cartelloni pubblicitari, riproducendo delle ambientazioni verosimili con percorsi da sci e paesini di montagna. Certamente l'utilizzo d'immagini prettamente passive non è particolarmente originale, ma in *SSX* ogni *billboard* è importante per divertirsi nelle gare, con la possibilità di utilizzare queste superfici come trampolini per compiere spettacolari salti e raggiungere delle strade segrete. Rimane tuttavia il dubbio sull'eventuale contatto visivo con questi messaggi, tenendo conto che in un videogame veloce e frenetico come *On Tour*, il giocatore non ha spesso il tempo necessario per decifrare i messaggi su cui sta correndo con lo snowboard o gli sci. Per migliorare la visibilità di alcune pubblicità estetiche, sono state create delle enormi rampe brandizzate (ad esempio da Toyota o Red Zone), dall'aspetto decisamente riconoscibile, che permettono di effettuare delle eccezionali esibizioni. Riuscendo a compiere queste acrobazie nel migliore dei modi e raccogliendo un'icona posizionata nel punto più alto del salto, vengono sbloccate delle foto bonus, che ritraggono il trampolino promozionale con i relativi loghi, tutte immagini da collezionare per completare al 100% il gioco. Questo impone all'utente di prestare molta attenzione alla zona in cui sono posizionati i cartelloni pubblicitari, per riconoscere il giusto punto in cui lanciarsi ed eseguire correttamente l'evoluzione. Per lo stesso motivo, i filmati di presentazione di alcuni livelli eseguono delle specifiche inquadrature alla zona di partenza della gara, indugiando sulle immagini dei *brand* che ricoprono le strutture digitali.

Una terza tipologia di Product Placement riguarda la colonna sonora del videogames, che oltre ad integrare le canzoni come sottofondo musicale all'azione, mostra visivamente un box con tutte le indicazioni attinenti (il titolo, il nome del gruppo e dell'album), ogni volta che inizia una nuova traccia audio. Il messaggio con i dati compare per alcuni istanti nella parte alta dello schermo, ma spesso le informazioni non sono lette dal giocatore, troppo impegnato a manovrare il proprio personaggio fra le pericolose discese di montagna. Fortunatamente fra le scelte del menù è possibile esaminare la lista delle canzoni, in cui ascoltare e leggere con calma tutta l'offerta musicale di *SSX on Tour*. Il Product Placement adottato in questo videogame non ha certo concepito alcuna soluzione davvero innovativa o peculiare, ma si è limitato a sfruttare in modo proficuo le opportunità offerte dal mezzo videoludico. La tipologia di marketing adottata è riuscita ad attirare l'attenzione su ogni prodotto inserito, attraverso un sistema promozionale semplice da notare, che non ha disturbato o rallentato l'attività del giocatore, condizione molto importante per l'intrattenimento interattivo.

Punto d'interesse: Pur non raggiungendo la qualità del capitolo precedente (*SSX3*, media di voti del 90%[98]), *SSX On Tour* è riuscito tuttavia ad essere relativamente apprezzato (con una media di voti dell'80%[99]) ed ottenere un buon successo popolare. Il *gameplay* immediato e molto spettacolare, permette ai gamers di esibirsi in frenetiche gare contro il tempo ed eseguire esagerate acrobazie, abituandosi al sistema di controllo nel giro di poche partite. *On Tour* intrattiene il giocatore con un sistema ludico che offre un'opportuna soddisfazione per ogni mossa eseguita. I risultati avvengono in modo visivo attraverso le coreografiche esibizioni dei personaggi ed in maniera più pratica con la scoperta di passaggi segreti, l'apertura di nuove missioni e la collezione dei soldi virtuali, con cui acquistare prodotti migliori allo shop. Il videogame trasmette efficacemente il messaggio pubblicitario come una pura forma di svago, includendo in modo verosimile i *brand* nell'ambiente interattivo ed integrando le riproduzioni digitali dei prodotti nella struttura di gioco. Il posizionamento commerciale è percepito dal consumatore come parte integrante del suo punto d'interesse, assimilato perfettamente con lo stile ed i contenuti offerti da *SSX*. Il target delle aziende che hanno fatto la loro apparizione in *On Tour* è la fascia di giovani che amano la

[98] http://www.gamerankings.com/htmlpages2/914728.asp?q=SSX3
[99] http://www.gamerankings.com/htmlpages2/927714.asp

montagna e che in generale apprezzano lo stile di abbigliamento usato da coloro che praticano gli sport invernali. L'attrazione principale del videogame (corse ed esibizioni sulla neve) è quindi pienamente compatibile con i prodotti inseriti (vestiti da snowboard, accessori da sci, tavole...) ed è facile immaginare che una persona appassionata di *SSX* sia allo stesso modo affascinata dal mondo dello snowboard ed ai prodotti che contraddistinguono questo ambiente. Di certo non tutti i giocatori di *On Tour* passano le proprie vacanze invernali sulle piste da sci, ma l'abbigliamento da neve è oggi uno stile di moda, usato anche in città ed in situazioni non prettamente sportive. I vestiti indossati dai personaggi del videogioco possono avere quindi una forte attrattiva, anche se non si pratica realmente lo snowboard.

Praticità: Le modalità di Product Placement Estetico inserite in *SSX On Tour* (i cartelloni pubblicitari), non dimostrano certamente la praticità dell'offerta commerciale, ma d'altra parte le soluzioni Integrate attivamente (le riproduzioni digitali degli oggetti), presentano efficacemente la qualità estetica dei prodotti d'abbigliamento e delle tavole da snowboard. Nella sezione Shop del videogame, ogni bene di consumo è ordinato perfettamente secondo la tipologia (giacche, magliette, pantaloni, guanti, cappelli, tavole, sci...) ed i modelli virtuali sono indicati con il nome e la marca del rispettivo articolo reale, in vendita nei negozi. Il giocatore nota facilmente il logo dell'azienda associato al relativo prodotto ed in questo modo percepisce l'effettiva esistenza di quel *brand* e la possibilità d'acquisto per il suo personale

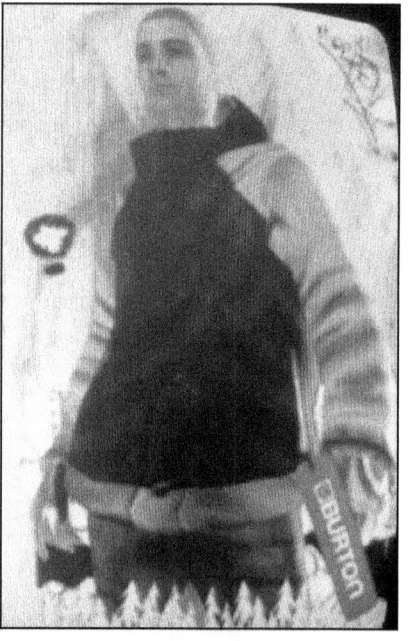

guardaroba. Al contrario, il finto equipaggiamento (inventato dagli sviluppatori del gioco) non è contrassegnato con alcuna etichetta, per evitare di confondere il consumatore. Grazie alla tecnologia ed alle capacità grafiche delle console, i prodotti sono ricreati nel minimo dettaglio ed è possibile osservarne a piacimento la forma, i disegni ed i colori, utilizzando l'avatar come un manichino virtuale, da vestire seguendo il proprio gusto personale. Entrando nello Shop, l'utente ha l'opportunità di muovere gli abiti e gli oggetti nello spazio tridimensionale, per guardarli da ogni punto di vista e scegliere così la combinazione preferita. Il Product Placement Integrato esibisce efficacemente la praticità estetica dell'offerta commerciale e permette al consumatore di esaminare ed interagire attivamente con i prodotti pubblicizzati, compiendo una scelta di consumo ancora prima di passare al negozio reale.

L'inserimento musicale comunica spontaneamente le proprie caratteristiche ed attraverso l'ascolto ripetuto, il pubblico sviluppa un'abitudine con quel determinato suono, che lo accompagna in esaltanti gare, alimentandone la spettacolarità. Nelle opzioni audio del gioco è anche possibile creare una colonna sonora completamente personalizzata, sfogliando i nomi dei gruppi e delle loro canzoni, con la possibilità di eliminare i pezzi non graditi. Il consumatore entra così a conoscenza degli artisti e ne assorbe l'offerta musicale: in caso di giudizio positivo, diventerà un loro fan.

Passaparola: Nel periodo dell'uscita, *SSX* ha sicuramente raggiunto una buona quantità di *Hardcore Gamers* e di appassionati di snowboard, tenendo conto che nel 2005 è stato l'unico titolo del genere ad essere distribuito sul mercato, assieme ad *Amped 3*[100]. È difficile conoscere esattamente la portata del passaparola per quanto riguarda il suo Product Placement, ma è possibile fare alcune ipotesi in base ai comportamenti abituali dei giocatori. I fanatici di videogames discutono intensamente della loro passione, diffondono i propri commenti su ogni aspetto del gioco e si sfidano per raggiungere il punteggio massimo nelle gare. I ragazzi si incontrano spesso dal vivo, per mostrare agli amici il nuovo acquisto videoludico e divertirsi assieme nelle modalità Multiplayer. In *SSX on Tour* la creazione e l'equipaggiamento del personaggio virtuale sono alcune delle caratteristiche fondamentali e di conseguenza l'abbigliamento e l'attrezzatura diventano un importante argomento di dialogo. In questo caso è possibile tuttavia riscontrare un problema nella comunicazione promozionale. La maggior parte dei prodotti

---

[100] Disponibile soltanto per XBOX 360.

commerciali presenti in *SSX On Tour* è disponibile immediatamente nella vetrina dello Shop virtuale e manca del tutto il "fattore sorpresa", il particolare curioso che può scatenare il passaparola. Tralasciando le eccezioni (come ad esempio una tavola Nitro[101] sbloccata alla fine di una gara), gli articoli nascosti sono per lo più degli oggetti inventati, senza relazioni con le vere aziende di snowboard. All'inizio del gioco è subito possibile osservare l'intera offerta del negozio e conoscere in anticipo quali items brandizzati saranno a disposizione: non rimane molto da discutere a riguardo, se non la quantità di soldi necessari per l'acquisto. Allo stesso tempo, l'attrezzatura migliore del gioco (la *Mercury city board*[102]) non è composta da prodotti realmente esistenti, ma è frutto del lavoro di un gruppo di fans di SSX, che ne hanno perfezionato il design. Gli oggetti più chiacchierati sono quindi di natura amatoriale e non rimane alcuna motivazione specifica per cui gli utenti avrebbero dovuto parlare dei *brand* presenti nel gioco. I contenuti pubblicitari sono stati trasmessi solo attraverso la vendita del videogame, senza sviluppare un sistema efficace per stimolare il passaparola. *SSX on Tour* ha seguito un modello basilare di Product Placement Interattivo, puntando sul sicuro ma dimenticando di creare una situazione davvero contagiosa, per diffondere viralmente i prodotti aziendali.

4.3 Product Opinion Leader Placement

Le strategie precedenti di Product Placement tentano di attirare l'attenzione sul *brand* inserendo i prodotti commerciali all'interno del punto d'interesse dei consumatori, attraverso i mezzi d'intrattenimento di massa (come il cinema ed i videogames) realizzati appositamente per svagare il loro pubblico. Tuttavia l'obbiettivo principale delle persone e l'attività in cui occupano più volentieri il loro tempo libero, rimane l'interazione sociale con i propri simili. Nella complessa struttura dei rapporti umani, è possibile individuare alcuni personaggi peculiari, capaci di veicolare ogni tipo di *brand*, meglio di qualsiasi altra forma d'entertainment. Questi individui sono conosciuti con diversi nomi, considerati

[101] http://www.nitrousa.com
[102] http://www.merqurycity.com/ssx4/news.html

come esperti di mercato, innovatori, personaggi famosi e trendsetters, veri e propri leader di opinione, che possono influenzare profondamente i rispettivi gruppi sociali in cui vivono. Soprattutto nella fascia di pubblico giovanile, i ragazzi sono molto suggestionati dai rapporti con gli amici e tendono spesso a comportarsi ed assomigliare ai propri coetanei, soprattutto ai più popolari, appropriandosi degli stessi valori e degli stessi prodotti. Nel 1945, la rivista *Seventeen* ha diffuso alle agenzie pubblicitarie una ricerca di mercato su questo tema, dimostrando come le teenagers passano il tempo ad imitarsi a vicenda, indossando gli stessi abiti e mangiando i medesimi cibi[103]. Oggi la situazione non è certo cambiata. Gli Opinion Leaders possono essere dei modelli di tendenza, soggetti dotati di forte carisma e rispetto, persone molto affascinanti o sempre informate sulle ultime novità, esperti affidabili a cui chiedere consiglio nel momento del bisogno. In tutti questi casi gli OL sono un forte punto d'interesse per il resto del mercato, che vede in loro delle guide con cui confrontarsi, per regolare i propri rapporti sociali ed ottenere informazioni utili. Esempi di questo tipo possono essere la ragazza più alla moda della scuola, che diffonde nuovi stili d'abbigliamento al resto dell'istituto, il personaggio famoso che è seguito e stimato dal suo pubblico, il conoscente che possiede tutti gli ultimi congegni tecnologici e ne mostra l'uso in anteprima, oppure l'amico appassionato di cinema, a cui chiedere un giudizio sui film appena usciti.

Le opinioni del 10% dei consumatori possono guidare emotivamente i giudizi del rimanente 90% della popolazione, che si fida del parere degli Opinion Leader e ne

segue l'esempio. Individuando le giuste persone influenti è quindi possibile trovare un importante veicolo di contagio per il messaggio dell'azienda: questi personaggi diffondono spontaneamente ogni prodotto di successo, parlandone positivamente con gli amici o semplicemente utilizzandolo personalmente, convincendo la propria rete sociale della qualità dell'offerta. I leader d'opinione ottengono la fiducia e l'ammirazione degli altri grazie alla loro cultura in

---

[103] Quart Alissa. Generazione ®. I giovani e l'ossessione del marchio. Sperling & Kupfer, 2003.

merito all'argomento specifico di competenza (es. un vero appassionato di computer è affidabile per consigli sul software), oppure in base al loro effettivo valore in quel determinato contesto (es. il ragazzo più affascinante della scuola da cui gli altri traggono spunto per vestirsi). Per questo motivo ogni Opinion Leader è influente soltanto per il suo preciso campo di attinenza e può non essere altrettanto autorevole per situazioni lontane dalle sue facoltà personali. In altre parole, le persone possono seguire lo stile di abbigliamento dei personaggi alla moda, ma per un suggerimento sui videogiochi si affidano più facilmente agli *Hardcore Gamers*. Allo stesso tempo è probabile che un leader d'opinione abbia la capacità di influire in più ambiti d'interesse e le sue competenze possano sovrapporsi, rimanendo tuttavia legate in qualche modo. Un appassionato di musica e tecnologia propone agli amici l'acquisto di un lettore Mp3 o suggerisce un ottimo sito internet in cui trovare ogni tipo di CD, mentre un fanatico di viaggi e tecnologia consiglia un buon navigatore satellitare o indica una pagina web in cui trovare biglietti aerei a prezzi convenienti. Esistono naturalmente dei limiti pratici a questa conoscenza. Un esperto di mercato può essere davvero valido soltanto se impiega parte della sua giornata nel raccogliere informazioni riguardo agli argomenti di cui è competente; in questo modo non ha il tempo necessario per approfondire con la stessa consapevolezza ogni altra materia esistente. La classificazione degli Opinion Leader si basa anche sui rispettivi gusti personali: un trendsetter di tendenze "punk" non diffonde certamente la stessa moda e musica di un trendsetter di preferenze "pop". Per ogni settore commerciale esistono quindi determinati gruppi di esperti di nicchia, da cui il resto del mercato trae ispirazione.

È possibile ritrovare i concetti fondamentali di questo discorso nella classica teoria di marketing denominata come "two step flow of communication". Questo principio afferma che ogni messaggio diffuso dai mass media raggiunge in primo luogo gli Opinion Leader, che in seguito passano le informazioni alla propria rete d'influenza sociale. La strategia del Product Opinion Leader Placement tenta però di pubblicizzare i *brand* scavalcando ogni tipo di media (TV, Radio, Cinema, Giornali, Videogiochi…), per raggiungere direttamente gli Opinion Leader inserendo il prodotto nelle loro vite. Il *brand* posiziona la merce nelle mani di un trendsetter, per stimolare l'attenzione del rispettivo gruppo sociale. L'uso del prodotto e gli eventuali apprezzamenti da parte di questi personaggi influenti, suggestionano positivamente il resto del mercato, promuovendo al meglio qualsiasi tipo d'offerta. In questo modo l'azienda comunica attraverso il punto d'interesse più rilevante per i consumatori: le persone che ammirano e di cui si fidano. La tecnica è conosciuta con diversi nomi, come *tryvertising*[104] o *seeding* marketing, ma in fondo si tratta semplicemente di una distinta tipologia di Product Placement: il prodotto da pubblicizzare è posizionato all'interno di un preciso sistema comunicativo. È facile comprendere come questa strategia non convenzionale riesca efficacemente a dimostrare la praticità del *brand*, inserendolo materialmente nella realtà in cui vivono i potenziali clienti.

Ovviamente non è conveniente distribuire i prodotti a caso, per raggiungere un gran numero di persone e sperare che fra questi ci siano degli opinion leader, ma è necessario individuare subito i soggetti più adatti. Una facile soluzione a questo problema può essere l'inserimento del *brand* nella vita pubblica di attori o musicisti famosi. I personaggi dello spettacolo possono contare su una folta schiera di fans, sensibili alle opinioni dei loro beniamini. Essendo icone di un determinato modello di vita, i volti più o meno noti dell'intrattenimento di massa contagiano senza sforzo il loro pubblico, che li imita (se possibile) nelle scelte commerciali. Non si tratta in questo caso di un banale sfruttamento del soggetto famoso, da utilizzare in una tradizionale pubblicità per attirare l'attenzione, ma un concreto uso del prodotto nello stile e nelle abitudini di quel personaggio. Un gruppo musicale che si veste in una particolare maniera, trasmette ai suoi fans uno specifico stile d'abbigliamento,

---

[104]   http://www.trendwatching.com/trends/TRYVERTISING.htm

un'attrice affascinante può essere imitata dalle sue ammiratrici nel taglio di capelli e nella scelta delle borse, mentre un campione delle corse che guida nella realtà una certa marca di automobili, diffonde un senso di qualità della relativa macchina. Un caso esemplare di questo genere è il rapporto commerciale sviluppato fra Adidas e la band musicale dei Run D.M.C, durante gli anni '80. I Run D.M.C. hanno sempre ostentato uno stile di abbigliamento caratteristico, presentandosi nelle foto di gruppo e nei concerti davanti ai propri sostenitori, con un paio di scarpe Adidas ai piedi, rigorosamente slacciate. I tre artisti hanno segnato la cultura Hip Hop del periodo e sono stati dei veri trendsetters per milioni di ragazzi in tutto il mondo, diffondendo quel preciso stile d'abbigliamento attraverso la loro fama. Le Adidas erano realmente indossate ed apprezzate dai Run DMC, tanto da dedicarvi una canzone, intitolata

appunto *My Adidas*. Ad ogni concerto, i fans arrivavano a migliaia con le stesse calzature dei loro artisti preferiti, agitandole in aria per simboleggiare la partecipazione stilistica ad un modello di vita comune. La situazione si è sviluppata spontaneamente: soltanto in seguito, con l'aumentare del successo dei Run DMC e la scalata in classifica delle loro canzoni, il manager del gruppo, Russell Simmons, ha avuto la geniale idea di farsi pagare per tutta quella pubblicità al marchio di scarpe. Simmos ha quindi contattato il *brand* ed ha fissato un incontro durante uno dei normali concerti della band, per discutere sulla possibilità di un contratto economico. Nel 1986, durante una *performance live* al Madison Square Garden di New York City, il rappresentante di Adidas ha probabilmente fatto un sorriso molto compiaciuto, osservando l'enorme folla di fans che sventolava con le mani migliaia di scarpe della sua azienda. Quel giorno, i Run DMC hanno firmato un contratto da 1,5 milioni di dollari, per mantenere il Product Placement Adidas nel loro stile da Opinion leader.

Posizionando il prodotto nella vita pubblica di un personaggio famoso, i *brand* possono facilmente raggiungere tutti i consumatori che sono influenzati dalle opinioni e dallo stile di quel determinato trendsetter. Affidandosi all'evidente popolarità delle persone di successo, è possibile sviluppare il Product Placement senza perdere troppo tempo nell'esaminare i rapporti sociali della popolazione ed evitando di rintracciare degli Opinion Leader più specifici. Lo sfruttamento dei VIP permette anche una relativa diffusione globale del messaggio, trasmesso fin dove arriva la loro reputazione: se i personaggi sono apprezzati nella maggior parte del mondo, il prodotto seguirà la loro fama intorno al globo. L'efficacia di questa soluzione di Product Placement è tuttavia limitata proprio dal successo degli individui scelti come veicolo promozionale. Il passaggio del *brand* rimane condizionato dall'attenzione che i mezzi di comunicazione di massa porgono alla vita "privata" dei personaggi famosi. La persona comune difficilmente ha la possibilità di interagire direttamente con i protagonisti dello spettacolo: l'unico modo per osservarne lo stile ed ascoltarne le opinioni, è quello di seguire i servizi che i mass media (TV, giornali, internet, radio…) dedicano ai suoi beniamini. Le sole occasioni di reale comunicazione degli Opinion Leader famosi, sono i filmati che li ritraggono nella vita quotidiana, durante gli eventi pubblici, le interviste in cui parlano delle proprie preferenze, gli articoli fotografici, le biografie o i siti web dedicati. Ci si rende presto conto che la diffusione del prodotto da parte dei VIP non è del tutto immediata. Ovviamente il posizionamento commerciale degli OL attraverso una situazione di intrattenimento specifico, come nel caso di un film o di un avvenimento sportivo, non sono da considerare Product OL Placement, ma valutati come una forma di inserimento nel Passive Entertainment. I consumatori si rendono conto che i prodotti utilizzati nella finzione cinematografica o nella gara sportiva, non fanno parte della reale personalità del VIP, ma sono legati a quella determinata situazione. Soltanto l'utilizzo e il discorso compiuto nella vita al di fuori dello spettacolo, possono dimostrare ai fans il vero attaccamento del personaggio famoso per quel determinato prodotto… o almeno farlo credere.

Allo stesso tempo, il Product Placement che utilizza la fama degli Opinion Leader famosi può essere molto costoso, poiché i VIP sanno che la loro popolarità ha un alto valore commerciale (basta dare un'occhiata ai prezzi richiesti da un attore importante per comprare la sua comparsa in un film). La soluzione ideale sarebbe quella di individuare un personaggio noto con una vera e profonda passione verso il prodotto dell'azienda, per sfruttare così la situazione senza eccessive spese economiche. Un esempio di questo tipo è quello di Utada Hikaru e la sua mania sfrenata per il videogioco *Tetris*. Utada è una *pop idol*, una famosa cantante giapponese che è oggi considerata una delle artiste più influenti ed acclamate della storia musicale pop del Sol Levante. Considerando il totale delle sue uscite discografiche, fra album e DVD inerenti, Hikaru ha venduto la bellezza di 36 milioni di copie nel solo Giappone[105].

Oltre ad essere un'artista di successo, la ragazza è anche una sincera appassionata di videogiochi e fra i suoi preferiti c'è proprio *Tetris*, uno dei puzzle games più famosi del mondo. Nell'aprile del 2006, è uscita in Giappone una nuova versione di *Tetris*[106] per Nintendo DS ed Hikaru non ha potuto fare a meno di acquistarla, guidata dalla sua mania videoludica. Da quel momento la cantante ha cominciato a riempire il suo blog[107] di commenti e foto sul suo nuovo gioco, esprimendo tutto il divertimento ed i punteggi ottenuti nelle partite[108]. I fans di Utada, seguendo gli aggiornamenti del suo diario online, hanno letto le opinioni positive su *Tetris* DS, facendole proprie attraverso una fonte da loro molto stimata. Continuando a giocare tutti i giorni, nel giro di un paio di settimane la sua posizione nella classifica ha raggiunto la cifra massima possibile, con il risultato invidiabile di 99.999.999 punti[109]. Soltanto una vera fanatica di *Tetris* avrebbe potuto arrivare ad un simile record. Nintendo ha subito sfruttato la situazione a proprio vantaggio, sostenendo la passione di Hikaru per il nuovo titolo dell'azienda ed invitandola a partecipare ad un grande torneo multiplayer per *Tetris* DS, in cui i suoi fans hanno potuto sfidarla per mezzo di un concorso apposito. Al termine dell'evento, la cantante ne è uscita vincitrice

---

[105] http://www.dizzler.com/music/Utada_Hikaru
[106] http://en.wikipedia.org/wiki/Tetris_ds
[107] http://www.u3music.com/message/backnumber/ja/2006.html
[108] http://www.neogaf.com/forum/showpost.php?p=3684621&postcount=34
[109] http://www.u3music.com/message/index.php?m=1&l=JP&d=2006070318521j.xml

indiscussa, trionfando in 26 partite su 30[110], mentre il messaggio promozionale è stato efficacemente trasmesso dalla passione della Opinion Leader verso tutti i suoi ammiratori.

Casi simili a quello di Hikaru Utada rimangono tuttavia isolati e l'impiego di personaggi famosi come strategia di Product Placement, continua a mantenere i dubbi sull'eventuale convenienza economica e comunicativa. L'influenza maggiore rimane quella degli Opinion Leaders che sono coinvolti direttamente nella sfera delle amicizie personali e presenti concretamente nella vita quotidiana dei consumatori. Per l'individuo comune è molto più importante chiedere consiglio ed ottenere l'approvazione dei propri conoscenti, dei compagni di scuola o di lavoro, dei parenti e di tutte le persone che partecipano in qualche modo alla sua esistenza privata, piuttosto che stabilire un rapporto profondo con un VIP. Le reti sociali basate sulle amicizie reali hanno a disposizione un forte legame emotivo, grazie alla vicinanza fisica fra i rispettivi componenti. Nelle circostanze quotidiane, gli Opinion Leader personali possono suggestionare intensamente ogni tipo di argomento e prodotto. Per questo motivo è molto importante un'attenta osservazione ed una individuazione dei trendsetters e degli esperti di mercato che si nascondono nello stesso pubblico che l'azienda desidera contagiare. Le cosiddette agenzie di Cool Hunter svolgono proprio questo tipo di lavoro: analizzano gli ultimi trend giovanili ed i rapporti fra i consumatori, per scoprire i ragazzi più influenti e quelli capaci di far nascere delle nuove mode, cercando spesso di prevedere le future tendenze di successo[111]. Per riuscire a stare al passo con i gusti del pubblico è necessario riconoscere le persone davvero "cool" ed innovatrici. Per diffondere un messaggio convincente non è possibile affidarsi solamente all'immagine dei recenti prodotti famosi, che variano di continuo, ma è indispensabile basarsi sui pareri dei trendsetters e degli esperti di mercato, che rimangono sempre gli stessi. I teenagers vogliono fare quello che fanno gli amici, soprattutto quelli più popolari, e la voce si sparge molto in fretta: per questo motivo le agenzie di Cool Hunter mandano i propri esperti sociali alla ricerca dei ragazzi più interessanti, seguendoli durante la giornata, nelle conversazioni e nello shopping, per sapere cosa piace ai "tipi giusti" e capire cosa promuovere ai

---

[110] http://touch-ds.jp/news/tetris_event/movie1.html
[111] http://www.gladwell.com/1997/1997_03_17_a_cool.htm

rispettivi gruppi d'influenza[112]. La ricerca di mercato può oggi essere eseguita facilmente anche online, attraverso i numerosi blog personali ed i forum di discussione, ma in questo caso l'osservazione è da considerare come una tipologia di Viral Social Network Marketing. I veri Opinion Leader personali si muovono ed agiscono nella realtà quotidiana, in precisi luoghi e situazioni: possiamo affermare che la strategia di Product Opinion Leader Placement va considerata come un sistema di posizionamento promozionale molto vicino alle soluzioni di Guerrilla Marketing. La differenza sostanziale è l'inserimento del prodotto attraverso l'attività di personaggi peculiari, invece della creazione di circostanze originali per attirare l'attenzione del target.

Il sistema più utilizzato per collocare i prodotti commerciali nelle mani degli Opinion Leader Personali è quello di un'offerta gratuita dell'articolo. Le aziende "regalano" l'eventuale bene di consumo ai personaggi autorevoli, con la scusa di verosimili ricerche e prove di mercato. Una volta individuati i "tipi cool", è quindi sufficiente trovare una giustificazione attendibile per coinvolgerli nell'uso dell'oggetto da pubblicizzare e lasciare che i naturali rapporti sociali svolgano il loro dovere. È necessario capire che questa strategia non è la classica distribuzione gratuita ad un pubblico casuale, ma un posizionamento mirato ad un obiettivo ben preciso. L'utilizzo dei prodotti da parte dei trendsetter  influenza positivamente l'opinione sul *brand*, per i rispettivi gruppi d'influenza. Ad esempio se la ragazza più popolare della scuola veste con una determinata linea di abiti, le compagne che vogliono essere altrettanto ammirate cercheranno di imitare il

---

[112] Quart Alissa. *Generazione ®. I giovani e l'ossessione del marchio.* Sperling & Kupfer, 2003.

suo stile; se un amico fanatico di videogiochi utilizza una determinata console, i conoscenti che si fidano della sua cultura in merito saranno convinti della qualità di quel prodotto; se un fanatico di musica ascolta una certa band, il suo giro di conoscenze sarà incuriosito dalle stesse canzoni. Il passaparola diffonde ulteriormente il messaggio contagioso, ad un pubblico sempre più ampio, grazie all'attendibilità dell'opinione di provenienza. Una caratteristica a favore degli Opinion Leader personali è anche la minore spesa economica necessaria per renderli portatori del messaggio promozionale: bisogna pagare un VIP per convincerlo a parlare di un *brand*, mentre una persona "comune" sarà felice di ricevere un prodotto in regalo e parlarne agli amici. Con la scusa delle ipotetiche "ricerche di mercato", le aziende si rivolgono ai trendsetter in maniera diretta, chiedendo pareri e consigli sulla prova commerciale gentilmente offerta. Questo dialogo di "confidenza" che si instaura fra il *brand* e l'Opinion Leader, stimola un senso di coinvolgimento nella mente del consumatore, ne incoraggia la riflessione e la disponibilità nel divulgare il messaggio ricevuto.

A questo proposito è necessario lasciare completa libertà di giudizio ai trendsetters ed agli esperti di mercato che veicolano il *brand*, poiché non sarebbe conveniente "obbligarli" in qualche modo a parlarne bene. Gli Opinion Leader perderebbero la fiducia o l'influenza sui propri sostenitori se si scoprisse che usano o lodano un prodotto soltanto perché sono stati spinti a farlo (ad esempio pagandoli). Questo non significa tuttavia che il Product OL Placement sia del tutto senza controllo. Gli individui scelti per la "ricerca di mercato" entrano in rapporto emotivo con l'azienda: sviluppano un legame positivo con la situazione, sentendosi "onorati" e "debitori", per essere stati selezionati come consulenti esclusivi. L'effetto di questa condizione psicologica è conosciuto con il nome di "Hawthorne effect" ed è stato studiato fin dagli anni '30 da un gruppo di ricercatori della Harvard Business School[113]. In quel periodo gli scienziati di Harvard sono stati incaricati di eseguire alcune analisi psichiche sugli impiegati che lavoravano presso il gigante delle telecomunicazioni Western Electric (ora conosciuto come Lucent Technologies) e precisamente nella sede di Hawtorne, vicino a Chicago. Il programma degli esaminatori prevedeva l'invito di alcuni piccoli gruppi di operai a partecipare a giornate di studio, in cui

---

[113]   http://www.viralculture.com/pubs/seedtospread.htm

avrebbero testato differenti condizioni lavorative, per analizzarne la produttività rispetto alla media. Con grande sorpresa degli stessi ricercatori, i partecipanti sembravano gradire qualunque tipo di condizione lavorativa a cui fossero sottoposti ed in ogni caso esaminato, la produttività incrementava. Quando gli scienziati hanno provato ad impiegare luci molto luminose durante le attività degli operai, il rendimento sembrava migliorare.  La cosa interessante è che la stessa circostanza si è ripetuta attraverso la diminuzione della luminosità: anche con una luce molto debole, la produttività aumentava costantemente. I ricercatori hanno quindi tentato di esaminare la rendita degli impiegati modificandone il tempo lavorativo, con diverse frequenze nelle pause. Permettendo molti intervalli di riposo fra le ore d'attività, la produttività migliorava ed il risultato era identico anche seguendo ritmi di incarico più lunghi. Gli studi su Hawthorne hanno rivelato che qualunque tipo di proposta veniva offerta e discussa con i partecipanti della ricerca, si decretava un aumento della loro capacità lavorativa.

Il team di esperti di Harvard, guidato dal professor Elton Mayo, realizzò che gli esiti non erano collegati direttamente alle diverse situazioni lavorative, ma piuttosto i miglioramenti sono stati il frutto di una inclinazione positiva da parte degli impiegati scelti. Selezionando un limitato gruppo di persone per valutare una serie di test riservati, i partecipanti si sentivano "onorati" di farne parte. L'attenzione speciale ricevuta e la richiesta di opinioni personali sulla questione, hanno gratificato l'ego dei lavoratori, sviluppando una forte relazione emotiva con ciò che stavano sperimentando. Una serie di studi successivi[114] a quelli di Harvard, hanno riscontrato sistematicamente l'effetto osservato per la prima volta ad Hawthorne e nell'ambiente

---

[114] Donald T. Campbell & Stanley, J. C. (1966). Experimental and quasi-experimental designs for research - Rand McNally. and Cook, T. D., & Campbell, D. T. (1979), Quasi-Experimentation: Design and Analysis Issues.

scientifico si è sviluppato quindi il termine "Hawthorne effect", per descrivere la "buona volontà" che le ricerche di mercato possono generare nei rispettivi partecipanti. È facile capire che l'offerta di "prove esclusive", attraverso un Product Placement ben mirato, segue le stesse implicazioni psicologiche dell'effetto Hawthorne. Non bisogna tuttavia dimenticare le complesse sfumature emotive dei singoli individui: ogni Opinion Leader è un caso specifico e determinato da infiniti fattori, di cui tenere conto nella strategia promozionale.

Attraverso il caso di Hawthorne è anche possibile sostenere la maggiore utilità del Product Placement in gruppi di trendsetters "comuni", rispetto all'impiego di personaggi famosi. Anche riuscendo ad inserirsi gratuitamente nella vita di un VIP, attraverso generosi omaggi dei prodotti da pubblicizzare, il feedback relativo non sarà mai degno di attenzione: i volti noti dello spettacolo si sentono superiori alla norma e non considerano importante l'attenzione ricevuta, eliminando qualsiasi "buona volontà" nel diffondere il *brand*. L'effetto Hawthorne non funziona allo stesso modo se i soggetti scelti credono di essere già speciali. Al contrario, gli Opinion Leaders Personali rimangono colpiti dall'interesse dell'azienda. Grazie alla suggestione positiva delle "ricerche di mercato" e lasciando piena libertà d'espressione, è possibile mantenere una relativa sincerità nella campagna di marketing. I consumatori di tendenza, raggiunti dal Product Placement, sono in grado di diffondere spontaneamente il messaggio del *brand* ed utilizzano soddisfatti il prodotto, se è inerente ai relativi gusti individuali. Per pubblicizzare efficacemente un bene di consumo, attraverso il Product OL Placement, è ovviamente necessario individuare i trendsetters con la maggiore probabilità di gradire il regalo dell'azienda. Anche in caso di mancato apprezzamento del bene di consumo, il *brand* non commette azioni scorrette per cui essere criticato: se l'utente ha accettato di sua spontanea volontà di ricevere il regalo, non esistono reali motivi per giudicare negativamente questa strategia comunicativa. In qualunque tipo di riscontro, il Product OL Placement scatena spontaneamente una certa dose di passaparola, che diffonde il nome e la consapevolezza commerciale del prodotto. Un'azienda seria, disposta a collaborare realmente con gli Opinion Leader, dovrebbe accogliere in modo costruttivo le eventuali critiche o i giudizi sfavorevoli, evitando di emarginare le persone che non hanno offerto apprezzamenti positivi. Attraverso un'analisi approfondita delle opinioni favorevoli unite a quelle contrastanti, è possibile sviluppare una migliore offerta commerciale ed una comunicazione più efficace. Oggi i *brand* non possono permettersi di ignorare i commenti dei clienti di tendenza, poiché la loro influenza sul mercato e la capacità generale di trasmettere velocemente le informazioni (con Internet, i cellulari…), sono fondamentali per la corretta riuscita di una strategia di marketing. L'impiego dei trendsetters personali dà origine ad un dialogo aperto fra produttori e consumatori, invece del monologo adottato con i mezzi *broadcasting*.

Il Product Opinion Leader Placement funziona al meglio quanto è impiegato per favorire nuovi prodotti ed offerte originali, poiché un articolo già visto o molto comune, non possiede lo stesso valore peculiare. Le persone parlano più facilmente riguardo alle novità del momento e l'opportunità di ottenere un prodotto in anteprima, è un incentivo ai trendsetters per fare notare l'articolo ai rispettivi followers ed iniziare un dialogo sull'argomento. Per stimolare il contagio del posizionamento pubblicitario, può essere utile fornire un sistema pratico per facilitarne il passaparola, come ad esempio dei campioni prova per gli amici oppure la consegna del "regalo" mentre l'Opinion Leader è in compagnia del proprio gruppo sociale. Un caso del genere è l'esperimento realizzato da Unilever, un'azienda di cosmetici, in alcune città canadesi[115]. Il *brand* ha individuato 250 ragazze "cool" del territorio e le ha invitate a partecipare ad una ricerca di mercato per il lancio del nuovo profumo *Max Azria BCBGirl*, con lo scopo di raccogliere opinioni sulla fragranza e scatenare l'effetto Hawthorne. Per contribuire all'efficacia del Product Placement, Unilever ha fornito a tutte le partecipanti un intero flacone di prodotto e 100 bottigliette prova da regalare a piacimento alle rispettive amiche. Il mirato posizionamento commerciale e la possibilità di condividere l'offerta con il proprio gruppo sociale, hanno contribuito a rendere *Max Azria* il profumo più venduto nelle città in cui la ricerca è stata condotta. Alcuni *brand* forniscono agli Opinion Leader dei biglietti da visita personalizzati, che rinforzano l'impressione di far parte di un team esclusivo e funzionano anche come "carte sconti", consentendo così un altro motivo per parlare della marca[116].

---

[115] http://www.viralculture.com/pubs/seedtospread.htm
[116] http://www.viralculture.com/pubs/seedtospread.htm

Il Product Opinion Leader Placement è un sistema di marketing potenzialmente molto efficace, ma allo stesso tempo può essere una soluzione che preoccupa le aziende più convenzionali, intimorite dal lasciare spazio e libertà d'espressione al pubblico, senza essere abituate ad un contatto diretto e personale con i propri consumatori. Per osservare le implicazioni commerciali di questa strategia, rispetto ai classici messaggi pubblicitari, cercherò di analizzare la diffusione delle sigarette, un prodotto che deve gran parte del suo successo all'influenza ed al fascino degli Opinion Leader che ne fanno uso.

4.3.1 Sigarette

Descrizione: Per quanto la cifra non può essere del tutto precisa, sono stati stimati oltre 1,3 bilioni di fumatori in tutto il mondo (su una popolazione totale di circa 6,6 bilioni[117]) e si calcola che continuando di questo passo, il numero salirà ad almeno 2 bilioni entro il 2030[118]. Le conseguenze nocive del fumo uccidono milioni di persone ogni anno, ma la diffusione delle sigarette fra gli adolescenti è un fenomeno in costante crescita e colpisce i giovani ad età sempre più basse, mantenendo così stabile la quantità di consumatori di tabacco. Possiamo affermare che il mercato commerciale del fumo sia fra i più redditizi e fortunati: ma a cosa è dovuto questo enorme successo? Il discorso è senza dubbio molto complesso, con implicazioni psicologiche e fattori fisici, ma non è certo un obiettivo di questa tesi quello di rispondere in modo esaustivo ai tanti quesiti a riguardo. È possibile tuttavia osservare alcune caratteristiche interessanti nella diffusione delle sigarette, delle proprietà specifiche che riguardano proprio l'influenza degli Opinion Leader che fumano. Analizzando la situazione attuale, bisogna ammettere che la comunicazione convenzionale che tratta le sigarette, sia per lo più di tipo negativo: la pubblicità dei prodotti del tabacco è stata limitata sempre più negli anni, fino ad essere vietata completamente in molte nazioni.

---

[117] https://www.cia.gov/library/publications/the-world-factbook/print/xx.html
[118] http://www.cancer.org

All'interno dei media tradizionali, come la tv o i giornali, è difficile oggi trovare degli espliciti messaggi positivi rispetto al consumo delle sigarette. In Italia la promozione diretta dei prodotti del tabacco è stata proibita fin dagli anni '60, mentre nell'aprile del 1970, il governo americano ha firmato la legge che ne ha impedito ogni tipo di pubblicità televisiva. Nel 2005 è entrata in vigore la direttiva dell'Unione Europea che proibisce tutti i riferimenti a favore del tabagismo, per quanto riguarda la carta stampata, le radio, internet e le eventuali sponsorizzazioni internazionali di eventi culturali e sportivi. Queste sono solo alcune delle tappe fondamentali delle leggi anti-fumo, che ormai da 50 anni limitano ed impediscono alle aziende di promuovere le sigarette con le tradizionali soluzioni pubblicitarie. Il contrasto al mercato del tabacco non si è tuttavia fermato all'abolizione della propaganda "positiva". Il prodotto stesso è continuamente tassato dalle istituzioni, spesso proprio per tentare di "limitarne" la vendita, con imposizioni fiscali che raggiungo anche il 75% del costo totale[119]. Le cifre attuali per l'Italia parlano di aumenti fino al 54,2% in soli 2 anni[120]. Oltre alla mancata promozione ed agli inasprimenti economici, è necessario sommare la difficoltà pratica nel consumare le sigarette. Per legge è ormai vietato fumare in qualsiasi locale pubblico (sia in Italia che in molte altre nazioni), una situazione che rende questo vizio decisamente scomodo, soprattutto durante il periodo invernale, in cui i fumatori sono "costretti" ad uscire al freddo per poter utilizzare il prodotto. Non vanno inoltre dimenticate le proprietà altamente nocive dei lavorati del tabacco, che provocano cancro ai polmoni, tumori, infarti, malattie respiratorie. Le sigarette possono essere considerate come il principale metodo di "suicidio" al mondo, uccidendo solo in Italia oltre 80 mila persone all'anno (il 14,2% di tutte le morti). Secondo l'Organizzazione

Mondiale della Sanità, il tabacco toglie più vite dell'Aids e della droga: è stimato che

---

[119] http://www.aams.it/site.php?page=20040518172857387
[120] http://www.ansa.it/opencms/export/site/notizie/rubriche/inlavorazione/visualizza_new.html_2056432589.html

nel 2015 le morti dovute al fumo supereranno del 50% quelle causate dall'Aids[121].
Per diffondere la consapevolezza di questi pericoli, le associazioni legate alla salute pubblica hanno speso cifre astronomiche in campagne pubblicitarie di sensibilizzazione, sfruttando ogni mezzo di comunicazione convenzionale, con spot televisivi, messaggi radio e pagine di giornali.

Il pubblico ha visto compiersi un'estesa strategia di opposizione al fumo, che ha raggiunto il suo apice con l'obbligo di segnalare il contenuto tossico del prodotto direttamente sui pacchetti. È del 2003 la Convenzione di Ginevra che stabilisce il dovere di comunicare nel packaging un avvertimento sugli effetti mortali delle sigarette, in modo scritto (nuoce gravemente alla salute, il fumo uccide, provoca il cancro...) o visivo (immagini dei neri polmoni di un fumatore, foto di malati terminali per patologie respiratorie...). Una simile azione di propaganda negativa avrebbe annientato in poco tempo qualsiasi azienda, eppure la vendita di tabacco sembra godere ancora di ottima salute. Mancanza di pubblicità di massa, aumento incontrollato dei prezzi, scomodi ostacoli nel consumo, proprietà dannose per la salute, insistenti divulgazioni ostili e prodotti marchiati con forti messaggi per scoraggiarne l'acquisto: possibile che tutti questi fattori sfavorevoli non abbiano avuto qualche risultato effettivo sui consumatori? Certamente col passare degli anni si è sviluppata una maggiore consapevolezza dei rischi legati al fumo, ma questo non impedisce a milioni di persone di iniziare a fumare ogni anno. Come ha raccontato Malcom Gladwell nel suo Libro *Il Punto Critico*, l'università di Harvard ha svolto una ricerca su alcuni gruppi di fumatori, chiedendo di indovinare quanti anni di vita avrebbero perso a causa del loro vizio. La risposta media è stata di 9 anni, ma la cifra esatta è intorno ai 6, per ogni fumatore abitudinario. Chi fa uso di sigarette non lo fa perché ne sottovaluta i rischi, anzi spesso li sopravvaluta, ma fuma ugualmente[122]. Un altro dato interessante segnalato da Gladwell, è il numero di studenti americani con il vizio del fumo: dai 780.000 giovani fumatori del 1988, si è passati ad 1 milione e 200.000 nel 1998, un aumento straordinario del 73%. In Italia, stando alle cifre riportate dal Ministero della Salute, dopo anni di calo il consumo del tabacco nel 2006 è aumentato dell'1.1% rispetto al 2005, in un periodo di piena contestazione

---

[121] http://www.ministerosalute.it/dettaglio/pdPrimoPiano.jsp?id=424&sub=2&lang=it
[122] Gladwell Malcolm. Il punto critico, I grandi effetti dei piccoli cambiamenti. BUR Biblioteca Univ. Rizzoli 2006

alle sigarette, con la messa in vigore delle nuove norme anti-fumo e prezzi al dettaglio sempre più alti[123]. Analizzando la situazione americana dal 1990 ad oggi, è possibile osservare un'interessante tendenza, nel rapporto tra i fumatori e gli aumenti economici attuati per limitarne il fenomeno:

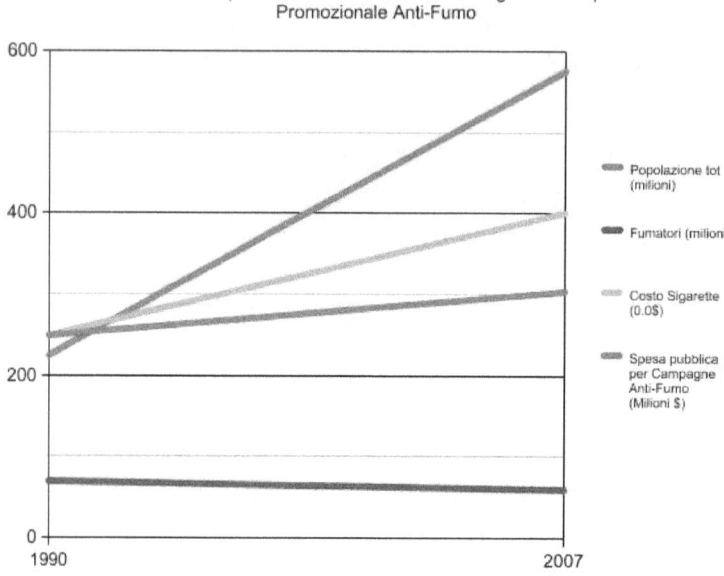

I dati del grafico sono stati raccolti attraverso i siti ufficiali del governo americano e per mezzo di alcune ricerche specialistiche sulle campagne di sensibilizzazione ai rischi del tabacco. I sondaggi e le ricerche sociali a campione non possono certo essere del tutto precisi, ma sono in grado di suggerire un'idea generale della situazione. Secondo il censimento di Stato, la popolazione totale (compresi minorenni) degli Stati Uniti, era composta da 249 milioni di abitanti nel 1990, mentre le stime previste per il 2007 parlano di oltre 303 milioni di cittadini americani[124]. La National Health Interview Survey ha svolto negli anni alcuni studi approfonditi, per osservare la salute pubblica negli USA e tentare di stabilire la quantità di fumatori (dai 18 anni in su). Grazie a queste ricerche è possibile ricavare la percentuale dei consumatori di sigarette: nel 1987 erano il 28,8% della popolazione totale[125],

---

[123] http://www.ministerosalute.it/dettaglio/pdPrimoPiano.jsp?id=424&sub=2&lang=it
[124] http://en.wikipedia.org/wiki/Demographics_of_the_United_States

calcolando così una media di 69 milioni di fumatori nel 1990, mentre nel 2007 sono stati stimati sul 20% della popolazione totale[126], il che corrisponde a circa 60 milioni di fumatori. Matematicamente non ci sono dubbi: c'è stata una relativa diminuzione del consumo di sigarette, tenendo comunque conto della mancanza di dati precisi sulla quantità dei fumatori minorenni. La diffusione del tabacco in America si fa davvero interessante nel momento in cui sono sovrapposte le cifre dell'aumento del prezzo delle sigarette e della spesa pubblica per le varie campagne anti-fumo[127]. Nel 1990 il prezzo di un pacchetto era in media di 2.40 dollari, mentre nel 2006 ha raggiunto ormai i 4.00 $. La spesa pro capite per le tasse pubbliche a favore delle campagne anti-fumo, era di circa 0.90 $ nel 1990, con un aumento fino a 1.90 dollari nel 2006. Queste cifre, rapportate con la popolazione americana dei rispettivi anni, svelano che l'investimento nella comunicazione contro le sigarette è salito da 224 milioni di dollari a 576 milioni di dollari. Di fronte ai tentativi di contrasto, con l'aumento del prezzo del prodotto e l'estesa propaganda d'opposizione, il pubblico dei fumatori è tuttavia rimasto pressoché invariato. Nel grafico si nota facilmente la differenza nella piccola flessione della riga viola (i fumatori) rispetto al forte incremento delle righe gialla e rossa (costo sigarette e la spesa nelle campagne anti-fumo). Gli enormi sforzi economici e comunicativi per arginare il consumo del tabacco con i mezzi più convenzionali (modifica del prezzo e promozione di massa), hanno avuto uno scarso effetto: possiamo affermare che l'intera propaganda anti-fumo sia uno dei più grandi fallimenti "pubblicitari" della storia.

A cosa è dovuta questa resistenza nella diffusione delle sigarette? Ad un certo grado d'utilizzo, il consumo del tabacco è probabilmente indotto da motivi non collegati direttamente alla comunicazione sociale e dopo molti anni l'utente continua a fumare per dipendenza, abitudine, vizio o necessità psicologica del gesto. È quindi preferibile concentrare l'analisi sulle cause del "primo acquisto", sulle ragioni che inducono una persona ad interessarsi alle sigarette e diventarne un cliente sempre più abituale.

---

[125] http://www.cdc.gov/nchs/data/series/sr_10/sr10_169.pdf
[126] 2007 National Health Interview Survey:
http://www.cdc.gov/nchs/about/major/nhis/released200712.htm
[127] http://www.impacteen.org/generalarea_PDFs/PCP_chaloupka_102306.pdf

Peculiarità: Per ottenere un marketing aziendale efficace, è necessario innanzi tutto che il consumatore noti il prodotto. La pratica del fumo è talmente diffusa che nei luoghi frequentati durante la giornata (scuola, lavoro, locali pubblici, strade...) è facile imbattersi in amici o estranei che fanno uso dei lavorati del tabacco. Il gesto compiuto dai fumatori nel portare la sigaretta alle labbra, comprende l'intera zona fra le mani ed il viso, mentre la combustione del contenuto produce un vistoso residuo di gas, dall'odore pungente. Le stesse azioni necessarie al consumo del prodotto, ne assicurano la visibilità agli occhi ed al naso delle persone circostanti, che non possono evitare di notare le sigarette, durante l'interazione sociale con questi individui. In generale il consumo del tabacco è ormai una pratica molto comune, che non possiede delle specifiche peculiarità: la circostanza che stimola realmente l'attenzione del pubblico sulle sigarette è il loro impiego da parte di personaggi peculiari, come gli Opinion Leader. Abbiamo visto che nei rapporti sociali i trendsetters sono molto importanti e la loro presenza è subito notata dai rispettivi gruppi d'influenza: il gesto del fumatore di tendenza ottiene facilmente l'attenzione del suo pubblico. È necessario tenere in considerazione che l'atto di fumare è essenzialmente una manifestazione estetica, con un suo "fascino" emotivo: per questa ragione gli Opinion Leader che trasmettono dei valori estetici (la ragazza affascinante) o emotivi (il ragazzo autorevole) sono quelli che attirano più facilmente l'attenzione sull'uso delle sigarette. Il prodotto attrae efficacemente la considerazione dei consumatori, grazie al suo impiego da parte di caratteristici modelli di vita.

È molto probabile che la maggior parte dei fumatori abbia iniziato a fare uso di sigarette durante l'adolescenza e per questo motivo è possibile esaminare un ulteriore influenza sulla mente dei giovani consumatori. La curiosità dei teenagers verso i prodotti del tabacco è stimolata anche da una serie di "Opinion Leader Contrari", ovvero quelle persone che tentando di consigliare in qualche modo i minorenni, riescono solo a provocarne l'effetto opposto. I genitori o i maestri di scuola cercano di informare i ragazzi sui pericoli del fumo (raccomandazioni, avvisi, divieti, minacce), ma in questo modo non fanno altro che attirare maggiormente l'attenzione dei futuri fumatori, verso un azione "proibita" e quindi ancor più affascinante. Dal 1998 la legge americana proibisce di fumare a tutti i minori di 18 anni, ma questa intimazione statale non ha certo fermato il dilagare del fenomeno. I teenager sono "ribelli" per natura, non seguono i consigli dei "grandi" e preferiscono sperimentare personalmente ogni fase della propria vita. Gli adulti vanno quindi considerati come veri e propri "trendsetters opposti": impongono determinati modelli di comportamento, senza avere tuttavia la facoltà di influenzare positivamente il pubblico minorenne. Non è sbagliato avvertire i teenagers dei pericoli del tabacco, ma spesso i metodi convenzionali impiegati da genitori e tutori non sono propriamente efficaci. Le avvertenze e le opposizioni all'uso delle sigarette amplificano il "prestigio sociale" dei giovani fumatori, che sfidano l'autorità dei grandi e per questo sono "ammirati" dai coetanei. Inoltre il divieto assoluto di fumare aumenta il fascino del "primo consumo", la prima inalazione di tabacco compiuta di nascosto, che rende la circostanza un gesto di sfida ancora più esaltante agli occhi dell'adolescente.

Il fenomeno del tabagismo minorile non si conclude però con una singola "prova" di un prodotto vietato, compiuta per curiosità dai ragazzi più ribelli: se così fosse, basterebbe fumare una sola sigaretta per capire di cosa si tratta. Il fumatore medio continua la sua pratica quotidianamente, eppure la vera dipendenza (fisica e psicologica) dal tabacco si realizza soltanto dopo molti mesi di consumo. Perchè allora le persone cominciano a fumare per un lungo periodo di tempo, pur non avendone ancora il vizio?

Punto d'interesse: Nel 2005, la American Association for Cancer Research ha svolto uno studio su un campione di oltre 4.000 ragazzi, scelti fra 57 differenti scuole, per determinare l'influenza

dell'ambito scolastico sul consumo del tabacco[128]. I risultati ottenuti hanno segnalato alcune particolari circostanze sociali, che possono aumentare la probabilità di iniziare a fumare fra gli alunni delle prime classi: fra questi, l'uso di sigarette in situazioni non permesse e la presenza di un'alta percentuale di compagni più grandi che già fumano. In altre parole, gli Opinion Leader Personali (i compagni più grandi) che consumano impropriamente tabacco, provocano una forte suggestione sul giovane pubblico, che assimila l'atto di fumare come un gesto di superiorità ed un modo per sentirsi adeguati al resto della compagnia. Le amicizie sono il punto d'interesse principale per ogni teenager ed i ragazzi popolari si presentano come dei modelli con cui paragonarsi, per stabilire il relativo successo all'interno del gruppo sociale. Nel caso in cui gli Opinion Leader Personali fanno uso dei prodotti del tabacco, il paragone scatena una spinta di emulazione nei rispettivi followers, che sono interessati ad essere come loro, imitandoli anche nel vizio di fumare. Fra i giovani che iniziano a consumare sigarette, sono già presenti i futuri trendsetters di quell'ambiente ed in questo modo rimane stabile la presenza di Opinion Leader fumatori nell'arco del tempo. Quando il successo e la capacità di relazione nel gruppo sono ormai legati all'uso del tabacco, si crea un circolo vizioso dal quale è difficile poter uscire. Come ha fatto notare Gladwell[129], le circostanze di iniziazione alle sigarette sono tutte molto simili fra loro, scatenate dalla presenza di personaggi affascinanti che fumano e dal valore sociale che si ottiene nell'assomigliarvi. I consumatori sono più interessati alla pratica del fumo che al prodotto in sé (che è nocivo e costoso) e per raggiungere il loro scopo hanno bisogno di utilizzare l'offerta delle aziende del tabacco. Ovviamente non è sufficiente fumare una sola volta per imitare i propri beniamini, ma è necessario farlo costantemente per essere considerati tabagisti. È questo il vero motivo che spinge milioni di persone ad iniziare un gesto dannoso e prolungarlo nel tempo: il solo scopo di conquistare uno status sociale e mantenerlo. Le sigarette colpiscono efficacemente il Punto d'Interesse del loro target, un pubblico insicuro che sente la necessità di avvicinarsi alle persone che più stima ed apprezza, per sentirsi altrettanto accettato e gradito.

---

[128] http://cebp.aacrjournals.org/cgi/content/full/14/7/1762
[129] Gladwell Malcolm. Il punto critico, I grandi effetti dei piccoli cambiamenti. BUR Biblioteca Univ. Rizzoli 2006

Passaparola: trasmettendo il messaggio del tabacco attraverso il Product Opinion Leader Placement, è possibile sfruttare direttamente le capacità contagiose dei personaggi di tendenza ed ottenerne i rispettivi valori. Nel caso delle sigarette, la comunicazione compiuta non è un vero e proprio "passaparola" vocale, ma è piuttosto un'esposizione visiva al gesto. Ripetuto quotidianamente nel tempo da innumerevoli Opinion Leader, il tabagismo riesce a raggiungere efficacemente i relativi gruppi di influenza, sfruttandone il bisogno di conformismo ai rituali sociali, soprattutto nell'adolescenza. Per esibire ed ottenere il proprio status di fumatore, è necessario effettuare il gesto in pubblico: non è possibile ottenere i valori sociali veicolati dalle sigarette semplicemente fumando da soli.

Questo permette un forte "passaparola" dei prodotti del tabacco, il cui consumo è utile soltanto se comunicato apertamente agli altri. Con il passare del tempo si crea anche il vero bisogno psicologico e fisico di fumare frequentemente, rendendo così spontanea l'esibizione del tabagismo in ogni momento libero. Il messaggio "promozionale" delle sigarette è quindi diffuso efficacemente attraverso il gesto di fumare, condiviso pubblicamente per un guadagno personale (mettersi in mostra con il proprio gruppo di amici, ottenere lo status di fumatore), condivisione dei valori (fumare assieme come rituale sociale, fumare perché è considerato da tutti "cool"), per qualità estetiche / emotive (fascino del gesto e dei rispettivi valori emotivi associati) e, soltanto inizialmente, anche per una certa curiosità (provare a fumare). L'enorme contagio virale delle sigarette è senza dubbio il caso più evidente delle capacità promozionali degli Opinion Leader Personali, che riescono a rendere inutile tutta la convenzionale comunicazione negativa, svolta per marginare il fenomeno del tabagismo.

Praticità: come abbiamo visto, il consumo di sigarette è una pratica essenzialmente estetica, una sorta di accessorio alla moda che trasmette determinati valori sociali. Il prodotto è diffuso con il suo stesso uso e per questo motivo comunica efficacemente le proprie caratteristiche, convincendo il pubblico che osserva affascinato gli Opinion Leader Fumatori. Certamente attraverso l'analisi superficiale del gesto non è possibile vedere immediatamente gli effetti nocivi del tabacco: i danni recati dalle sigarette si manifestano materialmente soltanto dopo molti anni di consumo continuo, il che porta ad un rimando temporale della questione. Il pubblico conosce ormai bene gli effetti negativi del fumo, ma questi problemi di salute non sono ancora presenti nell'immagine seducente dei trendsetters fumatori. Per questo motivo le conseguenze tossiche del tabacco sono lasciate in secondo piano, considerate soltanto come un problema marginale rispetto al grande valore sociale ottenuto nell'immediato futuro, grazie al tabagismo. I consumatori sono più interessati al guadagno estetico attuale, piuttosto che preoccuparsi degli svantaggi che ne possono derivare nell'avvenire: per quanto la situazione sia pericolosa, rimane una libera scelta del singolo individuo, legata alla sua insicurezza emotiva ed ai suoi bisogni d'appartenenza ad un gruppo. Il Product Placement delle sigarette è un fenomeno spontaneo, che sopravvive autonomamente senza spinte da parte delle aziende, proprio per la sua straordinaria capacità di comunicare chiaramente le caratteristiche estetiche, emotive e sociali, attraverso l'utilizzo pratico del prodotto da parte di individui influenti.

CAPITOLO 5

5.1 Considerazioni conclusive

È sufficiente una breve analisi della situazione attuale per capire che la società contemporanea ed i suoi metodi di comunicazione, sono molto cambiati negli ultimi 10 anni. In questo scenario in continua evoluzione, il sistema pubblicitario è rimasto pressoché invariato. Soltanto con l'introduzione delle strategie non convenzionali, le aziende hanno potuto avere a disposizione un sistema più adeguato per diffondere i propri messaggi promozionali. Il pubblico di oggi non è più lo spettatore passivo degli anni d'oro della pubblicità classica e sarebbe ingenuo credere di poterlo influenzare efficacemente con delle soluzioni comunicative usate fin dai primi anni del '900 (considerando comunque i relativi progressi fra giornali, radio e tv). L'advertising tradizionale è

rimasto condizionato dai limiti dei vecchi mezzi di comunicazione di massa, che non riescono a stare al passo con la rapida trasformazione sociale del consumatore post-moderno. La propaganda convenzionale stabilisce la sua funzione in base alla quantità immediata di utenti raggiunti, affidandosi ai grandi numeri dei mass media, ma non tiene conto delle "qualità sociali" dei suoi messaggi. La qualità sociale è difficile da misurare: quante volte una pubblicità è stata ignorata? Quante persone ne hanno parlato agli amici? È semplice contare le cifre fornite dai mezzi *broadcasting* (*share* del programma TV, copie vendute del giornale), ma non è altrettanto facile quantificarne l'impatto. Per riuscire a coinvolgere socialmente i consumatori, il marketing ha bisogno di comprendere meglio i nuovi linguaggi del suo pubblico e sviluppare i messaggi promozionali attraverso le abitudini espressive della società digitale. Per realizzare una pubblicità efficace bisogna riuscire ad essere originali, introdursi attivamente nei rapporti sociali delle persone, dimostrare la qualità effettiva del prodotto e rendere l'advertising una forma di intrattenimento piacevole, compatibile con i valori del target che si vuole raggiungere.

Le passate generazioni sono state abituate a credere che la pubblicità era sinonimo di qualità dei prodotti, ma oggi i consumatori sono sempre più consapevoli ed informati e per questo motivo sono meno disposti a credere alla classica propaganda aziendale. I ragazzi fra i 18 ed i 25 anni sono una fascia di pubblico molto importante da conquistare, spesso indicati con il termine "Generazione Y": possono vantare una profonda cognizione della tecnologia più avanzata (PC, cellulari, macchine fotografiche digitali, lettori Mp3, ecc.), soprattutto fra esperti di mercato ed innovatori. Avere a disposizione un mezzo potente come internet permette una libera trasmissione di ogni tipo di informazione, la partecipazione nella creazione dei contenuti e la possibilità di consultare un enorme archivio di opinioni in qualsiasi momento. È il pubblico ad avere il controllo del più grande sistema di comunicazione mondiale, una rete digitale che sopravvive soltanto attraverso l'interazione dei suoi stessi partecipanti. La pubblicità non può continuare a considerare il suo target come un destinatario passivo da colpire con messaggi fastidiosi e ripetuti, nella speranza di interessarlo all'offerta, ma è necessario rispettare i consumatori e renderli partecipi alla diffusione attiva del *brand*, sviluppando un sistema promozionale che attiri davvero l'attenzione e stimoli la diffusione sociale.

In generale il pubblico contemporaneo sente ancora il bisogno di comprare dei prodotti per soddisfare le rispettive necessità fisiche (mangiare, bere, stare al coperto...) e i desideri secondari (divertimento, estetica, informazione...), eppure il marketing convenzionale sembra aver perso la capacità di indirizzare i consumatori in un modo a loro compatibile. In questa situazione di relativa staticità promozionale, i *brand* storici più famosi sono avvantaggiati. I prodotti pubblicizzati durante il boom economico del dopoguerra hanno acquisito un'immagine idealizzata delle loro caratteristiche e sono spesso comprati ancora oggi semplicemente per abitudine: i genitori ne hanno sempre fatto uso e di conseguenza i figli hanno imparato a consumare gli stessi articoli, trascinandone il successo per generazioni. È possibile riscontrare questa circostanza soprattutto nel campo dei generi alimentari, dove le preferenze nel gusto sono sviluppate negli anni attraverso la continua degustazione e l'evoluzione tecnologica non ha portato sostanziali cambiamenti. Marchi come Coca Cola o Nutella sono entrati di diritto nell'immaginario collettivo e probabilmente continuerebbero a vendere bene anche eliminando ogni forma di pubblicità. Esistono bibite gassate e creme al cioccolato molto simili a quelle di Coca Cola e Nutella, a volte anche migliori, ma i consumatori continuano a comprare i prodotti più famosi, perché sono stati abituati negli anni a quello specifico gusto (tralasciando le eventuali modifiche all'originale ricetta). In questo modo i marchi leader del

settore già da molti anni riescono a mantenere una costante presenza sul mercato, qualunque sia la rispettiva situazione promozionale. La fama insistente delle aziende storiche è ben visibile dalla lista annuale di Interbrand, un'agenzia che ogni 12 mesi realizza una classifica dei 100 *brand* più popolari al mondo[130]. Come fa notare Seth Godin nel suo libro *Purple Cow*, il 70% delle imprese nella Top 100 del 2003, aveva già ottenuto il successo negli USA oltre 30 anni fa (Coca Cola, Disney, Marlboro, Ford...), in un periodo in cui era più semplice promuovere i prodotti con il marketing classico, raggiungendo i consumatori non ancora assuefatti. Il 24% delle marche ha raggiunto la popolarità quasi interamente grazie al passaparola virale del pubblico (Oracle, Starbucks, Ikea, Yahoo, Amazon...) oppure esercitando un forte potere intimidatorio sul mercato (Microsoft). Soltanto il 6% dei *brand* è riuscito ad entrare nell'elenco grazie a forti investimenti pubblicitari negli ultimi 10 anni (Nike, AOL...). Nella Top 100 del 2007[131] è interessante notare che Google, Apple e Nintendo sono state fra le 5 aziende che hanno aumentato maggiormente la loro

---

[130] http://www.interbrand.com/surveys.asp
[131] http://www.interbrand.com/surveys.asp

popolarità commerciale. Questo grande successo è dovuto principalmente ad una diffusione virale dei *brand*, tenendo conto che non ci sono stati cambiamenti rispetto alle pubblicità tradizionali impiegate nel 2006: il miglioramento è stato determinato dal passaparola del pubblico.

A supporto delle strategie non convenzionali, è possibile stimare che ogni giorno avvengono circa 3,5 bilioni di conversazioni sui *brand* nei soli Stati Uniti, instaurate spontaneamente da parte degli stessi consumatori. Il marketing che stimola la diffusione virale dei messaggi promozionali ha a disposizione un enorme bacino d'utenza da contagiare, in cui l'80% delle persone crede maggiormente ai consigli degli amici rispetto ad ogni altra forma di advertising tradizionale[132]. Pur rimanendo ancora un campo minore, la pubblicità alternativa sta diventando una scelta aziendale sempre più comune negli ultimi anni, grazie ai costi relativamente contenuti ed una maggiore efficacia nel comunicare al nuovo pubblico post-moderno. Il mercato pubblicitario è entrato ormai in un periodo di piena ristrutturazione, in cui le agenzie hanno bisogno di aggiornare le proprie abitudini, per approfondire al meglio le potenzialità del marketing non convenzionale. La sfida per il rinnovamento comunicativo non è certo facile da vincere: il Viral, il Guerrilla ed il Product Placement sono tattiche relativamente nuove. Rimane ancora molta confusione sull'argomento e spesso non si riesce a sfruttarle a dovere. La semplificazione in 3 categorie, effettuata in questa tesi per chiarire le forme principali della nuova pubblicità, non può certo essere del tutto esaustiva. Possiamo in fondo riassumere l'intera situazione del mercato attuale con il concetto di assuefazione del pubblico alla promozione tradizionale, un problema che è risolvibile sfruttando nuove forme pubblicitarie, fondate sulla Peculiarità (per attirare l'attenzione sul messaggio), sul Punto d'Interesse (per mantenere l'attenzione e coinvolgere il target adeguato), sul Passaparola (per diffondere il messaggio) e sulla Praticità (per dimostrare la qualità del prodotto).

In questa fase di passaggio al marketing non convenzionale, è difficile capire se la vecchia propaganda può ancora trovare uno spazio in cui mantenere una relativa superiorità comunicativa. Possiamo ipotizzare che i bambini non sono in grado di

---

[132] http://www.marketingcharts.com/interactive/word-of-mouth-marketing-spending-to-top-1-billion-in-2007-2424/

distinguere un messaggio pubblicitario dal resto dell'intrattenimento (fumetto, televisione...), non sono infastiditi dall'interruzione e rimangono facilmente influenzabili dal marketing tradizionale. I più piccoli sono un target poco esperto, assorbono la propaganda aziendale solo da un breve periodo di tempo e per questo non sono ancora assuefatti dalle strategie più banali. I bambini non hanno la possibilità o la capacità di utilizzare i mezzi di comunicazione interattiva come internet, non hanno l'opportunità di diventare utenti attivi e rimangono immuni dal viral marketing. Allo stesso tempo le tattiche di Guerrilla Marketing rimangono semplici situazioni ricreative o insolite, che probabilmente non riescono ad essere collegate mentalmente alla percezione di un prodotto ed all'opportunità dell'eventuale acquisto. Il Product Placement rimane forse il sistema non convenzionale che affascina maggiormente i bambini, grazie al loro forte bisogno di imitazione incondizionata di modelli, nell'interpretazione giocosa di cartoni animati, super eroi e parenti. Il pubblico dei ragazzini non è certo da sottovalutare economicamente, capace di forti pressioni rispetto alle decisioni commerciali dell'intera famiglia[133]. Un discorso simile potrebbe essere fatto anche per le fasce di popolazione più anziane, cresciute nell'epoca d'oro della pubblicità. I classici messaggi aziendali hanno saputo influenzare profondamente le loro abitudini di acquisto: nella maggior parte dei casi questi individui non hanno mai sviluppato una coscienza critica verso i mass media, rimasti il loro unico mezzo di intrattenimento giornaliero. La promozione convenzionale fa ancora un certo effetto sugli anziani di oggi, ma il discorso sarà molto diverso quando le attuali generazioni di teenagers diventeranno i nuovi pensionati. La propaganda tradizionale e quella innovativa potrebbero quindi coesistere, per rivolgersi a differenti tipologie di pubblico e comunicare l'esistenza dei prodotti nel modo che meglio influenza il target desiderato.

---

[133] http://www.comunitazione.it/leggi.asp?id_art=1645&id_area=143

Per ottenere una corretta diffusione del *brand* è necessario tuttavia tenere in considerazione una questione molto importante: per quanto sia indicato spesso come "Marketing Non Convenzionale", la promozione innovativa è soltanto una delle 4 P della teoria generale del marketing. Non è sufficiente affidarsi ad una buona campagna comunicativa per avere successo sul mercato, ma bisogna riflettere attentamente sulla qualità e l'aspetto del Prodotto, sulla convenienza del suo Prezzo e sulla disponibilità della merce presso i Punti Vendita. Un Prodotto scadente o banale difficilmente potrà vendere bene (come indicato nell'analisi di Seth Godin[134]), soprattutto se il Prezzo è troppo alto (il costo non vale i benefici ottenuti) oppure se risulta difficile reperire l'articolo nei negozi. Anche la migliore pubblicità non convenzionale, per quanto possa aiutare a comunicare con il nuovo pubblico, non può decretare da sola il successo di un'azienda.

5.2 Un fattore essenziale: l'equilibrio fra costi ed efficacia

Tenendo conto della complessa strategia del marketing delle 4P, la Promozione occupa soltanto ¼ dei motivi generali per cui un consumatore medio acquista uno specifico *brand* rispetto ad un altro. Considerando la relativa importanza della propaganda commerciale, diventa quindi essenziale riuscire a spartire adeguatamente i finanziamenti economici sui 4 aspetti fondamentali del marketing, per ottenere un vero successo nel mercato contemporaneo. In questo caso non sembra quindi una buona idea quella di sprecare troppi soldi per la pubblicità: diventa invece molto importante riuscire a sviluppare una campagna di comunicazione che riesca a massimizzare l'efficacia in relazione al suo costo, un aspetto in cui l'advertising tradizionale non riesce più ad essere competitivo. Il problema principale della promozione classica non è la sua eventuale inutilità rispetto alle nuove strategie non convenzionali, ma piuttosto gli aspetti negativi della sua forma di trasmissione, che funziona soltanto in base al maggior numero di ripetizioni attraverso i mass media più seguiti. La necessità di raggiungere subito grandi numeri di persone, interrompendole durante il loro intrattenimento, ha portato all'aumento esponenziale

---

[134] Seth Godin. La mucca viola, Farsi notare (e fare fortuna) in un mondo tutto marrone. Sperling & Kupfer, 2004.

dei costi per accedere ai mezzi di comunicazione di massa, soprattutto nel caso della TV generalista. In altre parole, le spese richieste dai Media per trasmettere la pubblicità tradizionale, sono calcolate in base al numero di consumatori che seguono quel mezzo. Per introdurre un messaggio promozionale in un giornale famoso o un canale televisivo di successo, è necessario pagare più soldi rispetto all'inserimento in media meno popolari. Una propaganda convenzionale può anche costare poco nella sua realizzazione materiale (basta una buona idea per costruire uno spot dignitoso) e nella maggior parte dei casi, la scelta di comunicare il prodotto alla vecchia maniera è comunque meglio del non avere alcun tipo di promozione. La questione negativa è invece il prezzo necessario per trasmettere un messaggio commerciale sui mezzi *broadcasting*, una spesa che sembra ormai poco equilibrata rispetto all'efficacia che l'advertising tradizionale può ancora permettersi. Tutto questo senza contare il contributo economico alle agenzie pubblicitarie, le quali, se davvero serie ed aggiornate, dovrebbero chiedere prezzi minori per la realizzazione di campagne promozionali ormai superate. La Promozione convenzionale non ha lo stesso valore di un tempo e per questo motivo non è più sensato pagare milioni di euro per realizzare e diffondere un messaggio dalla trascurabile influenza sociale.

Per comprendere meglio l'entità degli sprechi economici nel classico advertising, è sufficiente osservare le cifre richieste dai grandi network televisivi, per accedere agli intermezzi pubblicitari. Uno degli show più seguiti della televisione americana, tralasciando gli eventi eccezionali come il Super Bowl o la notte degli Oscar, è *American Idol*, un programma durante il quale le aziende devono pagare oltre 700 mila dollari (circa 500 mila euro) per trasmettere soli 30 secondi di spot. Al terzo posto nella popolarità fra i telespettatori americani, c'è il telefilm *Grey's Anatomy*, che richiede almeno 465 mila dollari (315 mila euro) per ogni reclame[135]. Altre serie TV di successo, come *Desperate Housewives*, *Heroes*, i *Simpsons*, *CSI* e *Dr. House*, vedono i rispettivi costi per la trasmissione promozionale aggirarsi attorno ai 300 mila dollari (200 mila euro)[136]. In Italia la situazione è relativamente più economica, non raggiungendo i costi astronomici dei network americani, ma le cifre richieste dalle televisioni del Bel Paese non sono di certo trascurabili: per uno spot sulle reti

---

[135] http://televisionista.blogspot.com/2007/10/how-much-tv-advertising-costs.html
[136] http://spotanatomy.libero.it/index.php/2007/10/22/costo_spot_telefilm_america_30_secondi

nazionali si spende in media fra i 10.000 ed i 30.00 euro, arrivando anche a centinaia di migliaia di euro per interrompere programmi del calibro di *Sanremo* o l'*Isola dei Famosi*[137]. Da questo punto di vista è interessante osservare il listino dei prezzi ufficiali di Publitalia, la concessionaria di pubblicità delle reti televisive del gruppo Mediaset[138].

	Euro
Canale 5	
TG5 ore 8.00	4.500
TG5 ore 13.00	27.000
Speciale Beautiful	36.000
TG5 ore 20.00	102.000
TG5 ore 20.00 weekend	75.000
Striscia la notizia	97.000
Premiere	97.000
Premiere weekend	72.000
Gransera	60.000
RIS	80.000
Grande Fratello	80.000
Ciao Darwin	73.000
Bagaglino	45.000
Gran Galà TV	88.000
Italia 1	
Studio Aperto 12.30	15.500
Studio Aperto 18.30	11.000
Prime Time	31.500
Smallville	27.500
Le Iene Show	38.000
C.S.I.	43.000
Prime Time 2 (1° Break)	15.500
Controcampo	21.500

I programmi più seguiti del palinsesto sono chiaramente quelli con il più alto valore pubblicitario. Una promozione convenzionale che vuole ottenere una certa visibilità ha bisogno di spese molto alte, nella speranza di raggiungere quella piccola parte di consumatori che potrebbe essere interessata all'offerta. Ovviamente il costo di trasmissione non tiene conto dell'effettiva attenzione degli spettatori, che potrebbero anche essere distratti, infastiditi o cambiare canale durante la pubblicità. In altre parole, come fa notare abilmente Seth Godin[139], le aziende non acquistano il 100% dell'attenzione quando pagano per diffondere uno spot in televisione, in radio o sui giornali. In effetti, la pubblicità *broadcasting* non ottiene neppure l'attenzione

---

[137] http://spotanatomy.libero.it/index.php/2007/10/22/costo_spot_telefilm_america_30_secondi
[138] http://www.publitalia.it/
[139] http://sethgodin.typepad.com/seths_blog/2007/12/your-ads-are-no.html

dell'1% del totale dei consumatori raggiunti dal rispettivo mass media, ma la cifra più verosimile si aggira attorno ad 1 su 10.000. Nella pubblicità convenzionale, si pagano quindi migliaia di euro per raggiungere soltanto lo 0,01% del pubblico disponibile in quel canale comunicativo: una situazione non certo equilibrata economicamente. Questo perché i consumatori ascoltano un consiglio promozionale soltanto quando sono interessati a quel tipo di prodotto, ma nel momento in cui questo bisogno non è attivo, gli spot classici rimangono soltanto delle inutili interruzioni all'intrattenimento principale. Vale dunque la pena spendere oltre 100 mila euro per inserire un messaggio commerciale nelle interruzioni del TG 5 oppure 40 mila euro per le *Iene Show*? Quanti di questi pochi consumatori raggiunti a fatica si trasformeranno in un guadagno effettivo per il *brand*? A tal proposito, Sergio Zyman, capo del reparto marketing che ha curato la rinascita del marchio Coca Cola, ha rivelato che due dei più celebri spot televisivi di tutti i tempi, conosciuti come *I'd Like To Teach the World to Sing* e *Mean Joe Greene*, non sono serviti a vendere più bottiglie della bevanda. Erano riusciti ad attirare l'attenzione degli spettatori, sono costate molto, ma non hanno generato alcun aumento dei profitti[140].

La pubblicità convenzionale trasmessa con i mass media, raggiunge in teoria un alto numero di persone, ma in realtà questi destinatari non sono filtrati qualitativamente: la propaganda commerciale è sparata a caso nel mucchio, senza tenere conto di quante persone siano veramente interessate. La promozione non convenzionale è invece diffusa principalmente attraverso il passaparola, i messaggi virali sono divulgati per interessi comuni ed è più semplice raggiungere i gruppi di consumatori compatibili con l'offerta dell'azienda. Gli utenti passano il messaggio promozionale  direttamente agli amici che hanno una certa pertinenza con quella informazione, poiché, conoscendoli personalmente, sanno quali sono i loro bisogni e valori attuali. I

---

[140] Seth Godin. La mucca viola, Farsi notare (e fare fortuna) in un mondo tutto marrone. Sperling & Kupfer, 2004.

mezzi di comunicazione *broadcasting* non possono (almeno per ora) conoscere i gusti specifici di ogni singolo spettatore che assiste ai loro programmi. La parte migliore delle strategie alternative, è che la diffusione virale non ha alcun costo aggiuntivo, oltre alla realizzazione della campagna. Economicamente parlando, il Product Placement Passivo ed Interattivo sono forse le due soluzioni meno vantaggiose, poiché può essere necessario un pagamento relativamente alto per posizionare il prodotto all'interno del punto d'interesse. Va tuttavia ricordato che per avere un buon risultato promozionale non è fondamentale inserire il *brand* nel film, giornale o videogioco più famoso (e quindi più costoso), ma è sufficiente individuare quelle forme d'intrattenimento di nicchia che sono apprezzate dagli esperti di mercato, dagli innovatori e dai *trendsetters*. Le considerazioni riguardo ai prezzi del Product Placement sono comunque complesse, tenendo conto che il posizionamento nei media è l'aspetto caratteristico di questa strategia, senza dimenticare il successivo passaparola in caso di una buona esecuzione.

Fino a quando le spese di realizzazione e trasmissione non si abbasseranno, la promozione convenzionale rimarrà una scelta poco sensata, senza un'efficacia davvero equilibrata ai suoi alti costi complessivi. Soltanto le aziende più ricche possono continuare a sprecare denaro per ripetere all'infinito i rispettivi messaggi commerciali, cercando di attirare l'attenzione di un pubblico disperso ed ormai assuefatto. La mancanza di sistemi adeguati per misurare l'influenza effettiva della pubblicità classica, ha permesso a questa strategia di marketing di continuare a sopravvivere ben oltre la sua capacità di produrre risultati convenienti economicamente. Tenendo in considerazione la facilità con cui è possibile determinare le reazioni dei visitatori sul Web, è interessante notare come il costo d'inserimento dei banner pubblicitari sia precipitato nel giro di pochissimo tempo. La soluzione adottata per i banner fin dalla metà degli anni '90 è sempre stata molto simile agli annunci pubblicitari tradizionali: immagini e scritte accattivanti, sistemate a ridosso dei reali contenuti, nella speranza di attirare l'attenzione dei consumatori. Oggi i banner hanno dei prezzi molto bassi, perché la loro (mancata) efficacia è facilmente misurabile ed è stato dimostrato che gli utenti ignorano questa forma di promozione passiva, a cui sono ormai abituati da anni[141]. Nel caso in cui la pubblicità convenzionale (sui giornali, nei cartelloni, in televisione o in radio), fosse in grado di calcolare le reazioni dei consumatori come su Internet, quanti "click" potrebbe ottenere?

Seth Godin ha analizzato la decadenza del marketing tradizionale nei suoi libri *Permission Marketing* e *Unleashing the IdeaVirus*[142], sottolineando come la vecchia pubblicità sia diventata ormai una spesa esagerata rispetto ai suoi effettivi risultati sociali. Le agenzie di marketing hanno bisogno di un nuovo sistema comunicativo, con un migliore equilibrio fra costi ed efficacia, capace di stimolare il passaparola, incuriosire e convincere nuovamente i consumatori. Sono evidenti gli indizi che indicano una profonda crisi della promozione classica e la situazione potrà solo peggiorare nei prossimi anni. Il marketing non convenzionale sembra essere la risposta più adeguata economicamente alle esigenze commerciali dei *brand*.

5.3 Sopravvivenza del marketing tradizionale?

Arrivati a questo punto rimane da porsi una domanda fondamentale: se le strategie convenzionali hanno ormai perso il loro equilibrio economico, per quale motivo le aziende continuano ad investirci gran parte del loro budget? La risposta è sicuramente complessa e coinvolge diverse motivazioni. Da una parte, la mancanza d'innovazione è da imputare alle stesse agenzie pubblicitarie, incapaci di aggiornare tempestivamente le proprie capacità alle nuove tipologie di comunicazione. La promozione non convenzionale è certamente più equilibrata, ma questo non significa che sia semplice sviluppare una campagna virale. La rapida evoluzione del consumatore post-moderno e delle sue abitudini espressive, hanno colto alla sprovvista la maggior parte delle istituzioni del settore marketing: le agenzie hanno da sempre affidato il proprio lavoro a sistemi pubblicitari consolidati nel tempo, senza mai trovare particolari problemi fino agli ultimi anni. Anche le accademie e le scuole professionali sono rimaste a lungo impreparate alla grande rivoluzione in atto e soltanto ultimamente hanno cominciato ad istruire i giovani con insegnamenti adeguati al nuovo mercato. Senza una cultura adatta a comprendere e realizzare efficacemente le strategie non convenzionali, le agenzie si sono ritrovate a corto di

---

[141] http://sethgodin.typepad.com/seths_blog/2002/06/slashdot_and_np.html
[142] http://www.internetviz.com/word_of_mouse.htm

menti creative capaci di realizzare delle pubblicità oltre i limiti dei 30 secondi di spot o delle classiche pagine cartacee. Spesso gli uffici marketing tentano di aggiornarsi in qualche modo, proponendo soluzioni "alternative" di cui non comprendono molto bene il funzionamento. Il risultato di questa ignoranza comunicativa si materializza in banali imitazioni di idee già viste oppure in soluzioni prive di ogni effetto concreto. Non è certo sufficiente inserire un video qualsiasi su Youtube o incollare qualche logo nelle città per avere un successo virale. Allo stesso tempo, la promozione classica rimane probabilmente il settore in cui le agenzie ricavano i guadagni più alti ed è logico immaginare che per questo motivo siano poco propense a lavorare sulla nuova pubblicità, dove ottengono minore denaro. Non conoscendo ancora bene il marketing non convenzionale, le società di comunicazione continuano a proporre i vecchi metodi ai propri clienti, tralasciando volutamente i sistemi più "complessi", dai quali non traggono molto profitto.

Di certo la scelta di continuare ad utilizzare le strategie convenzionali non è imputabile soltanto alle agenzie, ma anche le imprese hanno contribuito a rallentare il rinnovamento della comunicazione promozionale. La pubblicità di massa è sempre stata uno dei sistemi più veloci per determinare la crescita commerciale di un'azienda e col passare del tempo i grandi manager hanno interiorizzato questo concetto, vedendo gli spot tradizionali come il migliore metodo per aumentare il proprio successo. Oggi i tempi sono cambiati, ma la maggior parte dei *brand* non ha sviluppato la consapevolezza del nuovo mercato sociale e continua a pretendere vecchie soluzioni comunicative, credendo che siano ancora un investimento equilibrato. Senza una cultura adeguata da parte degli stessi clienti, è quindi difficile che si possa alzare la richiesta di campagne pubblicitarie non convenzionali. Purtroppo le aziende sono strutture molto complesse, in cui non è semplice aggiornare rapidamente la mentalità di tutti i componenti che ne guidano le decisioni strategiche, soprattutto quando sono controllate da dirigenti anziani, troppo lontani dalla generazione digitale. Le scelte di marketing sono prese tenendo conto dei "successi" comunicativi del passato, per la paura di ricevere critiche o rischiare il fallimento con tipologie di promozione mai viste prima. In un certo senso la diffidenza delle aziende può essere comprensibile: tenendo conto che le stesse agenzie pubblicitarie sono poco esperte in materia, non è semplice riuscire ad ottenere una propaganda alternativa che possa essere efficace. Il funzionamento delle strategie virali è strettamente legato al passaparola del pubblico e non è possibile prevederne la portata fino alla sua conclusione. L'epidemia sociale può avere bisogno di molto tempo per espandersi e non si può pretendere di avere dei risultati immediati. I *brand* sono stati abituati a conoscere in anticipo il numero di persone che avrebbero potuto raggiungere per mezzo dei mass media, grazie ai dati di vendita dei giornali ed allo share televisivo. Nel campo del passaparola è però impossibile misurare l'ampiezza della trasmissione prima che si compia (tralasciando il Product Placement Passivo & Interattivo) e per questo motivo le aziende si sentono meno sicure, senza avere alcuna prospettiva numerica a cui affidare le proprie speranze commerciali. L'unico modo per stimare una previsione del contagio non convenzionale è attraverso l'eventuale successo delle precedenti campagne alternative della stessa agenzia.

L'importanza dei consumatori nel sistema promozionale è un altro fattore che può intimorire le aziende, per la paura di perdere il controllo sul messaggio commerciale. Le opinioni del pubblico spaventano i *brand*, che non sono abituati ad interagire attivamente con i propri clienti, dopo anni di comunicazione impersonale e distante. Il vantaggio del classico advertising è la possibilità di gestire a piacimento la trasmissione, una situazione che nei metodi alternativi è possibile soltanto in parte nel Product Placement Passivo & Interattivo (le due strategie più simili a quelle tradizionali). La pubblicità convenzionale non ha più la stessa efficacia di una volta, ma almeno riesce ad illudere le aziende di poter controllare la propaganda dei rispettivi prodotti. Non va inoltre dimenticato il prestigio economico che ancora possiedono i vecchi sistemi di promozione, proprio per i loro alti costi: se un *brand* può permettersi di consumare tutti quei soldi, allora significa che è in buona salute e quindi ne trae un vantaggio d'immagine sui clienti e sugli avversari. Non si ottengono forse risultati pratici, ma almeno si dimostra la propria ricchezza. Rimanendo negli aspetti economici, la propaganda convenzionale è un'ottima copertura per estorcere senza sospetto le eventuali citazioni positive all'interno degli articoli di giornali o nei programmi televisivi. Le imprese continuano a pagare per i classici inserimenti commerciali, ma soltanto se in aggiunta a qualche forma di

Product Placement nel vero intrattenimento. Queste sono soltanto alcune delle possibili cause per la tenace sopravvivenza della pubblicità convenzionale, ma per avere risposte più esaustive la domanda andrebbe posta ai diretti interessati, le aziende che ancora scelgono i vecchi sistemi di propaganda.

Per quanto la scelta può essere discutibile e poco equilibrata, le strategie di promozione tradizionale hanno parecchi motivi per sopravvivere e non scompariranno di certo nell'immediato futuro. La questione rimane tuttavia aperta e col passare del tempo i *brand* cominceranno sempre più a rendersi conto dei maggiori svantaggi economici rispetto ai risultati effettivi. La pubblicità convenzionale continua ad avere alcuni pregi, ma per essere competitiva e mantenere il suo equilibrio, ha bisogno di abbassare i prezzi di realizzazione e diffusione di massa. In questo periodo di continua evoluzione sociale e comunicativa, prima o poi l'advertising alternativo conquisterà il primato nelle strategie di marketing e i vecchi metodi non potranno fare altro che adeguarsi al progresso. A questo punto del discorso rimane un dubbio: nel momento in cui diminuiranno i finanziamenti aziendali verso i mass media, come potranno sopravvivere tutti quei formati che sono sostenuti principalmente dagli introiti pubblicitari? Osservando l'andamento attuale del mercato, sembra proprio che i tradizionali mezzi di comunicazione dovranno prepararsi ad affrontare entro qualche anno la più grave crisi economica del loro settore.

5.4 È tutto inutile: il non convenzionale è già banale

Arrivati alla fine di questa tesi, potrei concludere l'analisi del mercato con un grande festeggiamento per il successo della promozione alternativa, dichiarare la morte imminente della pubblicità convenzionale ed affermare la supremazia assoluta del nuovo marketing. Tuttavia, la situazione attuale non è realmente così stabile. Certamente ci saranno interessanti cambiamenti nel settore della comunicazione e le aziende impareranno presto a sfruttare al massimo l'efficacia di Viral, Guerrilla e Product Placement. Per quanto il fenomeno possa sembrare positivo, non è giusto fermarsi ad un'evidente osservazione del marketing contemporaneo. Per un corretto utilizzo delle nuove strategie, è necessario tenere conto fin da subito dei problemi che ne potrebbero ridurre l'efficacia in un prossimo futuro. La pubblicità non convenzionale rimane pur sempre un sistema di propaganda commerciale, di cui le aziende abuseranno il più possibile per conquistare il maggior numero di consumatori. Il marketing alternativo corre lo stesso identico rischio di assuefazione del pubblico e finirà per stancare a causa di un'eccessiva presenza e ripetizione. Fino a quando potremo considerare peculiare la nuova promozione? Le soluzioni più economiche, come Viral e Guerrilla, subiranno un affollamento anche peggiore del classico advertising: internet sarà riempito da milioni di messaggi virali, da social network e ARG, che si contenderanno il limitato tempo libero dei consumatori, mentre le zone urbane saranno occupate dai *brand* senza risparmiare alcuna superficie, con una netta diminuzione della loro peculiarità. Dall'altra parte, il Product Placement dovrà faticare per trovare spazi liberi in cui infiltrarsi, a patto di accettare un aumento spropositato di sforzi e costi di posizionamento. Passato il periodo di "novità", il pubblico avrà una maggiore consapevolezza dei fini prettamente commerciali di questi metodi e ne rimarrà meno impressionato. La promozione non convenzionale è oggi molto efficace, ma è difficile sapere per quanto tempo potrà mantenere il suo equilibrio. Per non rimanere impreparate alle prossime evoluzioni del mercato, le agenzie pubblicitarie dovranno iniziare al più presto a studiare le strategie innovative del futuro: quale sarà lo sviluppo della società contemporanea? Con quali metodi saranno più influenzabili i consumatori fra 2 o 3 generazioni? Che tipo di tecnologie comunicative avremo a disposizione nei prossimi 50 anni?

5.5 Prospettive future

Per analizzare in modo adeguato i segnali e le prospettive del mercato di prossima generazione, sarebbe necessario scrivere un'altra tesi interamente dedicata ai fenomeni futuri. In questo capitolo finale mi limiterò quindi a segnalare alcuni spunti interessanti sui cui riflettere e proporre un paio di teorie di marketing utopico. Partendo dal presupposto secondo cui le persone avranno sempre bisogno di prodotti e servizi, è possibile immaginare la sopravvivenza di una qualche forma promozionale. Fino ad oggi l'utilizzo della pubblicità è stata una scelta delle aziende, che ad un certo punto della loro carriera hanno deciso di attirare nuovi clienti. La società post-moderna tende però ad avere una maggiore libertà decisionale, nella selezione dei metodi e dei tempi per la fruizione delle informazioni. Grazie ad internet ed allo sviluppo tecnologico, gli utenti non si limitano più alla ricezione passiva dei messaggi, ma sono coinvolti attivamente nella realizzazione personale di tali contenuti. Chris Anderson ha ben analizzato la situazione dei nuovi consumatori digitali nel suo libro *The Long Tail*[143]. In passato l'intrattenimento era scarso (solo i grandi media avevano i finanziamenti e le conoscenze adeguate) mentre l'attenzione del pubblico era abbondante (poca varietà fra cui scegliere). Oggi gli strumenti di distribuzione e creazione sono facilmente disponibili e semplici da usare: basta un normale PC per creare musica, libri, film, videogames[144] ed un collegamento ad internet per una diffusione mondiale a costo zero. La situazione attuale porta al ribaltamento del vecchio sistema e gli utenti sono diventati a loro volta dei creatori di contenuti, l'intrattenimento è abbondante, mentre l'attenzione è scarsa (infinite scelte). A tale proposito, il Time, famoso giornale americano che dedica ogni anno la sua copertina al personaggio più influente di quel periodo storico, ha riservato il titolo del 2006 a "You", nel senso di tu / voi, per indicare la grandissima importanza sociale che hanno acquisito gli utenti internet, grazie ai loro contributi amatoriali diffusi online. Questa grande rivoluzione comunicativa è stata senz'altro accelerata dallo sviluppo del cosiddetto Web 2.0, un termine usato per indicare i siti che permettono una facile condivisione dei contenuti digitali, come le opinioni (blog, forum), i video (Youtube), la musica (Myspace), la conoscenza (Wikipedia) o le immagini (Flickr). Il nuovo protagonista della comunicazione post-moderna è quindi il

---

[143] Chris Anderson. The Long Tail: How Endless Choice is Creating Unlimited Demand. Arrow Books Ltd, 2007.
[144] http://www.indiegames.com/

cosiddetto "prosumer", un individuo a metà strada fra produttore e consumatore, con una sempre maggiore importanza nel mercato ed abituato ad esibire attivamente la propria personalità.

La differenza sostanziale con i tradizionali produttori di intrattenimento, è che i creatori amatoriali realizzano soltanto quello che gli piace: impiegano il loro tempo nel creare qualche forma di entertainment perché quello specifico campo è una loro genuina passione. I prosumer non creano contenuti perché sono pagati per realizzare un messaggio con un preciso target: la loro attività è guidata da interessi personali e le loro proposte sono dirette spontaneamente alle persone con gusti simili. Si formano in questo modo innumerevoli piccoli gruppi di nicchia[145] guidati dagli stessi partecipanti, che realizzano e diffondo ogni giorno milioni di nuovi messaggi (siti, video, musica...), entrando direttamente in competizione con l'intrattenimento generalista dei vecchi mass media. Questo fenomeno permette l'aggregazione di grandi social network specializzati, che

alimentano la conoscenza e la passione rispetto ad ogni tipo di argomento o prodotto, non soltanto quei pochi che è possibile ricevere attraverso i tradizionali canali comunicativi. La facilità con cui è oggi possibile recuperare grandi quantità d'informazioni sempre aggiornate, aumenta esponenzialmente il numero degli esperti di mercato e li rende sempre più competenti. È sufficiente utilizzare i motori di ricerca disponibili sul web per trovare immediatamente milioni di risultati, di cui la maggior parte non sono stati inseriti online da professionisti, ma da altri utenti appassionati agli stessi argomenti. I sistemi di *Collaborative filtering* sono grandi

---

[145] http://www.trendwatching.com/trends/NOUVEAU_NICHE.htm

liste digitali, che permettono di fornire una serie di suggerimenti correlati a quello d'interesse, selezionati collezionando nel tempo i gusti e le opinioni delle altre persone. Un esempio esplicativo può essere il sito Last.fm[146]: inserendo nel modulo di ricerca il nome di un gruppo musicale è possibile ricevere una lista di artisti simili, calcolata non secondo confuse categorie di genere o indicazioni delle etichette discografiche, ma seguendo le preferenze degli utenti registrati. Nel caso in cui molti appassionati ascoltano i gruppi X e Y, quando un nuovo visitatore cercherà informazioni sul gruppo X, gli sarà consigliato anche il gruppo Y, con un'alta probabilità d'apprezzamento. La nuova cultura digitale è controllata dagli esperti di mercato che condividendo la propria conoscenza in rete aumentano l'esperienza del resto della popolazione, formando nuovi specialisti. Il pubblico diventa sempre più consapevole dei propri gusti personali, conoscendo autonomamente i prodotti alternativi ed allontanandosi dalle limitate proposte di massa.

In questa fase di evoluzione dei consumatori, internet è rimasto l'unico mezzo adatto ai nuovi bisogni sociali. I vecchi sistemi di comunicazione e distribuzione erano basati sulla scarsità materiale (spazio limitato nei negozi, nei palinsesti televisivi...) e di conseguenza la popolarità dei prodotti era determinata dalle poche offerte disponibili. Il web ha invece superato questi limiti spazio-temporali, fornendo la possibilità di accedere liberamente ad ogni informazione, dalle più famose a quelle meno importanti. Questo fenomeno è stato analizzato nello specifico da Chris Anderson, con lo sviluppo della teoria della Coda Lunga[147]. I concetti espressi in The Long Tail sono evidenti per chi è ormai abituato al nuovo mercato digitale, ma allo stesso tempo rimangono complessi e ricchi di particolari su cui riflettere: una moltitudine di osservazioni che non potrò trattare adeguatamente in questa sede. Per riassumere la teoria di Anderson bisogna partire dalla considerazione che i grandi successi commerciali sono soltanto una minima parte dell'intero mercato disponibile: pochi prodotti vendono molto, moltissimi prodotti vendono poco. Il problema essenziale è che il 99% della merce esistente non è effettivamente presente nei negozi tradizionali e quindi i consumatori non possono acquistare qualcosa che non

---

[146] http://www.last.fm
[147] Chris Anderson. The Long Tail: How Endless Choice is Creating Unlimited Demand. Arrow Books Ltd, 2007.

trovano. I rivenditori tengono soltanto i nuovi prodotti e quelli con una maggiore probabilità di vendita, mentre quelli vecchi o senza successo sono rimossi per fare posto ad altre "hit". Grazie ad internet oggi non esistono più questi problemi di spazio espositivo. I siti di e-commerce possono mettere in vetrina web l'intero catalogo esistente ed i consumatori sono in grado di raggiungere anche gli articoli alternativi. La vendita degli oggetti di nicchia cresce, mentre le offerte di massa perdono clienti, perché il pubblico è disperso fra innumerevoli scelte: le "hit" 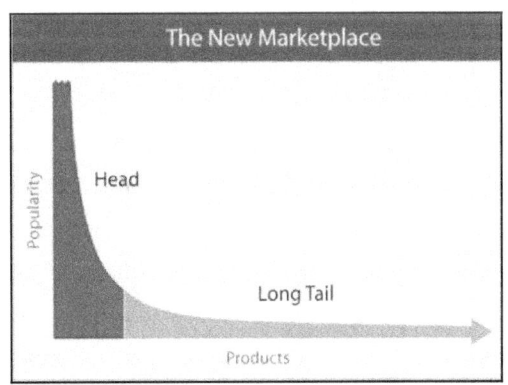 non sono più l'unica merce che è possibile conoscere e comprare. I mezzi *broadcasting* possono presentare un prodotto a milioni di persone, ma non possono presentare milioni di prodotti ad una sola persona, funzione in cui Internet riesce invece benissimo. La somma dei mercati di nicchia sta ormai raggiungendo nel suo insieme le dimensioni commerciali del mercato di massa. Moltissimi prodotti che vendono "poco", sommati fra loro raggiungono lo stesso valore commerciale di pochi prodotti che vendono "molto". Nel commercio del futuro le nicchie avranno sempre maggiore importanza e la conoscenza di questi prodotti rimarrà affidata ai sistemi di ricerca e suggerimenti digitali[148], piuttosto che da campagne promozionali senza più un preciso target.

Dal punto di vista della pubblicità non convenzionale, i consumatori hanno trovato una nuova forza nella propaganda aziendale: sono loro i veri mezzi di comunicazione del prodotto attraverso il passaparola e stabiliscono il successo o la morte di un *brand*. Si sta quindi sviluppando un rapporto sempre più dinamico fra clienti ed aziende, in cui il pubblico comincia ad avere il sopravvento decisionale sulle sorti dei prodotti. Allo stesso tempo le nuove generazioni sono sempre più legate al consumo

---

[148] Interessante notare come quasi il 60% dei budget pubblicitari Online sia investito nei motori di ricerca: http://www.marketingcharts.com/direct/search-marketing-takes-lions-share-of-uk-online-ad-spend-3011/

come vero e proprio stimolo collettivo, attraverso cui ottenere valori emotivi con cui sentirsi parte di un gruppo (di nicchia). Per questi motivi aumenterà fra gli utenti il bisogno di ottenere immediatamente i prodotti specifici per le rispettive esigenze sociali, senza aspettare che le imprese perdano tempo ad analizzare il mercato per capire cosa potrebbe avere successo. A margine di un forte aumento degli esperti di mercato e della loro consapevolezza comunicativa, rimarranno probabilmente degli squilibri fra consumatori attivi e passivi, divisi dalla maggiore o minore capacità di sfruttare tutte le ultime tecnologie a proprio vantaggio. Le persone meno attente continueranno a rimanere escluse dal ruolo di protagonisti della nuova società, senza riuscire a comprenderne le possibilità culturali o troppo inette per servirsene in modo costruttivo. A fronte di un aumento esponenziale nella disponibilità di prodotti e contenuti, la parte passiva del pubblico rimarrà confusa e dovrà affidarsi sempre più ai nuovi "iper-esperti" di mercato, per orientarsi fra le numerose offerte di nicchia della lunga coda. Gli Opinion Leaders, che già oggi influenzano profondamente le decisioni dei consumatori, avranno maggiore importanza in un futuro dalle illimitate scelte commerciali e dagli infiniti modelli di vita, per selezionare la merce adatta a soddisfare i diversi valori di molteplici gruppi sociali[149]. Il mercato del futuro sarà quindi catalogato secondo il rispettivo coinvolgimento nella tecnologia digitale: da una parte i consumatori che parteciperanno attivamente, dall'altra quelli che rimarranno passivi. Il nuovo marketing dovrà soddisfare queste due visioni del mondo ed è possibile scorgerne le implicazioni immaginando due distinte ipotesi comunicative, una Teoria Attiva ed una Teoria Passiva.

5.6 Introduzione ad una Teoria Attiva

Cerchiamo di riassumere in breve la situazione. Grazie ad Internet ed alla migliore accessibilità tecnologica, gli utenti accrescono facilmente la propria cultura ed ottengono gli strumenti per liberare la rispettiva capacità espressiva. Con il passare del tempo, i consumatori maturano la consapevolezza del loro potere comunicativo e commerciale, trasformandosi sempre più in prosumer esperti ed esigenti. Online è molto facile radunare tutte le persone con gli stessi gusti ed anche le "piccole"

---

[149] http://www.trendwatching.com/trends/CURATED_CONSUMPTION.htm

nicchie di mercato possono avere grandi social network dedicati, ricchi di utenti appassionati e dinamici. Questi esperti di mercato condividono fra loro tutte le informazioni relative ai propri bisogni, oppure le ottengono attraverso i sistemi di ricerca più avanzati. Il pubblico attivo si stancherà di aspettare le aziende per ottenere ciò che vuole ed inizierà a richiedere a gran voce una risposta diretta alle proprie esigenze, oppure cercherà di risolverle grazie alla collaborazione di altri prosumer. Nell'ipotesi d'insurrezione popolare che pretende un maggiore ascolto, quale ruolo avranno le future agenzie pubblicitarie? Il nuovo marketing dovrà dimenticare la sua vecchia posizione al servizio dei *brand* e modificare la propria funzione comunicativa per mettersi a disposizione degli utenti. Per comprendere meglio la Teoria Attiva è necessario segnalare alcune tendenze del mercato attuale, in cui osservare i primi sintomi di questa ribellione dal vecchio sistema commerciale.

I consumatori avranno strumenti molto potenti: grazie al continuo sviluppo tecnologico, i nuovi sistemi di comunicazione e creazione saranno sempre più facili da usare. Le reti WiFi permetteranno di collegarsi ad internet ovunque, attraverso i cellulari di ultima generazione: gli utenti potranno ottenere maggiori informazioni sugli articoli disponibili nel punto vendita, proprio mentre fanno la spesa. Prima di mettere la merce nel carrello, sarà sufficiente una ricerca Online per leggere cosa ne pensano milioni di altre persone, a dispetto di ogni tipo di pubblicità. La sezione Giapponese di Amazon ha sviluppato già da qualche anno un servizio per cellulari che permette di analizzare il codice a barre dei normali prodotti, disponibili sugli scaffali dei negozi tradizionali[150]. Il codice così  ottenuto è spedito direttamente al sito web Amazon.co.jp ed il consumatore ottiene il rispettivo risultato nel negozio virtuale, dove è possibile scegliere il prezzo più competitivo, avere maggiori informazioni e suggerimenti su articoli simili. Sistemi di questo tipo saranno sempre più diffusi, fino a quando tutta la spesa non verrà fatta direttamente online, ordinata dal web e spedita a casa senza nessun problema. Grazie

---

[150] http://www.amazon.co.jp/exec/obidos/tg/browse/-/3519491/ref=amb_center-3_150695_2/250-8233453-6201849

al Semantic Web[151] sarà ancora più facile trovare qualsiasi tipo di informazione ed ogni nicchia di mercato potrà ottenere le risposte che desidera. La diffusione dei siti di *self-publishing*[152] e l'evoluzione dei sistemi di *print on demand*[153], permettono ai giovani autori di pubblicare il proprio libro scavalcando le decisioni degli editori e distribuirlo globalmente a prezzi molto bassi.

I consumatori danno volentieri dei consigli: attraverso il sito di 123brand[154], le aziende possono inviare una serie di domande sulla propria immagine commerciale (scelta del logo, del nome, slogan, opinioni, suggerimenti) e chiedere un parere direttamente ai consumatori registrati (in gran parte appassionati del settore della comunicazione). Gli utenti possono così contribuire allo sviluppo comunicativo del brand, porgendo la loro esperienza di consumatori esperti ed interessati alle dinamiche promozionali. Invece di pagare un team dedicato al brainstorming (spesso troppo costosi), le aziende possono chiedere consiglio allo stesso pubblico, che è felice di vedere ascoltata la propria opinione personale.

I consumatori si impegnano per ottenere ciò che vogliono: il termine *fansub* sta solitamente ad indicare la versione di un film o una serie TV di origine straniera, a cui i fans hanno aggiunto dei sottotitoli con la traduzione dei dialoghi, in modo da permettere agli altri appassionati di poter apprezzare quello spettacolo in una lingua comprensibile. Il materiale che più spesso subisce questo trattamento sono i cartoni animati orientali (conosciuti anche come Anime) tradotti dal Giapponese all'Inglese: nella terra del Sol Levante sono infatti centinaia gli Anime distribuiti ogni giorno, ma soltanto una minima parte riesce ad ottenere una traduzione ufficiale ed arrivare in occidente. I veri esperti di questo mercato, conosciuti anche come Otaku, non si accontentano però della piccola distribuzione occidentale e pretendono di poter vedere subito tutte le ultime uscite giapponesi. Gli Otaku si sono quindi organizzati sul web. Sono gli stessi fans giapponesi che registrano gli Anime e li condividono online: i video sono quindi tradotti da altri utenti che conoscono la lingua orientale

---

[151] http://en.wikipedia.org/wiki/Semantic_web
[152] http://www.lulu.com
[153] http://www.printondemand.com/
[154] http://www.123brand.it

ed infine distribuiti gratuitamente (sottotitolati in inglese) a tutti gli appassionati. Mentre le aziende del settore possono impiegare anni per convertire questi prodotti per il mercato occidentale, i consumatori più accaniti riescono ad ottenere il loro intrattenimento nel giro di 24 ore, traducendolo autonomamente. Spesso gli Otaku realizzano traduzioni anche più accurate e complete di quelle ufficiali (con sigle, elementi dello scenario ed informazioni aggiuntive), grazie alla loro naturale passione per questo intrattenimento ed alla loro profonda conoscenza della cultura giapponese. Internet permette una facile collaborazione degli Anime Fans, che si organizzano in  numerosi team per completare diversi compiti, come i contatti con gli utenti giapponesi, la traduzione, la sincronizzazione digitale dei sottotitoli con il parlato, la diffusione dei files ed il mantenimento di grandi social network dedicati alla loro passione. Nella maggior parte dei casi, la distribuzione amatoriale dei fansub è interrotta dagli Otaku nel momento in cui la relativa serie viene rilasciata ufficialmente in una lingua comprensibile. Grazie ai programmi di montaggio audio / video sempre più facili da usare, cominciano ad essere comuni anche i cosiddetti "Fandub", ovvero il doppiaggio completo delle voci, registrate dagli stessi Otaku ed inserite negli Anime al posto delle originali in giapponese.

Anche nel mercato editoriale è possibile ritrovare esempi simili: nel luglio del 2007, i fans cinesi di Harry Potter si sono stancati di aspettare l'uscita ufficiale del settimo libro della saga ed hanno quindi deciso di tradurlo da soli[155]. Dopo aver letto il libro in lingua originale, migliaia di appassionati con un ottima conoscenza dell'inglese si sono organizzati attraverso internet ed hanno iniziato i lavori sul testo. Nel giro di qualche giorno la traduzione amatoriale in cinese era pronta, con tanto di verifiche

---

[155] http://www.corriere.it/Primo_Piano/Cronache/2007/08 Agosto/17/cavalera_potter.shtml

incrociate e correzioni accurate. Il tutto guidato dalla semplice passione e dalla cooperazione via web. La conversione dei fans è rimasta fedele all'originale ed è stata rilasciata online per permettere a tutti i fans cinesi di poter leggere subito il libro, anche senza conoscere l'inglese.

I consumatori modificano i prodotti per adattarli alle proprie esigenze: l'abbreviazione "Mod", tratta dal termine "modification", è usata comunemente per indicare delle parti di un videogioco (soprattutto per PC) che sono state modificate dai suoi fans. I Mod possono essere delle semplici aggiunte al sistema videoludico, come nuove armi, livelli, personaggi o modalità, ma nei casi più complessi gli appassionati sono in grado di realizzare dei software con una struttura ed un aspetto molto diversi dall'originale, tanto da poter essere considerati come prodotti a sé stanti. Di solito i Mod sono sviluppati grazie a degli "editor", dei programmi inseriti nello stesso videogame commerciale, che permettono agli utenti di modificarne alcuni particolari (es. spostare gli oggetti o l'ordine delle stanze) oppure di inserire nuovi modelli (es. realizzati con software di grafica 3D). Grazie ai Mod, i consumatori possono inventare personalmente nuove sfide, aumentarne la longevità ed ottenere un prodotto modellato direttamente secondo le proprie esigenze. Attraverso Internet i prosumer lavorano in gruppo su di uno stesso Mod (fra programmazione, design, modellazione, testing), per creare delle opere amatoriali che possono essere più divertenti e popolari del gioco originale da cui hanno preso spunto (es. *Counter Strike*[156]). Una volta che la modifica è completa, il file viene diffuso gratuitamente online e tutti i fans possono scaricare i nuovi livelli e giocare assieme nella modalità multiplayer. I maggiori sviluppatori di videogames per PC (ID, Valve, Bethesda…) hanno capito da tempo che gli Editor ed i Mod sono una parte importante del successo commerciale dei loro prodotti e forniscono ai consumatori tutto l'appoggio necessario, con manuali, strumenti semplificati e suggerimenti per migliorarne i risultati. Le software house vendono ai clienti un prodotto più adeguato ai loro bisogni, con la possibilità di sistemarlo come meglio credono. Nei casi più estremi, gli Hardcore Gamers non si lasciano intimorire dalla mancanza di Editor ufficiali e riescono a modificare dei videogiochi che non stati

---

[156] http://en.wikipedia.org/wiki/Counter_strike

creati con questa intenzione, come nel caso di *007 Goldeneye*[157], *Zelda: Ocarina Of Time*[158] o *Guitar Hero*[159]. Dopo un primo periodo di diffidenza, Lego ha permesso ai suoi fanatici di ritoccare il software che controlla i robot della serie Mindstorm[160], ottenendo delle soluzioni amatoriali fra le più varie e creative, a cui il team ufficiale non aveva neanche pensato. Per quanto siano i Mod più comuni, i prodotti digitali non sono gli unici che vengono trasformati dalla passione dei loro consumatori, ma è possibile trovare esempi di questo genere anche per gli articoli elettronici[161] o le scarpe[162]. I prosumer non accettano più di essere limitati all'offerta determinata dalle aziende, ma tentano come possono di personalizzare i propri acquisti.

I consumatori comprano ciò che creano: Lego è fra le aziende più attente al valore creativo dei propri clienti e da alcuni anni ha sviluppato un sito chiamato Factory[163], in cui gli appassionati dei famosi mattoncini sono in grado di progettare al PC i loro modelli, grazie ad un semplice software. Una volta finito, il prodotto può essere ordinato online e ricevuto a casa completo di scatola personalizzata e di istruzioni per montarlo dal vero. Tutte le creazioni rimangono disponibili nella galleria fotografica del sito ed anche gli altri visitatori le possono comprare. Attraverso un concorso a votazione, i risultati migliori entrano a far parte della linea di produzione ufficiale, per essere venduti  apertamente al pubblico. Al momento l'unico problema di Factory rimane il limite di pezzi utilizzabili per le costruzioni virtuali, davvero pochi rispetto all'enorme quantità di mattoncini Lego effettivamente esistenti. I maggiori fanatici della Lego continuano quindi a progettare le proprie creazioni alla vecchia maniera, riuscendo a realizzare modelli amatoriali[164] che fanno invidia a quelli disponibili nei negozi ed allo stesso tempo sono molto più adeguati ai rispettivi bisogni di nicchia.

157	http://www.rarewitchproject.com/?id=1240
158	http://zso.krahs-emag.com/zcforums/index.php?topic=35.0
159	http://www.scorehero.com
160	http://mindstorms.lego.com/eng/products/ris/rissoft.asp
161	http://www.hackaday.com
162	http://www.shoes-up.com/web/Galerie.php
163	http://factory.lego.com/

I consumatori finanziano i produttori per ottenere prodotti di nicchia: Sell A Band[165] è un sito di social network per certi versi simile a MySpace, in cui i gruppi musicali amatoriali possono avere una pagina personale ed inserire le proprie canzoni a disposizione dei visitatori. La parte originale di Sell A Band è che i fans possono finanziare direttamente i loro artisti preferiti: ogni gruppo ha a disposizione 5.000 "Parts", che possono essere acquistate per circa 10$ l'una. Gli appassionati sono in grado di comprare una o più di queste Parts, investendo così nel futuro della rispettiva band. Raggiunte le 5.000 iscrizioni ed un budget complessivo di 50.000 dollari, gli artisti possono finalmente registrare il loro primo CD in uno studio professionale, mentre i fans ricevono a casa una copia dell'album senza ulteriori spese. Le canzoni registrare sono quindi vendute online dal sito di SaB e gli eventuali profitti vengono suddivisi fra il gruppo ed i suoi sostenitori. In questo modo i fanatici musicali non solo aiutano a creare il prodotto che vogliono ascoltare, ma hanno anche un ritorno economico, quando il risultato del loro apprezzamento è venduto ai successivi clienti. Nel caso in cui non si raggiungono i 5.000 iscritti, gli utenti possono chiedere il rimborso della loro Part, oppure finanziare una band più promettente. Il sistema sviluppato da Sell A Band sembra l'ideale per sostenere la lunga coda musicale e finanziare le piccole nicchie dei gruppi amatoriali: a poco tempo dalla sua creazione sono già 13 gli artisti che sono riusciti a registrare il loro primo album grazie al supporto dei fans.

I consumatori collaborano per raggiungere uno scopo comune: *A Swarm Of Angels*[166] è il titolo di un interessante progetto cinematografico, completamente diretto e finanziato dalla comunità dei suoi partecipanti. La storia, il cast, la produzione e tutti gli elementi caratteristici di un tradizionale film, sono creati e discussi attraverso la collaborazione online degli appassionati, che si sono iscritti al sito di *A Swarm Of Angels* per contribuire al lavoro. In questo modo gli esperti del mercato cinematografico possono partecipare attivamente alla realizzazione del loro film, unendo le proprie capacità artistiche ed economiche per arrivare ad un traguardo comune. La rete sociale di ASOA è composta da registi in erba, studenti di

---

[164] http://www.brothers-brick.com/
[165] http://www.sellaband.com/
[166] http://www.aswarmofangels.com/

cinema, appassionati, tecnici del settore, artisti, creativi digitali, fotografi, scrittori e musicisti amatoriali, organizzati spontaneamente in modo che ogni membro possa lavorare sull'aspetto del film più adatto al suo talento personale. È possibile entrare nel progetto attraverso una donazione di £25 (circa 30 euro) e l'obiettivo finale è quello di raggiungere i 50.000 iscritti, per ottenere un budget stimato attorno al milione di sterline (circa 1 milione e 300 mila euro) con cui terminare la fase finale dell'opera. Tutta l'iniziativa è realizzata senza scopo di lucro ed  eventuali finanziamenti in eccesso saranno investiti per simili proposte future: *A Swarm Of Angels* è stato concepito per ottenere un "return on entertainment" piuttosto che un "return on investment". Al momento ASOA è entrato nella fase 3 del progetto, aperto a 5.000 membri (con un budget relativo di 165 mila euro) che si occuperanno di finalizzare lo script e completare lo sviluppo della trama[167]. L'intero film è realizzato sotto licenza Creative Commons, lasciando al pubblico la completa libertà di scaricare gratuitamente l'opera finale, condividerla e montarla a piacimento purché senza scopi commerciali. Il prodotto è quindi finanziato esclusivamente dai suoi innovatori, per poi essere diffuso al resto del mercato senza ulteriori costi. *A Swarm Of Angels* può essere considerato come il primo "Film 2.0", il cui sviluppo è legato direttamente ai contributi degli utenti: un'opera generata dal nuovo pubblico digitale, che vuole partecipare attivamente alla creazione del suo intrattenimento invece che assorbirlo passivamente.

---

[167] http://www.aswarmofangels.com/fund/mission-milestones/

Le aziende non possono sfuggire alle critiche dei nuovi consumatori: Casey Neistat[168] è un ventenne americano, artista digitale assieme al fratello ed appassionato di musica come molti giovani della sua età. Casey ha comprato un costoso iPod nel 2002 (uscito da poco sul mercato), per ascoltare la sua collezione di Mp3 nel viaggio da casa allo studio in cui lavora, ma dopo appena un anno e mezzo di utilizzo (a garanzia scaduta), la batteria ha smesso di funzionare. Il ragazzo ha quindi cercato una pila di riserva al negozio ufficiale della Apple, ma senza successo: l'azienda non vendeva quel tipo di ricambi per la sua linea di lettori Mp3. A quel punto Casey ha chiamato il numero di assistenza, lamentandosi del fatto che in soli 18 mesi la batteria del prodotto aveva smesso di funzionare correttamente ed avrebbe voluto comprarne una di scorta. La risposta purtroppo è stata la stessa: non esisteva la possibilità di ottenere una pila di ricambio e gli è stato consigliato di acquistare un nuovo iPod. Il giovane è rimasto deluso dalla mancanza di una soluzione economica al suo problema, ma non è rimasto passivo di fronte alla situazione ed ha deciso di avvertire gli altri consumatori del rischio che correvano con il prodotto Apple. Casey ha iniziato ad inserire la scritta "iPod's Unreplaceable Battery Lasts Only 18 Months" su tutti i poster che pubblicizzavano l'iPod a New York, mentre suo fratello filmava l'azione. Con un abile montaggio, l'audio della telefonata al servizio clienti Apple è stato sovrapposto alle scene di boicottaggio urbano, creando un breve ma suggestivo video di 2 minuti, visibile online al sito iPod's Dirty Secret[169]. Dopo neanche un mese il video era stato diffuso viralmente ad oltre un milione di persone, che hanno trasmesso il messaggio per informare gli amici del prodotto difettoso e come segno di stima per il gesto sovversivo di Casey. Numerosi siti, telegiornali e quotidiani sono rimasti impressionati dal passaparola scatenato grazie all'azione del giovane ed hanno presto riferito a loro volta la notizia. Alcuni giorni dopo che iPod's Dirty Secret aveva ormai fatto il giro del mondo, Apple ha annunciato una nuova garanzia aggiuntiva per i suoi lettori Mp3 e la distribuzione nei negozi di una batteria di ricambio ufficiale. Il *brand* nega che la rivolta scatenata da Casey abbia influenzato in qualche modo la decisione di fornire maggiori sicurezze per i clienti dell'iPod, assicurando che l'annuncio di tali novità era già in programma da alcuni mesi[170].

---

[168] http://www.neistat.com/
[169] http://www.ipodsdirtysecret.com/
[170] http://www.washingtonpost.com/ac2/wp-dyn/A16540-2003Dec19?language=printer

Qualunque sia la verità, la situazione rimane una buona dimostrazione di come un singolo consumatore insoddisfatto possa creare senza alcuno sforzo una enorme campagna informativa e sfidare la tradizionale comunicazione aziendale.

I consumatori promuovono il proprio interesse alle aziende: nell'aprile del 2006, Nintendo ha rilasciato sul mercato giapponese un videogame dal titolo *Mother 3*, il terzo capitolo per GameBoy Advance di una serie conosciuta al pubblico anche con il nome di *Earthbound*. Il precedente episodio della saga, *Mother* 2, era uscito nel 1994 per Super Nintendo, senza riuscire ad ottenere molto successo in America[171]. Il gioco è un peculiare Role Play Game, ricco di personaggi e situazioni bizzarre, un prodotto fuori dalla norma che soltanto i

veri Hardcore Gamers hanno saputo conoscere ed apprezzare. Pur rivelandosi un piccolo fallimento economico, *Earthbound* è riuscito ad attrarre una folta schiera di fans, che rimasti affascinati dallo stile unico del gioco, hanno creato negli anni una grande community online in cui raccogliere la propria passione, un sito noto oggi come Starmen.net. Con l'uscita di *Mother 3,* gli utenti di Starmen hanno esultato all'arrivo di un nuovo capitolo della loro saga preferita, aspettando con impazienza l'annuncio per la relativa versione in inglese. Tuttavia, dopo quasi 2 anni dal rilascio in Giappone, il gioco non è ancora stato convertito per il mercato occidentale e Nintendo Of America non ha mostrato alcuna intenzione di distribuirlo nell'immediato futuro. Stando alle informazioni rilasciate fino ad oggi, sembra proprio che *Mother 3* non sarà mai venduto ufficialmente al di fuori del paese del Sol Levante. I membri di Starmen ed i maggiori appassionati della saga hanno più volte contattato l'azienda per chiedere la distribuzione in America del nuovo *Earthbound*, ma senza ricevere alcuna risposta soddisfacente. Stanchi di aspettare una traduzione in inglese, i consumatori hanno presto iniziato a comprare la versione Giapponese del gioco, collaborando per riuscire ad interpretarne i testi, grazie all'aiuto di altri utenti con una certa competenza della lingua orientale. Completare il videogame non è

---

[171] http://starmen.net/mother2/

certo stato semplice, tenendo conto che un RPG come *Mother 3* è incentrato completamente sulla storia ed i comandi testuali, una situazione non semplice da seguire in una lingua straniera. Attraverso l'organizzazione dei fans, i consumatori più esperti sono riusciti comunque ad ottenere il prodotto a cui erano interessati ed apprezzarne la qualità videoludica.

Gli utenti sono rimasti delusi dal comportamento di Nintendo, che ha ignorato i bisogni di una parte dei suoi clienti più accaniti: rimangono ancora migliaia di appassionati che vorrebbero giocare a *Mother 3*, intimoriti dalla grande quantità di testo in giapponese e dalla necessità di utilizzare delle guide per riuscire a proseguire nella storia. La comunità di Starmen ha quindi deciso di intervenire, con una serie di azioni collaborative mirate ad esprimere la propria passione per *Earthbound* e tentare di convincere Nintendo a rilasciare il prodotto che desiderano, in modo che tutti i fans ci possano giocare senza problemi. La strategia di Starmen è stata chiamata Eb Siege[172]: attraverso il sito gli utenti hanno a disposizione tutti i dati e le indicazioni necessarie per contattare direttamente Nintendo, spendendo lettere, sviluppando opere artistiche inerenti

a *Mother 3* oppure chiamando la linea clienti dell'azienda. I fans possono contribuire per raccogliere donazioni economiche, con cui la comunità ha sviluppato una vera e propria organizzazione amatoriale per promuovere l'oggetto della loro passione. Eb Siege prosegue ogni giorno per comunicare al brand l'esistenza di un forte gruppo di consumatori con dei bisogni specifici, che intendono fare di tutto per essere ascoltati. I membri di Starmen telefonano ad intervalli regolari al centralino Nintendo, per richiedere la traduzione in inglese del gioco e parlare del loro amore per la saga con i

---

[172] http://starmen.net/ebsiege/

dipendenti dell'azienda. Dalla pagina di Eb Siege è anche possibile scegliere fra oltre 100 cartoline postali, predisposte con disegni e messaggi che celebrano *Mother 3*, da stampare in casa tramite il proprio PC e spedire alla rivista mensile pubblicata dal brand (Nintendo Power). Allo stesso tempo i fans con più talento artistico, disegnano e creano opere dedicate al gioco, raccolte in una grande galleria fotografica su Starmen ed in seguito consegnate direttamente nelle mani dei manager che lavorano alla Nintendo Of America. Nel corso degli anni, gli appassionati hanno realizzato un'enorme quantità di lavori amatoriali sulla saga di *Earthbound*, con immagini, filmati, giochi, musiche e storie: una collezione nata dall'amore sincero per un prodotto videoludico ed un ottimo sistema per dimostrare a NoA il proprio interesse verso l'eventuale traduzione inglese di *Mother 3*.

Attraverso la collaborazione economica di tutti i membri di Starmen.net, in sole due settimane sono stati raccolti oltre 7.500 dollari[173] (circa 5.000 euro), soldi necessari per finanziare il progetto principale di Eb Siege: la realizzazione del cofanetto *EarhBound Anthology*[174]. *EB Anthology* comprende la pubblicazione[175] di un bellissimo libro illustrato di 250 pagine (con Fan Art, storia ed informazioni sul gioco) e quattro DVD pieni di filmati, musica e files, creati dai maggiori appassionati della saga. Il cofanetto realizzato è la materializzazione artistica di un'intera nicchia di mercato, che ha sfruttato al meglio tutte le capacità espressive offerte da internet e dai nuovi strumenti digitali. Eb Siege è stato prodotto e pubblicato autonomamente in numerose copie, grazie ai fondi ed all'organizzazione della community, per essere spedito in regalo ad alcuni dipendenti

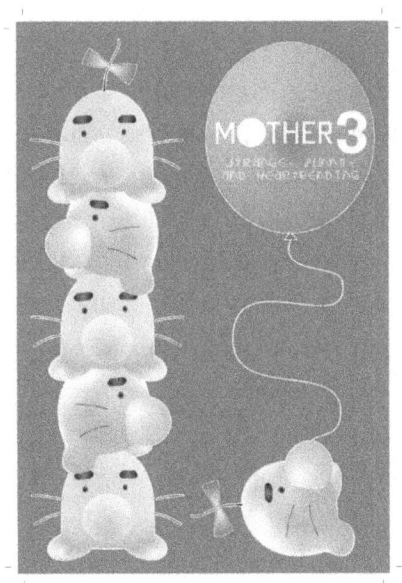

---
[173] http://starmen.net/ebsiege/donations/
[174] http://starmen.net/ebanthology/
[175] http://www.lulu.com

di Nintendo Of America ed ai maggiori siti e riviste di videogames, fra cui EGM, Gamespot, Destructoid[176] e IGN. Il prodotto di Starmen è stato inviato alcuni giorni prima dell'inizio dell'E3 (la più importante fiera di videogiochi in America), per incuriosire la stampa specializzata e stimolarne il passaparola fra gli addetti al settore presenti alla manifestazione. Le compagnie che hanno ricevuto il pacchetto sono rimaste notevolmente impressionate dalla qualità di *EB Anthology*, divulgandone la notizia su numerosi blog, siti e forum. La stessa redazione di Nintendo Power[177] ha invitato i webmaster di Starmen nei propri studi, per dedicare un articolo alla community ed ai suoi sforzi per richiedere il rilascio di *Mother 3*. Lo scopo principale del gesto era quello di diffondere la fama del gioco fra le reti sociali di Hardcore Gamers e far notare a Nintendo l'esistenza di un grande pubblico pronto a ricevere la versione inglese del prodotto. Il risultato raggiunto è stato davvero eccezionale ed il messaggio dei fans è arrivato forte e chiaro fino ai piani alti dell'azienda. I consumatori hanno comunicato efficacemente i propri bisogni, ma al momento non sembra che il brand terrà conto della loro richiesta.

Nel frattempo, gli stessi membri di Starmen hanno deciso di ringraziare a loro modo i creatori originali di *Mother 3*, attraverso la traduzione in giapponese di tutto il contenuto della *Earthbound Anthology*, materiale bonus (modellini amatoriali, messaggi firmati dai fans..) ed una spedizione fino alla terra del Sol Levante[178]. EB Siege Japan è il nome del progetto di ringraziamento, che nell'ottobre delle 2007 è partito con un enorme pacco postale, con all'interno i regali per Shigesato Itoi (il creatore di Mother), Hirokazu Tanaka (musicista che ha curato la colonna sonora del gioco), Satoru Iwata (presidente della Nintendo of Japan e programmatore di Mother), Shigeru Miyamoto (Game Designer e portavoce Nintendo), oltre che diverse copie per amici di Starmen che abitano in Giappone. Il tutto finanziato completamente dagli appassionati del gioco. Per concludere la campagna d'azione EB Siege, i ragazzi di Starmen hanno organizzato un'altro progetto fondamentale: la traduzione completa di *Mother 3* in inglese ed il rilascio di una patch che permetterà di giocare la rom del gioco in una lingua finalmente comprensibile a tutti i fans

---

[176] http://www.destructoid.com/starmen-net-s-earthbound-anthology-34475.phtml
[177] http://starmen.net/forum/?t=msg&th=37241
[178] http://starmen.net/ebsiege/japan/

occidentali[179]. Stanchi di aspettare una conversione ufficiale del prodotto, i consumatori hanno deciso di realizzarla da soli. Nel caso in cui Nintendo annunci nel frattempo la decisione di vendere il gioco anche in America, la comunità di Starmen fermerà i lavori sulla traduzione amatoriale e sarà felice di comprare il prodotto originale. L'obbiettivo degli appassionati è soltanto quello di poter apprezzare *Mother 3* in inglese ed in un modo o nell'altro otterranno quello che vogliono.

Un simile caso di supporto attivo verso un prodotto, è quello legato alla cancellazione del telefilm *Jericho*. I fans di questa serie televisiva sono rimasti delusi quando hanno scoperto che la CBS aveva deciso di interrompere il programma ed hanno quindi cominciato ad organizzarsi online per fare cambiare idea ai produttori. I maggiori social network dedicati a *Jericho* si sono uniti per scrivere migliaia di e-mail di protesta, telefonare agli studi televisivi e raccogliere fondi per l'azione finale della campagna "Bring *Jericho* Back!": la spedizione di oltre 50 tonnellate di noccioline alla sede centrale della CBS[180]. L'idea è nata dal dialogo tratto da un episodio del telefilm, in cui il protagonista risponde alle minacce dei nemici con l'esclamazione "NUTS!" (letteralmente "noci", un modo per intendere che non si sarebbero arresi). Il canale televisivo è rimasto talmente impressionato[181] dal gesto dei fans che ha deciso di finanziare una seconda stagione di *Jericho* e gli attori del cast hanno ringraziato pubblicamente tutti gli appassionati, per essere riusciti a restituire loro il lavoro che pensavano ormai perso[182].

I consumatori richiedono un prodotto alle proprie condizioni: Priceline.com è il sito di un'agenzia di viaggi americana, che permette ai suoi clienti di comprare online i biglietti per ogni evenienza di spostamento e sosta (aerei, affitto auto, alberghi). Una volta che i consumatori si sono registrati al sito, è possibile utilizzare 2 differenti modalità di acquisto: scegliere fra una lista di offerte fisse e subito disponibili, oppure proporre personalmente il prezzo che si desidera spendere per quel viaggio. Per avere un'idea della cifra più equilibrata, gli utenti possono

---
[179] http://mother3.fobby.net/
[180] http://www.washingtonpost.com/wp-dyn/content/article/2007/06/05/AR2007060502724.html
[181] http://bringjerichoback.com/content/view/47/33/
[182] http://www.youtube.com/watch?v=dptuiHbYx_M

analizzare i costi medi della rispettiva categoria, in modo da evitare di perdere tempo con offerte troppo basse, che difficilmente sarebbero accettate. Priceline segnala il prezzo proposto dall'utente a tutte le compagnie associate al suo servizio, che controllano la lista delle disponibilità e decidono se acconsentire alla vendita. In caso di risposte positive, il consumatore riceve i nomi delle aziende intenzionate alla transizione e può comprare il viaggio al costo che ha stabilito. Una scelta commerciale di questo tipo è realizzabile perchè spesso le compagnie di viaggio e gli alberghi rimangono con dei posti liberi e nella maggior parte dei casi, alle aziende conviene accettare il prezzo scelto dal viaggiatore, piuttosto che lasciare vuoto lo spazio. Il sistema impiegato da Priceline è una mediazione economica che può ricordare quelle dei mercati di un tempo, in cui il consumatore ed il produttore potevano comunicare direttamente fra loro ed accodarsi sulla somma più equa per entrambi. Grazie alla facilità nel connettere fra loro più utenti senza limiti geografici o temporali, Internet permette di sviluppare un nuovo rapporto confidenziale fra l'azienda ed i suoi clienti, situazione in cui la trattativa dei prezzi tornerà ad avere la sua importanza commerciale.

5.7 Immaginando una Teoria Attiva

Ricapitolando i fenomeni elencati, possiamo osservare che i futuri consumatori attivi avranno strumenti sempre più potenti a loro disposizione, consiglieranno le aziende sulla loro immagine, si impegneranno per ottenere quello che vogliono, modificheranno i prodotti per adattarli alle proprie esigenze, compreranno gli articoli creati personalmente o contribuiranno per soddisfare i propri bisogni di nicchia, collaboreranno per raggiungere uno scopo comune, modificheranno il comportamento dei *brand*, promuoveranno il proprio interesse per prodotti specifici e li vorranno acquistare alle proprie condizioni. Grazie alle capacità culturali del web (informazione più veloce e approfondita) ed all'esistenza di comunità online specializzate, gli utenti approfondiranno al massimo i propri interessi, perché sarà più facile condividerne l'esperienza con persone dagli stessi gusti. Si crea in questo modo un nuovo mercato, in cui i consumatori accetteranno con fatica i prodotti creati per la massa e pretenderanno un tipo di merce "esclusiva", creata secondo le loro rispettive necessità personali. Le aziende non avranno più la capacità di decidere cosa vendere al pubblico attivo, ma dovranno sottostare alle sue richieste, per soddisfarne i diversi bisogni di nicchia. Allo stesso tempo non sarà certo possibile accontentare i desideri di ogni singolo utente: emergerà la necessità di capire quali sono i gruppi di consumatori più appassionati, dai quali si potranno ottenere maggiori vantaggi grazie al forte legame che stabiliranno con il prodotto creato appositamente per loro. I guadagni non arriveranno tanto dalla quantità di merce venduta (tenendo comunque presente l'espansione delle nicchie), ma da quello che i clienti più fanatici saranno disposti a fare per ottenere ciò che vogliono. Il paradigma del marketing si ribalta: le nuove strategie dovranno attirare l'attenzione degli imprenditori e non più quella dei clienti. In questa visione utopica della nuova società, l'unica funzione rimasta alle agenzie pubblicitarie sarà quella di aiutare le persone a comunicare con i *brand*, per organizzarne l'azione e convincere le aziende della loro qualità commerciale. I maggiori appassionati di un prodotto potrebbero non essere anche esperti di comunicazione e dovranno quindi affidarsi alle associazioni specializzate in questo campo. La pubblicità del futuro cercherà di indurre alla produzione e non al consumo.

Il web farà da catalizzatore per le richieste: gli utenti proporranno le caratteristiche della merce che desiderano e tutti i consumatori con gli stessi interessi potranno unirsi al progetto, contribuendo come possono (attivamente, economicamente…). La passione del gruppo ed il budget ottenuto, saranno investiti nelle nuove agenzie pubblicitarie, supportando la campagna promozionale per convincere le aziende a soddisfare il bisogno di quella rispettiva nicchia di mercato. Per alcuni tipi di prodotto sarà meno complicato comprarne una versione altamente personalizzata, grazie ai siti aziendali in cui i *brand* metteranno a disposizione il loro intero catalogo di produzione, suddiviso per singoli componenti. In questo modo ogni consumatore potrà comporre il prodotto come preferisce, ordinando soltanto le parti a cui è più interessato. Possiamo immaginare una situazione del genere con l'evoluzione del sito Lego Factory, in cui gli appassionati potranno scegliere fra l'intera gamma di mattoncini esistenti e costruire virtualmente il modello desiderato, senza alcun limite. In futuro sarà forse possibile richiedere anche la realizzazione di nuovi pezzi, che ancora non sono stati inventati da Lego. Un sistema simile potrebbe anche essere impiegato per la vendita di generi alimentari (es. scelta degli l'ingredienti di una torta), videogiochi (es. scelta delle modalità, tipo di personaggi), oppure automobili (es. scelta della carrozzeria, tipo di motore, colore ed optional). Nascerà un mercato dalle infinite produzioni, in cui realizzare la versione più adatta ad ogni tipo di gusto. In questo futuro dagli innumerevoli bisogni differenti, le aziende non riusciranno probabilmente ad offrire tutti i servizi richiesti dalla società: saranno sostituite in alcuni campi da grandi organizzazioni di prosumer, che lavoreranno per soddisfare la propria passione e quella degli altri. Seguendo la Teoria Attiva, le agenzie pubblicitarie non guadagneranno più da poche aziende con grandi investimenti, ma da molti gruppi di consumatori con fondi limitati. Il compito dei nuovi comunicatori sarà facilitato dalla riduzione del target: la minore quantità di *brand* esistenti (rispetto alla popolazione mondiale) li rende un obiettivo più definito e semplice da colpire, sarà meno faticoso sviluppare una strategia adeguata per influenzarne la produzione. Il modello di comunicazione sarà del tipo *consumer to business* e le agenzie dovranno abituarsi ad un nuovo modo di lavorare, alleandosi con il pubblico per ribaltare il vecchio sistema aziendale.

5.8 Introduzione ad una Teoria Passiva:

Al di fuori della società attiva rimarranno i consumatori più passivi, incapaci di approfondire la propria personalità attraverso le nuove tecnologie digitali. Questa parte del mercato continuerà a comprare la merce per pura abitudine ed imitazione di modelli di vita: gli Opinion Leader ne approfitteranno, cercando di influenzarne il comportamento a proprio vantaggio. Gli utenti passivi saranno quindi condizionati per supportare (economicamente o numericamente) i progetti di nicchia dei prosumer. I prodotti creati o richiesti dalle persone attive saranno consumati anche da quelle passive, che vorranno conformarsi ai trendsetters in mancanza di veri interessi individuali. Per mantenere il controllo su almeno una parte del pubblico, anche le aziende cercheranno di sfruttare in qualche modo la passività delle fasce meno consapevoli. Non potendo più contare sulla forza virale degli Opinion Leader (che penseranno soltanto ai propri bisogni di nicchia), i brand si affideranno alla tecnologia del futuro per riuscire a vendere tutti quei prodotti ignorati dagli esperti (perché inutili, troppo costosi, banali…).

La tecnologia imporrà le proprie scelte ai consumatori che non sapranno dominarla: con Ubiquitous Computing s'intende un modello tecnologico che ha ampliato la propria esistenza in ogni oggetto ed attività quotidiana. In un futuro sempre più avanzato e digitale, anche i prodotti più semplici conterranno un microprocessore dedicato, con cui ottenere informazioni utili e creare una rete di relazione con il resto della merce. I principali elettrodomestici della casa saranno simili a piccoli computer, con una propria memoria di calcolo e la possibilità di essere collegati costantemente online[183], per analizzare le abitudini dei loro padroni e risponderne di conseguenza. Un esempio di questo genere sono i nuovi frigoriferi "intelligenti", che possono sapere quali prodotti sono stati inseriti al loro interno e leggerne i dati relativi, grazie alle nuove etichette RF-Id (Radio Frequency Identification), applicate sulle confezioni[184]. I congelatori e gli spazi della cucina che contengono il cibo potranno quindi conoscere le abitudini alimentari della casa, controllare che non ci sia della merce scaduta, consigliare una ricetta in base agli ingredienti disponibili oppure ordinare automaticamente quelli che stanno per finire, grazie al collegamento ad internet con il sito di e-commerce preferito[185]. Non si correrà più il pericolo di rimanere senza sale nel momento del bisogno: la tecnologia coccolerà i consumatori del futuro, che non dovranno "perdere tempo" in incarichi noiosi, come quello di fare la spesa di persona (per scegliere sarà sufficiente il catalogo online o la ripetizione automatica del precedente consumo).
La situazione sarà identica per i capi d'abbigliamento o gli articoli del bagno: ogni prodotto esistente potrà essere contrassegnato con la sua etichetta RFid ed in questo modo i processori digitali potranno collezionare tutti i dati sulle abitudini di acquisto di ogni famiglia[186]. Allo stesso modo le ultime generazioni di videogames possono contare sul collegamento online permanente, per scaricare in automatico i nuovi software e farli provare con mano ai potenziali clienti. Un servizio come Wii

---

[183] http://www.innovationlab.net/sw20868.asp
[184] http://www.time.com/time/magazine/article/0,9171,1101030922-485764,00.html
[185] http://www.focus.it/Speciali/La_casa_intelligente/La_casa_intelligente_-_2.aspx
[186] http://www.innovationlab.net/sw20919.asp

Connect 24, permette alla console di ricevere dati (foto, notizie, giochi, messaggi) anche quando è spenta, senza il controllo attivo del giocatore[187]. Una distribuzione diretta completamente passiva (anche se è possibile disattivare questa funzione), che consegna il prodotto (o una sua prova) senza aspettare una precisa decisione di acquisto. La tecnologia più avanzata avrà un ruolo fondamentale nella vita dei prossimi consumatori, aiutandoli nella selezione dei prodotti o velocizzando la pianificazione dei consumi, ma in alcuni casi questa assistenza digitale non saprà essere gestita.

5.9 Immaginando una Teoria Passiva

La casa del futuro sarà consapevole del suo contenuto e potrà stabilire un contatto diretto con i produttori di tale merce, che saranno così in grado di manipolare le "scelte" commerciali degli utenti meno esperti. Le agenzie pubblicitarie avranno quindi a disposizione un potente mezzo di promozione, ideale per sviluppare una nuova tipologia di Direct Marketing. Il target passivo non opporrà alcuna resistenza ai consigli per gli acquisti, prezioso aiuto per orientarsi fra l'infinità di nicchie esistenti nel nuovo mercato: incapace di informarsi autonomamente sul web, questo pubblico inesperto rimarrà facile preda dei suggerimenti forniti dai suoi stessi prodotti tecnologici. Seguendo la Teoria Passiva saranno escogitati dei metodi per inserire la merce direttamente nelle pratiche quotidiane del consumatore, in modo che ne accetti il consumo per comodità ed abitudine. La casa "intelligente" rimarrà principalmente una rete privata, i cui componenti avranno una funzione informativa semplice ed immediata, senza l'interattività "complessa" permessa dal web. Le proposte commerciali dovranno essere ridotte per essere comprensibili alle persone inattive, che rimanendo prive di interessi profondi o di una spiccata personalità, non sono in grado di gestire la lunga coda del nuovo mercato. Sarà possibile suggerire dei veri e propri "modelli di vita" artificiali, ordinati secondo le caratteristiche sociali che l'utente passivo vorrà ottenere. Questi "modelli di vita" saranno abilmente sponsorizzati dai brand e conterranno i prodotti (dal tipo di scarpe al genere di film da guardare) più adatti a rendere l'effetto voluto. Il consumatore non dovrà fare altro

---

[187] http://wiiportal.nintendo-europe.com/1367.html

che seguire l'esempio e ricevere direttamente le istruzioni su cosa comprare per "essere". La promozione passiva si concentrerà nel comunicare questi modelli di consumo (alla moda, "alternativo", ambientalista…), presentandoli nel modo più chiaro e convincente possibile. Grazie ai futuri elettrodomestici "intelligenti" sarà facile raggiungere i clienti inesperti, per colpirli nel momento preciso del loro bisogno e vendere la merce con un "click", attraverso il "touch screen" del frigo, del lavandino, dell'armadio o del forno.

5.10 Conclusione

Le tendenze del mercato attuale ci portano alle conclusioni di un percorso teorico un po' nonsense. Il Pubblico Attivo saprà dominare la comunicazione digitale, estendere le proprie conoscenze grazie al web, sviluppare una propria identità con dei rispettivi gusti di nicchia e di conseguenza pretenderà dei prodotti adeguati a questi suoi nuovi gusti di nicchia. Il Pubblico Passivo sarà invece dominato dalla comunicazione, confuso dalla vasta scelta di informazioni e prodotti, non avrà preferenze precise, ma sentirà comunque il bisogno di ottenere una qualche identità: per questo seguirà le maggiori tendenze ed avrà bisogno di essere consigliato. Il nuovo marketing dovrà soddisfare queste due visioni del mondo ed è possibile scorgerne le implicazioni immaginando due distinte ipotesi comunicative, una (Teoria di) Promozione Attiva ed una (Teoria di) Promozione Passiva. I consumatori si organizzano online per degli scopi comuni e la tecnologia passiva si inoltra ogni giorno di più negli oggetti quotidiani. Piccole tracce digitali per intuire la vera rivoluzione pubblicitaria che ci aspetta entro 2 o 3 generazioni. La Teoria di Promozione Attiva e la Teoria di Promozione Passiva sono due fenomeni puramente ipotetici, la cui realizzazione rimane una distante ed utopica eventualità, il risultato di una fervida immaginazione in risposta a particolari tendenze della società attuale. È difficile prevedere con precisione quali saranno le migliori strategie di marketing fra 2 o 3 generazioni e l'unica soluzione è quella di perdersi in affascinanti speculazioni personali. Pubblicità classica, Viral, Guerrilla, Product Placement, Promozione Attiva o Passiva sono concetti inutili senza la capacità di comprendere il funzionamento dei linguaggi e delle relazioni umane. Alla fine di questa tesi rimane soltanto una certezza:

qualunque saranno le prossime evoluzioni del mercato e dei suoi protagonisti, ci sarà sempre bisogno di nuovi esperti della comunicazione, capaci di mettere in relazione i consumatori ed i produttori del futuro.

BIBLIOGRAFIA:

- Alyssa Quart. *Generazione ®, I giovani e l'ossessione del marchio.* Sperling & Kupfer, 2003
- Chris Anderson. *The Long Tail: why the Future of Business Is Selling Less of More.* Arrow Books Ltd, 2007
- Geoffrey A. Moore. *Crossing The Chasm.* John Wiley and Sons, 1998.
- Giuseppe Altamore. *I padroni delle notizie, Come la pubblicità occulta uccide l'informazione.* Mondadori, 2006
- Gladwell Malcolm. *Il punto critico, I grandi effetti dei piccoli cambiamenti.* BUR Biblioteca Univ. Rizzoli, 2006
- Gruppo Marcuse. *Miseria umana della pubblicità: Il nostro stile di vita sta uccidendo il mondo.* Eleuthera, 2006
- Jay Conrad Levinson. *Guerrilla Marketing.* Piatkus Books, 2007
- Johnson Steven. *Tutto quello che fa male ti fa bene.* Mondadori, 2006
- Klein Naomi. *No Logo.* Baldini Castoldi Dalai, 2007
- Mauro Wolf. *Teorie delle comunicazioni di massa.* Bompiani, 2001
- Seth Godin. *La mucca viola, Farsi notare (e fare fortuna) in un mondo tutto marrone.* Sperling & Kupfer, 2004
- Seth Godin. *Permission Marketing: Turning Strangers Into Friends and Friends Into Customers.* Simon & Schuster, 1999
- Seth Godin. *Propagare l'ideavirus.* Alchera Words, 2001
- Seth Godin. *Tutte la palle del marketing.* Sperling & Kupfer, 2006
- Tom Himpe. *Advertising is dead, long live advertising!.* Thames & Hudson, 2006
- Ugo Volli. *Manuale di semiotica.* Laterza, 2004.

SITI DI RIFERIMENTO:

- www.nuovomarketing.altervista.org
- www.123brand.it
- www.42entertainment.com
- www.aams.it
- www.acnielsen.it
- www.adage.com
- www.alexa.com
- www.argn.com
- www.aswarmofangels.com
- www.bkgamer.com
- www.blizzard.com
- www.bloomberg.com
- www.boingboing.net
- www.brainposse.com
- www.brandchannel.com
- www.brandhype.org
- www.bringjerichoback.com
- www.businessweek.com
- www.cancer.org
- www.cdc.gov
- www.cia.gov
- www.cnn.com
- www.comunitazione.it
- www.creativecriminal.blogspot.com
- www.creativeforge.net
- www.dfj.com
- www.disruption.splinder.com
- www.eepybird.com
- www.evisure.com

- www.factory.lego.com
- www.focus.it
- www.gamegroup.ziffdavis.com
- www.gamespot.com
- www.gandalf.it
- www.geneve.ch
- www.gladwell.com
- www.gmarketing.com
- www.guardian.co.uk
- www.guerrigliamarketing.it
- www.impacteen.org
- www.inizia-second-life.blogspot.com
- www.innovationlab.net
- www.interbrand.com
- www.internetviz.com
- www.invisiblered.blogspot.com
- www.ipodsdirtysecret.com
- www.jr-sr.com
- www.kotaku.com
- www.lastampa.it
- www.longtail.com
- www.lulu.com
- www.marketing.monster.it
- www.marketing-alternatif.com
- www.marketingcharts.com
- www.marketingroutes.com
- www.marketleap.com
- www.mediabrain.it
- www.mediapost.com
- www.mindstorms.lego.com
- www.ministerosalute.it

- www.mymarketing.it
- www.mymarketing.net
- www.neogaf.com
- www.nielsenmedia.com
- www.ninjamarketing.it
- www.passigrave.blogspot.com
- www.pennyarcade.com
- www.percheinternet.it
- www.printondemand.com
- www.promomagazine.com
- www.publishersweekly.com
- www.repubblica.it
- www.rt80.net
- www.sandeepmakam.blogspot.com
- www.secondlife.com
- www.sellaband.com
- www.sethgodin.com
- www.smaunews.it
- www.spotanatomy.libero.it
- www.starmen.net
- www.technorati.com
- www.televisionista.blogspot.com
- www.tgdaily.com
- www.the-dma.org
- www.time.com
- www.tivo.com
- www.trendwatching.com
- www.u3music.com
- www.usatoday.com
- www.viralculture.com
- www.visionblog.it

- www.we-make-money-not-art.com
- www.womma.org
- www.woostercollective.com
- www.xbox.com

www.ingramcontent.com/pod-product-compliance
Lightning Source LLC
Chambersburg PA
CBHW051803170526
45167CB00005B/1861